Marx und Assoziation

増補新版

マルクスとアソシエーション

Nochmals Marx Lesen

マルクス再読の試み

田畑 稔［著］

新泉社

TABATA Minoru

Marx und Assoziation. Nochmals Marx Lesen

1. Ausgabe, 1994
2. Ausgabe, 2015
Shinsensha Verlag, Tokio, Japan

「学び直すのは初めから学ぶのに劣らぬ仕事である。」（アリストテレス『政治学』）

増補新版の刊行にあたって

一九九四年に本書の初版を刊行してから二一年になる。幸い本書はたくさんの反響、評価、批判的論評を得ることができた。この間、「アソシエーション」をキー・ワードとするマルクス研究も広がり、「アソシエ」や「アソシエーション」を呼称に冠した社会運動も多数みられるようになった。このような流れに本書がどれほど貢献できたのか、にわかに判断できないが、少なくともマルクス再読の基本方向、社会運動、社会主義運動の再生の基本方向をめぐる議論の素材のひとつとして、現在もなお価値を持つものであることは、著者の強く確信しているところである。

初版の品切れで出版社から増補新版の刊行を促されていたにもかかわらず、著者の悪癖で、一〇年近くも経過してしまった。ずいぶん遅延したが、今回、以下の四つの章を増補し、増補新版として出版することとした。

・増補第1章　マルクス・アソシエーション論と訳語問題
・増補第2章　『共産党宣言』とアソシエーション論的転回
・増補第3章　再読されるマルクス
・増補第4章　「アソシエーション」「アソシエイトした」のマルクスによる用例一覧

本書についてすでに多くの議論や引用がなされていることを考慮し、細部の修正を除いては、一九九四年版の内容や形式はこの版においても変更されていない。二一年後の現時点から見て改善が望ましいと思われる数箇所についても、変更せず、その箇所に「増補新版補記」を付すかたちで処理している。

唯一の例外は、分詞形容詞形である assoziiert を一九九四年版では「アソシエイティッドな」と暫定訳していたのを、大谷禎之介などのその後の主題的検討を踏まえて、「アソシエイトした」に改めたことである。Assoziation のみでなく、assoziiert というマルクスの語に注目すべきであるというのは、本書の基本主張のひとつであった。したがって「アソシエイティッドな」がかなりの頻度で登場していた。逐一、「アソシエイティッドな〔増補新版補記：アソシエイトした〕」と断りを付すと煩雑になりすぎる。これが理由である。

増補した四つの章を概観しておこう。

増補第1章「マルクス・アソシエーション論と訳語問題」は、『哲学・思想翻訳語事典』(論創社、二〇〇三年)と『マルクス・カテゴリー事典』(青木書店、一九九八年)に「協同」項目や「アソシエーション」項目を担当執筆したものである。日本語訳の歴史をふりかえりつつ、アソシエーション論を基軸にマルクスを再読することの意義を概括的に伝えている。

増補第2章「『共産党宣言』とアソシエーション論的転回」は、月刊『情況』一九九八年七月特別号(『共産党宣言』一五〇周年記念特集)に発表したものである。アソシエーション論の視点から

『共産党宣言』全体を再読する試みであるが、同時に一九九四年刊行の『マルクスとアソシエーション』初版に対して研究者たちや活動家たちから寄せられた多くの評価や批判や疑問にも概括的ではあるが答えようとしたものであり、さらにはマルクス研究の枠を超えて、アソシエーション論を現在の実践的地平でわれわれが生かすためのいくつかの原理的確認をおこなっている。

増補第3章「再読されるマルクス」は、二〇一〇年におこなわれた日本哲学会のシンポジウム「哲学史を読み直す――マルクス」での報告であり、同会機関誌『哲学』第六一号に掲載された。この報告は、一九九四年に刊行した本書の初版と二〇〇四年に出版した著者のもうひとつのマルクス研究『マルクスと哲学――方法としてのマルクス再読』(新泉社)を一体として概括し、マルクス再読の全体像を与えようとしている。

増補第4章は、「アソシエーション(Assoziation)」と「アソシエイトした(assoziiert)」のマルクスによる用例一覧である。これは今回の増補新版のために作成した。このような詳細な一覧は、おそらく世界にもないと思われる。アソシエーション概念は、今後のマルクス解釈の基軸となると思われ、それだけに、多くの読者が直接マルクスのテクストにアクセスできる条件を整える努力をしておきたいと考えた。もちろん著者としては自分の解釈の典拠を示すという意図〈も〉持っているが、この「用例一覧」はそれに限定されない独自の資料的価値を持っている。かなりの量になるが、直接マルクスの用例に取り組んでいただきたいと願っている。

二〇一五年四月

著　者

はじめに

この本は、「アソシエーション」という概念に焦点をあてて、マルクスを一から再読してみようとする試みである。マルクスに親しんだことのある人なら、彼が未来社会を「ひとつのアソシエーション」とか「諸アソシエーションからなる一社会」とかとして構想していたことを思い出すだろう。何かそこにマルクスは重要な意味を込めているに違いないが、それがはっきりとは伝わってこないというじれったさを感じたのではなかろうか。

横文字が氾濫する現在の日本でも「アソシエーション」という言葉はあまりなじみがない。ときたま会社名に「アソシエイツ」という言葉が使われているのを見かける程度だろう。今、小学館の『ランダムハウス英和大辞典』で association を引いてみよう。すると、

「(共通の目的をもって組織された) 会、協会、共同団体、社団、会社、結社」

と書いてある。じつは丸括弧の中が本来の意味なのである。association というひとつの語に一般対応する日本語がないので、説明で置き換えている。翻訳するときはそのつど、前後の文脈で「会」とか「協会」とか「会社」とか「結社」とかの語をあててください、ということである。

「アソシエーション」は、諸個人が自由意志にもとづいて、共同の目的を実現するために、力や財を結合するかたちで「社会」をつくる行為を意味し、また、そのようにしてつくられた「社会」を意味する。じつはこのようなタイプの「社会」が本格展開するのは、そう古くない。同好同信など周辺的な組織は別として、地域組織や国家が、また、とくに生産や流通の基本組織が、この型の「社会」として編成されるべきだという思想や運動が本格化するのは、ヨーロッパでも一八世紀以降だといえるだろう。こういうアソシエーション型社会の展開の中にマルクスの解放論的構想を位置づけてみようというのが、本書の目的である。

その意味で本書は、あくまでマルクスについての思想史的研究であって、直接、今日のわれわれにとっての実践的方策を扱うものではない。しかしマルクス論としては、かなり根本的な〈マルクス像の変革〉を企てるものであり、またそのことによって、〈アソシエーション論的転回〉とでも表現すべき、われわれの再出発の方向づけのために、いくつかの基本的な足場を提示しようと試みるものである。別言すれば、「社会主義」ないし「共産主義」という旗印で、一九世紀以来今日まで続いているグローバルな運動の到達点と限界を、「アソシエーション」論を基軸にすえて、自分なりに総括してみよう、そして、〈アソシエーション論的転回〉を遂行する方向で、その現在的可能性と再生の条件を探求してみよう、これが本書の背景的問題意識なのである。

序論「アソシエーションというマルクス再読視点」で私は、従来のマルクス研究で「アソシエーション」視点が〈隠れて〉しまった事情を、マルクス文献面とマルクス解釈面の両面から、反省している。文献面では、たとえば大月全集版の場合、Assoziation に対して、じつに二〇にものぼる訳語があてられ、「アソシエーション」は事実上、〈概念としての統一性〉をまったく失っている。われわれマルクス読者だけでなく、マルクス編者やマルクス訳者もまた、いわゆる「ソ連型社会主義」を尺度にマルクスを「読んで」いたということに注意が向けられねばならない。解釈面の問題としては、いわゆる「唯物論的歴史観」における「社会」カテゴリー（「社会的編成」「社会的生活過程」など）の位置づけのあいまいさが反省される。「唯物論的歴史観」は主に、晩年のエンゲルスが導入した「哲学の根本問題」という視点から、その歴史への応用論として解釈され、マルクス理論が「社会理論」としてもつ大きなポテンシャルに、残念ながら焦点があたっていなかった。非アソシエーション型の一種の抑圧社会が「マルクス主義」の名で正当化されたことと、このことは密に関連していたというべきであろう。

第1章「ルソーのアソシアシオン論とマルクス」では、「政治体」を「アソシエーション」として構成しようとするルソーの、初期マルクスに対する大きな影響を論じている。マルクスによるアソシエーションの用例をたどると、最初に出てくるのは意外なことに、ルソーのアソシアシオン論なのである。今日でも、アソシエーショニストを反国家主義的協同主義者と了解し、したがってマルクスを折衷的で動揺的なオーエン主義者、プルードン主義者だとみる見方が、普通である。しかし、ルソーからフランス人権宣言に至る、アソシエーションのもうひとつの〈政治論的国家論的〉系譜をも、見忘れてはならないだろう。国家をアソシエーション論の射程外に置いてしまう視点よりも、国家をも「アソシアシオンの一形態」として実践的に再構成しようとするルソーの視点のほうが、アソシエーションとデモクラシーの関連を明らかにしつつ、国家に自己揚棄の形態を与えねばならないという今日的課題を遂行する上で、いっそう有効であると私は考えている。この意味で、第1章は〈アソシエーション論的転回〉を志向する人々の内部での、重要な論争点・対立点にかかわっているといえるだろう。

第2章「『ドイチェ・イデオロギー』と「諸個人の連合化」」では、マルクス「アソシエーション」論の原型ともいうべき「諸個人の連合化」論を扱っている。『ドイチェ・イデオロギー』では、「連合化」は、「対抗的連合化」としてすでに「市民社会」において重要な位置を占めており、このの「対抗的連合化」は「組織された権力」へ、さらには「幻想的共同社会」へと重層的に展開するものと了解されている。労働者たちの「連合化」もこれら諸形態を経過しなければならないが、さらにそれらを超えて未来社会へと前進しなければならないのである。「諸個人の連合化」としての未来社会は、一方では、諸個人から自立化した社会的権力（資本や公権力）を諸個人自身のコントロールの下に服属させる社会形態として構想されているが、同時に他方では、そのもとで人類史上はじめて、諸個人の「個人性」が本格展開する社会形態としても構想されている。未来社会は「アソシエーション」として、つまり「個人性」の本格展開にもとづく「共同性」の自覚的形成として、構想されるべきであって、単に「共同体」「共同社会」「共同性」の回復というように無限定なものと了解されてはならない。私のこういう論争的立場がそこから展開されるのである。

第3章「アソシエーションと移行諸形態」で私は、労働組合、協同組合、労働交換バザール、コミューンなどに関するマルクスの情況的発言を渉猟しつつ、「自発的運動と未来社会との連続性としてのアソシエーション」というマルクスのモチーフを、マルクス自身の情況的実践に即して追跡している。その意味でこの章は議論が比較的に具体的なので、読者は序論からただちに第3章へ読み進まれるのも一考だろう。マルクスのアソシエーション論の基本性格は、〈周辺論的〉アソシエーション論や〈補足論的〉アソシエーション論のように、現行システムを前提にしつつそれに二元的にアソシエーションを対置するという立場ではなく、脱アソシエーション過程をはらみつつ、諸個人の自己統治能力の歴史的展開に応じてアソシエーション過程が進展すると見る、〈過程論的〉アソシエーション論にあることが、ここで強調される。また私は、「アソシエーションと権力」という観点から、いわゆる「ソ連型社会主義」とマルクス「アソシエーション」論との概括的対比を試みており、過去の総括のための基本視点を提示しようとしている。これらの点も今日の〈アソシエーション論的転回〉を志向する人々の内部での大きな論争点にかかわるだろう。

第4章「アソシエーションと「自由な個人性」」では、主に『経済学批判要綱』と『資本論』とに依拠しつつ、未来社会として構想された「アソシエーション」の下で「個人性」が全面展開するというマルクスのモチーフが、どのような理論的基礎づけを得ているのかを、交換論、所有論、労働論、人格論の順に追究している。「必然の国」の自覚的組織化の上に「自由の国」への前進を構想するマルクスにとって、「アソシエーション」と「自由時間」は、これら二つの「国」を架橋する二大チャンネルとして位置づけられている。そしてマルクスにあっては、未来社会の編成原理は「労働交換」原理から「自己目的」原理へと〈漸次的に〉力点移動すると見られていた。この点にかかわって私は、マルクスの解放論的構想がともすれば悪い意味での情念主義や共同主義におとしめられ、正義論と個人論とに明確な理論的基礎づけを欠くかにみられてきた大きな理由として、「労働交換」論の軽視があったと主張しているのである。

最後に、**補論「マルクス再読の試み」**では、私がこの十数年間おこなってきた「マルクス再読」作業の全体像が、断片的ながらスケッチされている。読者は、本書が〈マルクス像の変革〉作業全体の一環であることを、そこから了解されるだろう。

マルクスの「アソシエーション」を主題とするこのような研究は、私があたったかぎりでは、少なくとも独立した書物としては、おそらく世界でもこれまで例がないだろう。それだけに本書をまとめてみて、いろいろ不備不足を痛感する。しかし社会主義や共産主義の是非について、またそれらの現在的可能性について、根本的な反省や討論がなされるべきこの時機を逃さないで、討論の場に、哲学畑の人間なりの問題提起と素材提供をすることも、ひとつの責任の取り方だと思った。

〈アソシエーション論的転回〉をとおして、われわれはまず、「近代市民社会」のはらむディストラクティヴ（解体的）な性格を再確認するだけで自足してしまうという悪弊を断ち、未来社会を構築するプロダクティヴな運動、ポジティヴなエネルギーという視点に立ち、自分たち自身の課題意識、政治文化、生活の質の現状に、冷徹な目を向けることから再出発すべきであろう。

「会社主義」の自己批判過程が進み、「会社」という基本的産業組織のリストラが叫ばれている今日、われわれは日本の労働者やサラリーマンとどのような言葉を共有できるのだろうか。協同組合運動が見直され、さまざまなヴォランタリー・アソシエーションが次々と若者の手で創出されている今日の姿のなかに、われわれは未来社会へと連続するものを、どのように見ることができるのだろうか。諸個人が生産主体としても消費主体としても、責任主体として「合意」形成過程に論争的に関与しつつ、生活の社会的再生産過程に対する主体的コントロールを確立すべきだとするマルクスのアソシエーション理念は、市場調整や官僚調整のような没規範的で物件化された総社会的調整諸形態にはらまれる深い危機が、単に経済的観点からだけでなく、エコロジー観点からも自覚されている現在、どのように生かされうるのか。これらをはじめとする一連の問題に本書では触れることはできなかった。ある意味でそれらは現在の著者の力にあまる問題でもある。諸領域の研究者や活動家とこの機会に議論を重ね、今後学んでいくことにしたい。読者の忌憚のない批判をお願いする。

一九九四年六月二〇日　豊中にて

著　者

増補新版　マルクスとアソシエーション❖目次

補論　マルクス再読の試み

❖装幀――勝木雄二

凡例

一、マルクスからの引用は、煩雑を避けるために次の略記号を用いた。

・MEGA^1＝戦前にソ連で編集されたマルクス・エンゲルス全集（『哲学の貧困』のみこれを利用した）。

・MEW＝旧東ドイツのディーツ社から刊行されたマルクス・エンゲルス著作集（大月版マルクス・エンゲルス全集の原本なので、巻数および原頁をあたれば該当箇所がわかる）。

・MEGA^2＝旧東ドイツで刊行が開始され、現在も刊行継続中の新マルクス・エンゲルス全集（『経済学批判要綱』はこの版で指示した。大月版『資本論草稿集』一〜二巻の原頁をあたれば該当箇所がわかる）。

・H＝『ドイチェ・イデオロギー』第一章「フォイエルバッハ」の廣松独語版（河出書房新社、一九七四年。セットになっている廣松日本語版で該当箇所がわかる）。

一、原文イタリックス（強調体）の箇所も例外を除き区別せずに引用した。

一、引用中の［］内は田畑による補足、〈〉内は例外を除き田畑の強調である。

一、マルクスおよびエンゲルス以外の古典的著作からの引用は、原典、翻訳ともに多くの版があることを考慮し、第何巻第何章第何節と指示するにとどめた。

序　論

アソシエーションという マルクス再読視座

Manifest

der

Kommunistischen Partei.

Veröffentlicht im Februar 1848.

Proletarier aller Länder vereinigt Euch!

London.

Gedruckt in der Office der „Bildungs-Gesellschaft für Arbeiter"
von J. E. Burghard.
46, Liverpool Street, Bishopsgate.

「諸階級と階級諸対立をともなう古い市民社会に代わって，各人の自由な展開が万人の自由な展開の条件であるような，ひとつのアソシエーションが出現する.」　　　　　　　　　　(『共産党宣言』)

章扉写真：『共産党宣言』初版本
（出典）*Museum/Karl-Marx-Haus Trier*, Westermann, Braunschweig, S.86.

［1］未来社会は「アソシエーション」

周知のとおり、マルクスは未来社会を論ずる際に、いろいろな特徴づけをおこなっているが、いちばん内容的に意味を持たせた表現というと、何といっても「アソシエーション」ではなかろうか。未来社会を「アソシエーション」として把握する視点が、マルクスに一貫したものであることを示すため、代表的事例をまずは列挙しておこう。

「労働する階級はその展開の経過の中で、古い市民社会に代えて、諸階級とそれらの間の対立を排除するようなひとつのアソシエーションを置くだろう。そして本来の政治的権力は、もはや存在しないだろう」(『哲学の貧困』MEGA[1] I-6-227)。

「諸階級と階級諸対立をともなう古い市民社会に代わって、各人の自由な展開が万人の自由な展開の条件であるような、ひとつのアソシエーションが出現する」(『共産党宣言』MEW 4-482)。

「これに対して協業は、たとえばオーケストラの場合のように、指揮者が不可欠なかぎりは、それが資本の諸条件のもとで受け取る形態と、その他の、たとえばアソシエーションのもとで受け取る形態とはまったく異なる。ここ［アソシエーション］では指揮は他の労働と並立する一機能として……遂行されるのである」（『経済学批判草稿　一八六一〜六三年』MEGA² II-3-236）。

「その［協同組合運動の］偉大な功績は、資本の下への労働の従属という、現在の窮民化させる専制的システムが、自由で平等な生産者たちのアソシエーションという、共和制的で共済的なシステムによって取って代えられうるということを、実践的に示した点にある」（『暫定総評議会代議員への個々の問題に関する通達』MEGA² I-20-232）。

「そのときにのみ、階級区別と諸特権は、それを生む経済的基礎とともに消滅し、社会は自由な「生産者たち」のひとつのアソシエーションに転化させられるだろう」（『土地の国民化（Nationalisierung）について』MEW 18-62）。

「生産手段の国民的集中は、共同の合理的プランにもとづき意識的に活動する、自由で対等な生産者たちの諸アソシエーションからなる一社会の自然的基礎となるだろう」（同右、MEW 18-62）。

「もし社会の資本制的形態が揚棄されていると想定し、アソシエーションとしての社会を想定すれば、一〇クォーター［の穀物］は一二ポンド［の貨幣］に含まれている社会的労働時間の量を表すだろう」（『資本論』第三部草稿、MEGA² II-4-772, MEW 25-673）。

これらから明らかなとおり、「ひとつのアソシエーション」と「諸アソシエーションからなる一社会」という微妙な表現の違い(*1)を含みつつも、マルクスが、ほぼ一八四七年以降、ポスト階級社会、ポスト「市民社会」としての未来社会を構想する際に、生産手段の「共同所有」、「共同の合理的プラン」にもとづく生産、と並べて、「自由な「生産者たち」のアソシエーション」を基本指標として提示していることが了解される。

それだけではない。分詞形容詞形の assoziiert（アソシエイトした）を用いて、未来社会は次のようにも特徴づけられている。

「奴隷労働や農奴労働と同様、賃金労働もまた、単に過渡的で下位の社会的形態にすぎず、自発的な手、強健な精神、陽気な心をもって製品をつくるアソシエイトした労働の前に消滅するよう定められているのだ」(『国際労働者アソシエーション創立宣言』MEW 16-11/12)。

「資本制的株式諸企業は、協同組合諸工場と同様、資本制的生産様式からアソシエイトした生産様式への移行形態とみなしうる」(『資本論』第三巻、MEW 25-456)。

「資本制的生産様式からアソシエイトした労働の生産様式への移行の期間中、信用制度が強力なテコとして役立つことは疑いない」(『資本論』第三巻、MEW 25-621)。

「労働の奴隷制の経済的諸条件を、自由でアソシエイトした労働の諸条件によって取り替えることは、時間を要する漸進的な仕事でしかありえない」(『フランスの内乱』第一草稿、MEW 17-546)。

マルクスの読者なら誰しも、マルクスが、この「ひとつのアソシエーション」とか「アソシエイトした生産様式」という表現に、何か重要な意味を込めていることを感じてきたのであるが、しかしその意味を十全に限定しないまま、今日に至っているといっても過言でない(*2)。もっと率直にいえば、「アソシエーション」概念は事実上抹消され続けてきたと言わねばならない。その理由は、基本的にはマルクス死後、社会主義・共産主義の運動の主導的方向が、歴史的諸条件に制約されて、実践面でも理論面でも国家集権的性格を持ち続けた、という周知の事情に求めねばならない。しかし日本の場合、もうひとつ、訳語問題があることに注意しておかねばならないだろう。

[2]「アソシエーション」の訳語問題

マルクスが未来社会を「ひとつのアソシエーション」と規定する場合、たとえば、

(1) 一九世紀の労働者たちが「アソシエーション〔結社〕の自由」を要求して闘った、あの「アソシエーション」

(2) 「組合」とか「協同組合」とか「協会」などと訳されてきた「労働者アソシエーション」の

諸形態の実験的展開が見られた、あの「アソシエーション」

(3) 思想史面で見れば、ルソーが『社会契約論』で「社会契約が解を与えるべき根本問題」として「アソシエーションの一形態の発見」を語った、あの「アソシエーション」

こういったものを離れて、これを語りうるのだろうか。残念ながら「アソシエーション」は訳語においてすでに寸断されてきたのである。

とりあえず大月書店版のマルクス・エンゲルス全集にざっとあたってみると、次のような訳語が見られる（括弧内に事例をひとつだけ原典頁で示しておく）。

Assoziation (独), association (英・仏)

- 協同すること（MEW 1-283）
- 協同組合（MEW 18-62）
- 協同生活（高木訳『要綱』Dietz版 76）
- 協同団体（MEW 21-186）
- 協同関係（MEW 21-110）
- 共同組合（MEW 4-119）
- 共同的結合（MEW 4-161）
- 共同社会（MEW 4-182）
- 結合（MEW 7-248）

・結合社会（MEW 4-482）
・結合体（MEW 25-674）
・集団結合（『要綱』前掲 484）
・連合（MEW 3-338）
・連合社会（MEW 16-195）
・連合体（MEW 36-361）
・結社（MEW 1-154）
・協会（MEW 18-376）
・組合（MEW 2-55）
・連帯（MEW 3-74）
・団体（MEW 2-433）

assoziiert (独), associated (英), associé (仏)

・協同している（『要綱』前掲 77）
・協同社会に結合した（MEW 19-223）
・協同組合に結集した（MEW 18-62）
・結合社会をつくった（MEW 4-482）
・結合した（MEW 7-252）
・結合された（MEW 13-67）

・結合〔的〕（MEW 24-456）
・組合に結合した（MEW 18-284）
・組合員（名詞化、MEW 2-432）
・社員（同前、MEW 16-553）

私はこれら訳語の不統一を単純に非難しているのではない。まして誤訳だなどと言いたいのではない。「アソシエーション」という「語」がいろいろな文脈でいろいろな意味を受け取る。それを訳出しようとすれば当然、さまざまな訳語があてられねばならない。しかし「アソシエーション」を〈概念として〉用いる場合には、これらさまざまな訳語が一個同一の「アソシエーション」の訳語であることが、したがって「アソシエーション」概念の諸規定であるかもしれないことが隠れてしまうのは、致命的欠陥ではなかろうか。もっと言えば、マルクスの「アソシエーション」はこれまではたして〈概念として〉扱われてきたのか、という問題が訳語問題に潜んでいるわけである。

私はこういう不都合を回避し、概念としての統一性を回復するために、マルクスからの訳語については「アソシエーション」と日本語訳するのが良いと考える。なぜなら「アソシエーション」はもともとドイツ人にとっては外来語であるからだ。マルクスと同時代のL・シュタインは、仏語のassociationをGesellschaftungと独訳しようと試みているが(＊4)、マルクスらがAssoziationと外来語のまま用いたのは、英仏の当時の先進的運動を普遍化する意図を持っていたからだと思われるのである。

ただ、Assoziationをそのまま日本語として用いる場合でも、分詞形容詞形のassoziiertの訳ができない。概念としての統一性を回復するために、私は暫定的にあえて「アソシエイティッドな」と訳して話したり書いたりしているが、不自然の誇りはまぬがれない。しかもマルクスは、このassoziiertを用いて「アソシエイティッドな諸個人」(MEW 13-67)、「アソシエイティッドな労働」(MEW 16-12)、「アソシエイティッドな生産者たち」(MEW 25-131)、「アソシエイティッドな生産様式」(MEW 25-456)などと、未来社会の諸個人、生産、労働を特徴づけていて、この分詞形容詞形も、名詞形に勝るとも劣らぬ、たいへん重要な意味を担っているのである。〔増補新版補記:一九九四年の本書初版刊行以降の議論、とりわけ大谷禎之介『マルクスのアソシエーション論』(桜井書店、二〇一一年)第三章を踏まえ、本増補新版では分詞形容詞形assoziiertの訳を「アソシエイトした」で統一した。ただ、経緯を残すため、この段落は初版のままにしておく。「アソシエイトした」でも「不自然の誇り」はまぬがれないが、不自然さをかなり軽減できると考える。アソシエーションの「概念としての統一性」を回復することが課題であることを再度、確認しておきたい。付言しておくと、英語の発音に忠実には「アソウシ**エ**ーション」「アソウシエイトした」となるが、カタカナ表記の長い慣行があるので、それに従い「アソシエーション」「アソシエイトした」で統一することにした。〕

具体的に見てみよう。大月全集版『資本論』の訳者は、assoziiertを「結合〔労働〕」「結合〔生産者たち〕」「結合〔生産様式〕」などと訳している(MEW 25-456ほか)が、これはまずい。というのは、同じ版の「協業」のところではder kombinierte Arbeiterも「結合労働者」と訳されているからである(MEW 23-346)。kombiniertとassoziiertをともに「結合的」と訳したのでは、肝心の要がダメになる。

マルクスが言いたかったのは、資本によって「コンバインされた」労働者たちが、危機と闘争の中で、モラル的政治的成長を遂げて、自己統治能力を展開し、単なる「コンバインドな」労働を「アソシエイティッドな〔アソシエイトした〕」労働へと主体的に転換していくプロセスこそ、近代共産主義運動の基本内容をなす、ということなのだから（＊5）。

じつはこの訳別の不在は、マルクス死後の社会主義・共産主義運動の主導的方向の特質を象徴的に示すものであったように思われる。マルクスがいうように、人類は産業革命をとおして「個別的労働過程をコンバインドな社会的労働過程へと転化」（MEW 23-350）させるのであるが、資本制のセンターでは貨幣資本という物件的な私的権力がこの転化を担ったのに対して、その条件に欠ける周辺部や半周辺部では、国家資本主義的ないし国家社会主義的志向を持つ公権力がこの転化を担わねばならなかったのである。だからソヴェトなど一連の社会主義諸国の場合、公権力により束ねられた「コンバインドな労働」を生産当事者自身が主体的に「アソシエイトした労働」に転化させることに成功してはじめて、「歴史的順序の変更」（レーニン）や「『資本論』に反する革命」（グラムシ）から出発しつつも、資本制を世界史的に超えることができたといえたのである。〈第二の変革〉というまさにこの課題意識の曖昧さが、「コンバインド」と「アソシエイティッド」との訳の致命的無差別と結びついていたといえば言いすぎであろうか。

もうひとつ例をあげておこう。マルクスの「合理的プラン」論に対しては、「知の支配」だとかドイツ観念論ゆずりの「理性主義」だとか、いろいろの非難がなされるが、マルクス自身は、プランする理性について、生産当事者たちの「アソシエイトした知性（assoziierter Verstand）」と、たいへん面白い表現の仕方をしていることを誰も語らない。

「資本制的生産諸部門の内部では、均衡は不均衡から脱する不断の過程としてしか自分をあらわさない。というのはそこでは生産の連関は、盲目的法則として生産当事者たちに作用し、彼ら［生産当事者たち］が、アソシエイトした知性として、その関連を彼らの共同のコントロールの下に服属させていないからである」（『資本論』第三部草稿、MEGA^2 II-4-2-331）。

つまりマルクスでは、ブレーンとか党官僚でなく、あくまで「生産当事者たち」の「アソシエイトした知性」が、「合理的プラン」という場合の「合理性」を支えるものと考えられていた。「ひとつのアソシエーション」として構想された未来社会においては、諸個人が共有している基本目標に対して、もっとも「合理的」な選択を可能にする最終的根拠は、社会の上に立つ知的エリート（官僚や学者）の超越的知性ではなく、さまざまなレヴェルでの「アソシエイトした知性」の下からの展開なのである。つまりアソシエーションという社会形態と「アソシエイトした知性」という理性形態とが相関的なものとして構想されていたことになる（＊6）。ところがである。本書第3章第3節に詳述のとおり、マルクスのこの草稿部分は『資本論』第三巻公刊時に、エンゲルスによる根本的加筆修正を受けた。しかも大月全集版では、「アソシエイトした知性」には「結合された理性」という訳語があてられた（MEW 25-267）。つまり、現行テクストでは「アソシエーション」視点が二重に隠れてしまったのである。

私にいわせればマルクス解釈の核心に触れるようなこれら一連の問題が、アソシエーションの〈概念としての統一性〉を回復することによって浮かび上がってくるわけである。だから、いずれ誰かに正しい訳語の確定をお願いする(*7)としても、とりあえずは不自然の謗りを覚悟して、〈事柄そのもの〉に迫る努力を優先させなければならないと考える。

［3］「社会的編成」論と「アソシエーション」

一方、マルクス「アソシエーション」論にこれまで光があたらなかった〈理論的な〉理由として大きいのは、「社会的編成（die gesellschaftliche Gliederung）」（H-27）とか「社会的生活過程（der soziale Lebensprozeß）」（MEW 13-9）というマルクスのカテゴリーを、われわれは「読み」ながら「読め」ていなかった、ということであるように思える。この点はぜひ〈理論的に〉総括しておかねばならない。周知のとおり、マルクスのいわゆる「唯物論的歴史観」は『資本論』に匹敵するような理論的完成度をもつものと考えることはできない。論争的連関で諸断片が残されているだけで、細部の不整合も目立つ。しかし、それら諸断片のいずれにも、かならず「社会的」と表現された領域が、他の諸領域から区分された固有の一領域として、繰り返し現れることに注意していただきたい。まずは代表的事例を列挙してみよう。

「《一定の生産諸関係の下で》一定の仕方で生産的に活動している一定の諸個人が、これら一定の社会的および政治的諸関係に入る。経験的観察は……社会的編成や政治的編成と生産との関係をいっさいの神秘化や思弁なしに示している。社会的編成や国家は、一定の諸個人の生活過程から不断に生じてくるが、この諸個人とは……彼らが現実にそうであるような諸個人、つまり作働し、物質的に生産しているような諸個人、したがって一定の物質的な、彼らの恣意から独立な諸制約、諸前提、諸条件の下で活動しているような諸個人である」(『ドイチェ・イデオロギー』H-27,《》内は削除分)。

「その形態はどんなであれ、社会(société)とは何でしょうか。人間たちの相互的行為の所産です。人間たちは、あれこれの社会形態を選択する自由を持っているでしょうか。まったく持っていません。人間たちの生産諸力の発展の一定の状態を前提としましょう。すると交通と消費のこれこれの形態が得られます。生産と交通と消費の発展の一定の度合いを前提としましょう。すると、これこれの形態の社会制度(constitution sociale)が、家族や身分や階級のこれこれの組織(organisation)が、一言でいえばこれこれの市民社会(société civile 民間社会)が得られます。これこれの市民社会を前提としましょう。すると市民社会の公的表現にほかならないこれこれの政治体制が得られます」(アンネンコフへの手紙、MEGA² III-2-71)。

「物質的生活の生産様式は、社会的(sozial)、政治的、精神的生活過程一般を制約する」(『経済学批判』序言)。

これらを対比すれば明瞭なように、細部に食い違いがあるものの、大枠としては、マルクスはつねに四分割的に考えていたことが了解されるであろう。

第一は物質的生活の生産・再生産の領域、第二は社会的生活過程、社会的編成ないし社会組織の領域、第三は政治的生活過程ないし国家的編成の領域、第四は精神的生活過程ないしイデオロギーの領域である。そういう四分割的整理をした上で、第一領域のあり方が他の諸領域を基本制約するものだと了解しようとしているのである。しかも第二領域（社会的編成）→第三領域（国家的編成）→第四領域（イデオロギー）というこの〈順序〉に注目しておかねばならない。マルクスにとって政治過程（第三領域）は「社会の公的総括」の過程およびその制度であって（＊8）、第二領域（社会的編成）の展開を論理的に前提してはじめて、政治過程は概念把握できるのである。第四領域（イデオロギー）が第一領域だけでなく、第二、第三領域の展開を論理的に前提（イデオロギーの内容としても、機能としても、イデオロギー主体の「社会的位置」としても）してはじめて内在的に了解されることも、いうまでもないだろう。第二領域の位置づけの欠如は、その意味でいわゆる「唯物論的歴史観」全体に、きわめて大きな歪みをもたらすこととなった。

その理由は端的にいって、種々の歴史的事情のために、「唯物論的歴史観」に期待された主たる機能が、社会的現実の批判的概念把握のための「導きの糸」であることから、党派的態度決定を確認する「試金石」へと退行してしまった点に求められねばならないだろう。いわゆる「土台／上部構造」論とか「社会存在／社会意識」論が、「哲学の根本問題」の応用編として振り回され、党派的態度決定を端的に表すものと解釈されてきたのは周知のところである。ところが、そういう「読み」方からすると、逆にマルクスの言う「社会的生活過程」は〈謎〉になってしまった。

たとえば戦前戦後にわたる日本の代表的唯物論哲学者の古在由重は、「物質的生活の生産様式は、社会的……生活過程一般を制約する」という先の命題について、「それが何を意味するかは、ここでは明らかでない」と書いている。そこで彼は苦労して次のように「読む」ことになる。経済、政治、思想の区分だけでは「いつも割り切れずに残される」領域としての、新聞の「社会面」で扱われる「世間」(「世相」「世態」「世情」という場合の「世」)、つまり「社会の物質的土台を包む表皮層」こそが、この「社会的生活過程」にあたるのではないか、と。「史的唯物論は、社会の物質的土台とその上部構造との関係を究明した。これは的確な社会解剖学である。しかし、さらにこまかく見れば、おそらく両者の間に物質的土台から分泌される皮膜状の界域の存在を想定すべきではなかろうか。そしてこの界域は同時にまた上部構造の乱射にも身をさらしている」(*9)というわけである。

旧来の「マルクス主義的」マルクス解釈の欠陥がここに明瞭に現れているように思われる。繰り返しいえば、「土台/上部構造」関係だけで上の四分割を了解しようとすると、当然のことながら第二領域は処理できなくなる。そこで「土台の表皮」で、かつ「上部構造の乱射圏」でもある、土台と上部の〈境界〉が第二領域だ、という奇妙な議論の組み立てに陥ってしまったのではないか。

しかし、マルクスの文章を素直に「読め」ば明らかなように、マルクスはある社会の「社会的編成」のあり方、つまり「家族や身分や階級のこれこれの組織」として諸個人が社会的に編成されているあり方、このあり方が、彼らの物質的生活の生産の様式によって基本制約されていると書いているのである。もう少しくわしくいえば、社会の氏族(部族)的民族的編成、家族的編成、身分的編成、階級的編成、都市/農村構造、それに産業的非産業的諸集団、こういったものの一定の全体編成〈として〉見られたそのときどきの社会は、マルクスでは、何よりもまず、その社会において諸個人が営む物質的生活の生産の様式という視点から光をあてつつ、基本了解されるのである。そして、このように編成された「社会」から、独自に分節化してくる「社会の公的総括」過程(政治過程)ないし「社会の公的総括」組織(国家)を第三領域として、とくに別途に論じなければならないとしているのである。さらにまた、このように社会的政治的に編成されつつ物質的社会的政治的生活過程の中にある諸個人が、その中の一定の「実践的生活位置から」(H-72) この生活過程自身を意識の対象にしている、その意識様式を扱うのがイデオロギー論（第四領域）なのである。

［4］「社会的編成」の四つの型

少し回り道になったが、このように整理すれば、「社会的編成」論の正当な位置づけなしに「アソシエーション」論を〈理論的に〉展開できないことは明らかだろう。「社会」は諸個人の単なる集合としてあるのではない。諸個人はかならず一定の部分社会ないし全体社会の「諸成員(Glieder)」としてあり、部分社会も全体社会の「分肢(Glied)」としてある、というように、「社会」において諸個人はつねに「編成されて(gegliedert)」あり、諸個人はそういう意味で「社会的な生活過程」を営んでいる。今、この〈諸個人の社会的編成様式〉に着目するならば、「社会」はいくつかの基本型に区分できるだろう。マルクスの著作から抽出すれば、次の四つの基本型が浮かび上がってくる。

①第一基本型「自生的共同体」（図1）

このタイプをわれわれは『経済学批判要綱』の「資本制生産に先行する諸形態」と表題が付された箇所で読み取ることができる。「自生的共同体」では、諸個人は「共同体の自然的成員」(MEGA² II-1-394) なのであって、自由意志的に社会を形成しているのではない。いわば生まれ込むのである。まだ個人が〈目的として〉定立されておらず、「諸個人は非自立的で、より大きな共同体に帰属する（gehörig）ものとして現象する」（MEGA² II-1-22）。諸個人は「身分帰属者などとして、ひとつの［固定的な］規定性（Bestimmtheit）の中にある諸個人として相互の関係に入り込む」にすぎない。しかもこの「規定性は個人の、他の諸個人［家父、族長、主人、王など］による〈人格的〉制限として現象する」（MEGA² II-1-96）。したがってまた、ここでは社会的権力も「諸人格の上なる諸人格」（MEGA² II-1-90）として現象するのである。対外関係で見れば、この「自生的共同体」は自足的、閉鎖的でローカルである。

②**第二基本型「商品交換社会」**（図2）

このタイプは、いうまでもなくマルクス商品論から読み取ることができる。「自生的共同体」が「市民社会」によって漸次的に代位されていく過程で、もっとも強力なインパクトとして働くのは商品交換であった。たとえばマルクスは次のように書いている。

「人間は歴史的プロセスを通ってはじめて自分を個別化する（vereinzeln）。人間は本源的には類存在、部族存在、群棲動物として現象する。……交換自身がこの個別化の主要手段である。交換は群棲存在を不要にし、それを解体する。そうなるや否や事態は次のようにネジ曲がってしまう。つまり個別化されたものとしての人間が、もはや自分自身にしか関係せず、しかしまた、自分を普遍的共同的にすることが単に自分を個別化されたものとして定立するための手段となってしまう、ということである。……市民社会ではたとえば労働者は純粋に客体喪失的

(objektivlos) 主体的に定在しているのであるが、彼に対峙している物件が、今や真の共同体［共同存在］となったのであって、彼はそれを食い尽くそうとして、それに食い尽くされるのである」(MEGA^2 II-1-400)。

この第二基本型は、分業（分析）と交換（綜合）の自生的システムである。各人は私的利益を追求しつつ、もっぱら物件を介して自生的結果的にこの社会関係を形成している。ここではじめて個人が〈目的〉として登場するが、その個人とは、自由に私的利益を追求しあうところの物件の私的な生産・所有・交換主体、つまり「私的個人」（マルクスの意味での）である。「共同存在（Gemeinwesen 共同体）」は物件の側（「商品世界」）に移ってしまっており、諸個人から自立してしまっていて、これが危機（恐慌）の局面で諸個人を圧倒する威力として諸個人の前に現象してくる。この商品交換社会では社会的権力も物件

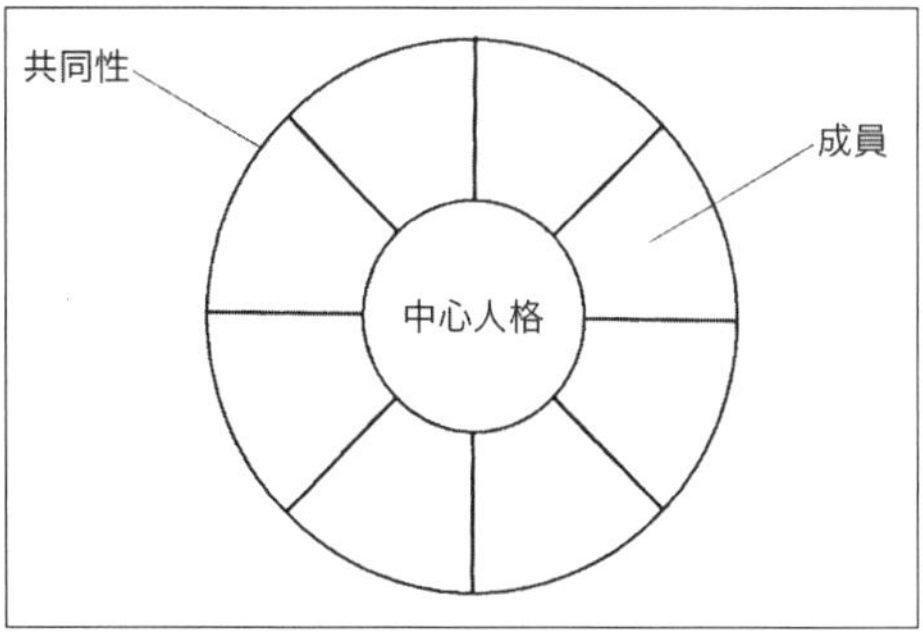

図１　自生的共同体型

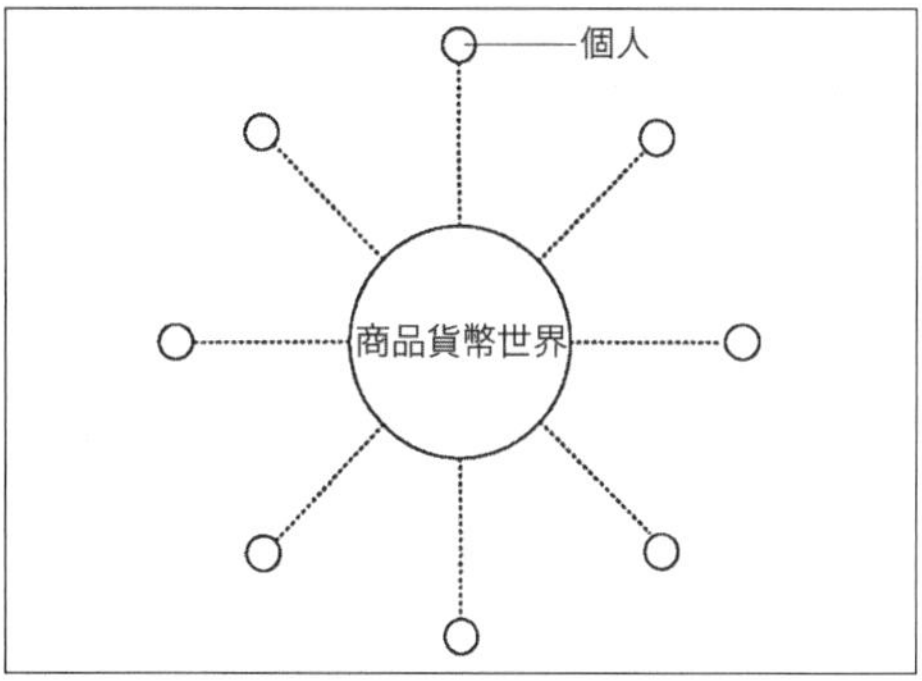

図２　商品交換社会型

的権力（貨幣ないし資本の権力）として現象する。

③**第三基本型「権力社会」**（図3）

これを典型的に描いているのは、『資本論』の「資本による労働の実質的包摂」を論じた箇所であろう。

「彼ら賃金労働者たちの諸機能の関連づけも、生産体全体としての彼らの統一も、彼らの外部に、彼らを集めて束ねる資本の中にある。彼らの諸労働の関連づけは、したがって、観念的には資本家のプランとして、実践的には資本家の権威として、彼らの行為をおのれの目的に服属させんとする他者の意志の権力として、彼らに対峙するのである」（MEW 23-351）。

つまりこの社会の型では、諸個人が彼らの「統一」、彼らの「共同性（Gemeinschaft）」を、彼らの上に立つ特定の個人ないし集団の排他的独占的機能として「外化」することによって、社会が社会として成立しているのである。同じく『資本論』価値形態論の第二形態から第三形態への移行の箇所を想起されたい。あの「商品世界」の中で某商品が「普遍的等価物」という「役割を演ずる」機能を排他的に獲得するや否や、貨幣支配の成立というかたちで「商品世界」は「商品世界」としてはじめて「総括」されたのである。

「商品世界の内部で普遍的な等価物の役割を演じるというのが、その特殊な社会的機能となり、したがってその社会的独占となる。この諸商品の中の特権的地位を、……ある特定の商品、つまり金が歴史的に獲得したのである」(MEW 23-83/84)。

④第四基本型「アソシエーション」(図4)

このタイプは、自由な諸個人が共同意志にもとづいて活動や物件を結合することによって形成する社会である。したがって、このタイプの社会は歴史的には「交換社会」の中で発達する。なぜなら、交換関係に入るには「相互に私的所有者として承認しあわねばならず」、また「一方は他方の意志といっしょにだけ、したがって各人は両者に共通な意志行為を介してだけ」交換できるにすぎないからである(MEW 23-99)。こういう文脈で、〈東方の専制国家、西方のアソシエーション〉というマルクスの基本図式も提出されてくる。

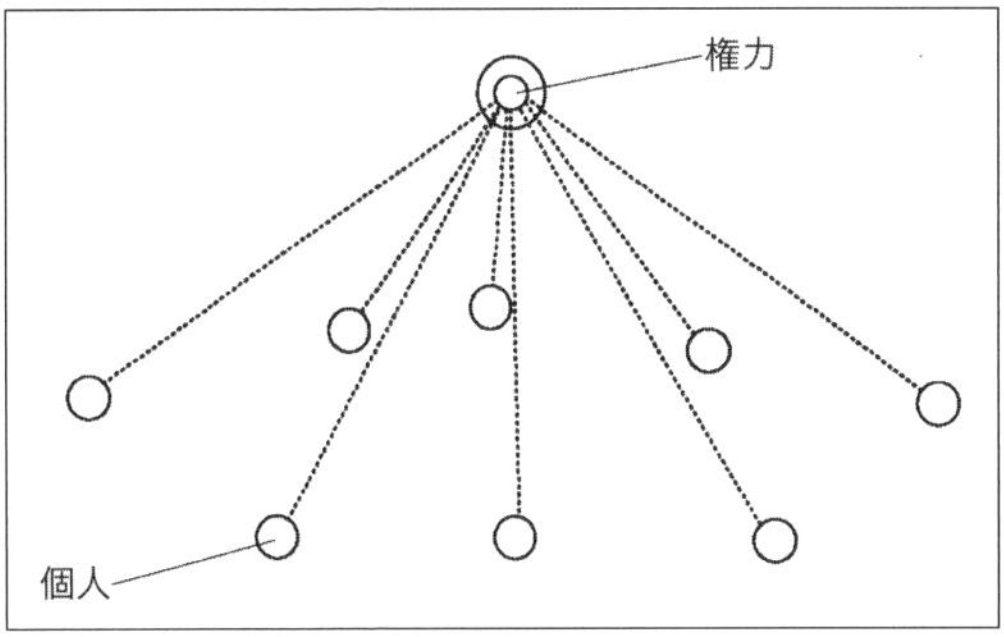

図3　権力社会型

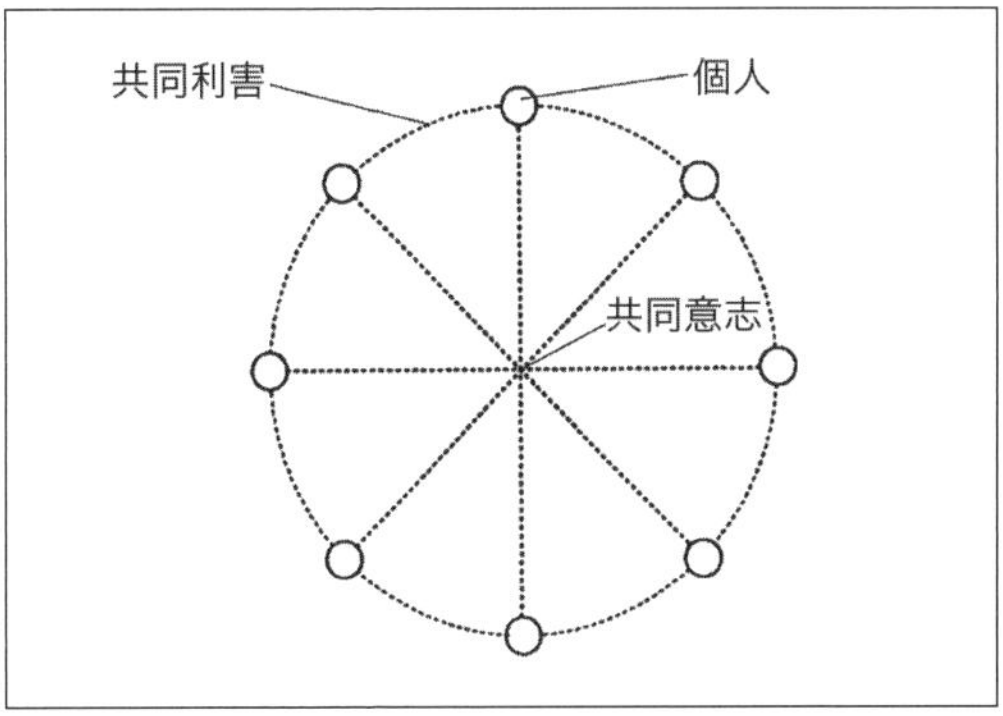

図4　アソシエーション型

［運河や灌漑など］水の節約的共同利用が無条件に必要であるということは、西方ではたとえばフランドルやイタリアのように私的経営体をヴォランタリー・アソシエーションへと促したのであるが、ヴォランタリー・アソシエーションを生むにはあまりに文明が低く、領域が広すぎた東方では、政府という集中させる権力の介入を必要とした」（『イギリスのインド支配』一八五三年、MEGA² I-12-170）。

さて、現実の社会ではこれら基本型が複雑に編成され交錯している。たとえば資本制が発達した近代市民社会の場合で見れば、第二基本型の「交換社会」をベースに、資本による生きた労働に対する支配が組織されている（第三基本型）。同時に資本所有者は株式会社という「直接アソシエイトした諸個人の資本」（MEW 25-452）として、また労働者は労働組合などとして、第四基本型で組織されている。非労働領域では同好同信などのアソシエーションが無際限に「泡立って」いる（＊10）。第一基本型もまた、きわめて収縮した形態ではあるが、核家族として、また周辺／辺境地域のコミュニティーとして再生産されているのである。

では、人類史としてマクロに見ればどうか。「諸階級と階級諸対立をともなう古い市民社会に代わって、各人の自由な展開が万人の自由な展開の条件であるような、ひとつのアソシエーションが出現する」（MEW 4-482）という『共産党宣言』の有名な表現からうかがえるように、マルクスは、単純化すれば「市民社会」から「アソシエーション」へ、という歴史展望を持っていたわけである。では、「市民社会」以前はどんな社会であったのか。『経済学批判要綱』の「資本制生産に先行する諸形態」に依拠して言えば、マルクスはそれを、「本源的（ursprünglich）」ないし「自生的（naturwüchsig）」な「共同体（Gemeinwesen）」と、そのさまざまな「変容（Modifikationen）」形態として、さらにそれら「共同体」のうちのいくつかについては、その上に奴隷制や封建制を「二次的に」展開しているような社会として、了解していたと見てよいだろう。

そのような視点に限定してマルクスの人類史了解を図式化すると、①自生的共同体とその諸変容→②「市民社会」→③「アソシエーション」という成層的展開が見えてくる。

ではいったい、もともと「市民社会」の内部で展開されはじめた第四基本型である「アソシエーション」が「市民社会」そのものに取って代わるとはどういうことなのだろうか。まさにこの問いとともに、われわれは「マルクスとアソシエーション」の問題圏に入ることになるのである。

註

（1）「ひとつのアソシエーション」という表現からとりあえず想起されるのは、サン－シモン主義のl'association universelleである。それは「全地球のあらゆる種類の人間関係におけるすべての人間の協同である」とされる（『サン－シモン主義宣言』野地洋行訳、木鐸社、一九八二年、六九頁）。『ドイチェ・イデオロギー』にも「ひとつのユニヴァーサルな連合化」という表現が見える（H-142）。この解釈を前提にした場合でも、「諸アソシエーションからなる一社会」という表現は、そういう統合されたアソシエーションが諸アソシエーションの複合体としてイメージされていたということを示している。けれどもこの「ひとつの」を数詞のoneの意味に限定して、それを根拠にマルクスが「一社会一工場」論を説いたという解釈もある。これにはまったく賛成しかねる。たしかに「ひとつの」の原語であるeine（仏語のune）という不定冠詞は、ドイツ語ではeins（one）という数詞の付加語的用法と形態上区別されない。しかし不定冠詞は基本的には文脈からみて初出または未知である個体を示すのであるが、さらに「ある種の（eine Art von ...）」という意味でも用いられる。Der Mensch ist auch ein Tier.（人間もまたひとつの動物なのだ）という具合である。つまり、あるものを同類の中の一種として、ただしその種差を限定しないままに、表象しているのである。

　この意味で取れば、「ひとつのアソシエーション」とは「どんな種類のアソシエーションかはここでは限定しないが、いろいろな種類のアソシエーションの中の一種」という意味になるだろう。後述のとおり、ルソーは『社会契約論』の根本問題を「ある形態のアソシエーション（une forme d'association）を発見すること」に見ており（第一編第六章）、これとも符合する。なお、一社会一工場説については村岡到「「一社会一工場」の通説が隠しているもの」（季報『唯物論研究』第四八号、一九九四年）参照。

（2）社会学という枠組みの中ではあるが、早くからマルクスのアソシエーション論に注目したのは田中清助である。「マルクスにおけるAssoziationの概念について」（『社会学評論』一九六七年三月号）、「アソシアシオン序論」（『思想』一九七二年一二月号）。マルクス以前および同時代の社会主義者のアソシエーション運動については石塚正英らの共同研究『アソシアシオンの構想力』（平凡社、一九八九年）がある。

（3）とりあえず若干の語源的整理をしておこう。「アソシエーション」はラテン語のassociatioからくる。動詞形のassociareは、①接頭語のas-（英語のtowardにあたるad-の異形）、②sociusは形容詞「人と人とが結びあった」、名詞に転じて「結びあった人々」、③動詞化の語尾-are（英語の-ate）からなり、人と人とが結びあった関係になる、の意である。動詞sociare（人と人とを結ぶ）から判断して、欧語のsocialとかsocietyの原イメージは「結ぶ」という点にあり、漢字の「仲間（中間＝なかま）」といった空間的内／外イメージと異なると思われる。ただ、societyやsociétéのほうは「結びあった」状態を表すのに対して、associationのほうは本来的には「結びあった」関係に入り込む行為を表すといえよう。だからルソーも『社会契約論』で、「アソシアシオンの行為（acte d'association）はただちに、各契約者の特殊な人格に代わって、モラル的集合的団体を生産する（produire）」（第一編第六章）としているのである。

（4）L・シュタイン『平等原理と社会主義』（石川・石塚・柴田訳、法政大学出版局、一九九〇年）への訳者注参照。マルクスも『資本論』で「自由に vergesellschaftet な人間たち」(MEW 23-94) と類似の表現をしている。

(5) 広西元信が早くも一九六〇年代に『資本論』における「コンバインド」と「アソシエイティッド」の訳語の混乱を指摘していることを、その後、村岡到から教えられた。とりあえず補記しておきたい。なお念のために確認しておくと、マルクスがコンバインドとほぼ同じ意味でアソシエイティッドを用いている箇所も例外的にある。たとえば『要綱』ディーツ版四八四頁。

(6) 本書では詳述しないが、読者は、この「アソシエイトした知性」というマルクスの発想と、一七、一八世紀の観念論哲学の「理性」をコミュニケーション論や公共性論をとおして相対化しつつ継承しようとするハーバーマスらの発想(『公共性の構造転換』一九六二年、『コミュニケーション的行為の理論』一九八一年)との類似性に気づくであろう。付言すれば、意識論や認識論の歴史でも「アソシエーション」概念は重要な意味を持った。

たとえば、ロックは『人間知性論』第四版(一六九九年)で「諸観念のアソシエーション」の章を付け加えたのだが、そこで次のように書いている。「われわれの観念のいくつかは相互に自然的対応性と結合(connexion)を持っている。……その統一と対応性においてそれら諸観念を束ねる(hold together)ことは、われわれの理性の役目であり、長所である。これとならんで諸観念の別種の結合(another connection of ideas)があって、それはまったく偶然ないし習慣に由来する。それら自身においては何ら同類でない諸観念が、若干の人の心の中で、たいへん強く統一し、そのためそれらを分離できないのである。それら諸観念は[自然的結合をもたないのに]いつも連れ立っており、あるとき一方が知性へと入ってくると、すぐにその仲間(associate)がそれといっしょに現れるのである」(同第三三章)。ロックは「諸観念の connection」と「諸観念の association」を区別し、後者は前者の特定の形態、偶然や後天的体験にもとづく不自然不正常な形態と見た。たとえばむかし蜂蜜を食べすぎた体験者は、蜂蜜という言葉を聞くと、嘔吐感が「仲間」として同伴する。両観念間に何ら「自然的結合」はなく、単に最初は「偶然的結合(accidential connexion)」にすぎないが、強い印象を受けたため、この結合が、結合の条件がなくなってからも意識的コントロールを離れて病的に固定してしまう。ロックは、この病的現象の根底には「動物精気（animal spirits）における運動の連結」があるのではと、生理的原因を推定している。association という言葉は要素間の結合様式の偶然的で後天的な性格（つまり自然必然的でない性格）を表現するものであった。

このように、ロックでは「諸観念のアソシエーション」は不正常な観念結合にすぎないが、ヒュームの『人間本性論』（一八三九／四〇年）では、第一編第一部第四節の表題が「諸観念の connection または association について」となっているように、ロックのいう「自然的結合」自身が「諸観念の習慣による結合」にほかならず、connection を上位概念として association から区別する理由はなくなる。ヒュームは「印象（impression）」が「観念として心の中にふたたび現象する」形式として、「記憶（memory）」と「想像力（imagination）」を区別する。記憶と異なり、「想像はオリジナルな諸印象と同じ秩序や形式に拘束されず」、「諸観念を自由に置き換え、変更する」（同第三節）。しかしつねにまったく自由に働くのではなく、通常は「それにもとづいてひとつの観念がもうひとつの観念を自然に手引き（introduce）するような、若干のアソシエイティングな性質」にもとづいて働くのである。「諸観念のアソシエーションがそこから生じてくる性質、つまりそのような仕方で心がひとつの観念からもうひとつの観念へと、それによって運ばれるところの性質」として、ヒュームは、類似と時空接近と因果をあげている（同第四節）。この結合は堅い決定論的性格をもつのではなく、「一般に通用している穏やかな力（gentle force）と見るべき」なのである。ヒュームが association という言葉を用いたのも、要素結合のこのような経験的後天的非決定論的柔軟性を示すためだと思われる。

社会論におけるアソシエーションと意識論におけるアソシエーションとの間に歴史的対応関係があることは明らかだろう（たとえばテンニース『ゲマインシャフトとゲゼルシャフト』第二巻第一八節への補遺参照）。ただし「市民社会」の立場で、要素化ないしアトム化された諸個人や諸観念を不動の前提とした上で、これら相互孤立的諸要素の間のアソシエーションを展開するという構成を、マルクスは社会論でも意識論でもまったく取らない。マルクスの理解では、要素主義を前提とするアソシエーションは「市民社会」で展開する結合原理なのであるが、それは不可避的に「組織化された権力」へ、さらには「幻想的共同社会」へと展開するのである。理性論でいえば官僚制的な専門家支配を不可避的に要請するのである（マルクス『ヘーゲル国法論批判』一八四三年、参照）。このコースはマックス・ヴェーバーのコースであって、マルクスのコースではない。

(7) この訳語問題については、石井伸男から次のようなコメントがあった。「田畑は、概念としての統一性を示すために、あえてこれを日本語訳せず「アソシエーション」とカタカナ表記している。研究の現状からしてそれにも理由はあることは認める。しかし中心的な概念が外来語のままでは大衆的に受け入れられにくいこともまた確かであり、私は日本語として表記するときには、大藪論文がそうしているように、「協同社会」、「協同組織」とするのが適当だと考えている。この語は、それが動的な社会であり組織であることも比較的イメージしやすい言葉ではなかろうか」（「社会主義再生の条件――「社会主義像の展相」を読む」『現代と展望』一九九三年冬号、三三頁）。

(8) 第二領域（社会的編成論）の展開なしに第三領域（政治過程論）の内在展開は不可能である。「マルクス主義」国家論がきわめて超越的性格を帯び、柔軟性を欠いてしまった最大の〈理論的〉理由も、第二領域の位置づけの弱さにあったと思われる。私は、未完ながら「社会の公的総括」という規定を基軸に、マルクス国家論の再読を試みている。拙論「マルクス国家論の端初規定」（『現代と展望』一九九三年夏号）を参照。〔増補新版補記：なお、序論第3節では、「第四領域」について、「精神的生活過程」という本来の領域区分と、「イデオロギー（観念学）的」反省に媒介された観念形態上の規定（「イデオロギー」）とを区別せずに論じてしまっている。この混乱は、「精神的生活過程」の端初規定についての自覚的展開が当時の私に欠けていたことを示している。第四領域はあくまで「精神的生活過程」領域と見るべきである。これについては拙論「「スピリチュアル」と「精神的生活過程」」（季報『唯物論研究』第一二二号、二〇一三年二月）を参照されたい。〕

(9) 古在由重「現代唯物論の基本課題」岩波講座『哲学』第二巻、一九七〇年、二七五／二七六頁。

(10) 「泡立つ」というイメージ的表現はR・M・マッキーバー『コミュニティー』（初版一九一七年）のものである。われわれは本書で現代社会学におけるアソシエーション概念を扱うつもりはないが、念のため若干の確認だけをしておこう。

テンニースの『ゲマインシャフトとゲゼルシャフト』（初版一八八七年）が、とりわけその「ゲゼルシャフト」論をマルクス『資本論』第一巻にもとづいて展開しているのは周知のところである。彼は「ゲゼルシャフト」内部で形成される集団を「ゲゼルシャフト的結合体」と呼び、その特徴を選択意志（Küürwille）にもとづく「目的社会（Zweckgesellschaft）」である点に見る。そのもっとも純粋な表現が、株式会社という「資産のアソシエーション」である。「株式会社は選択意志にもとづくすべての可能な社会的な法的形成体のうちの完全な典型である。なぜならそれは生成から見ても、ゲマインシャフト的要素をまったく混えないゲゼルシャフト的結合体であるからである」（第三巻第一四節）。これに対して「ほとんどは資産を持たない人々の連合化（Vereinigung）」である「協同組合」を、テンニースはゲゼルシャフト的形式の下でのゲマインシャフト的原理の復活と見て注目し、高く評価している。「それによって、ゲゼルシャフト的生存諸条件に適合した姿で、ゲマインシャフト的経済の原理が新たな生命を獲得したのである」（第三巻第一四節への補遺）。

マッキーバーの場合には「アソシエーション」が「コミュニティー」との対概念として用いられる。「コミュニティー」は村や町や国といった地域的な共同生活領域で、コミュニティー感情をともない、「生の全体性」に対応している。これに対して「アソシエーション」は「ある特定の共通の関心のために設立された社会生活の組織体」である（マッキーバーは国家もアソシエーションと見る）。両者は一体的であって、「コミュニティーは無数の一時的永続的アソシエーションの中で泡立つ」が、「アソシエーション」はあくまで「部分的生」にとどまるのであって、「コミュニティー」は「アソシエーションでは完全に充足されない、もっと重大な共同生活」であるとされる（『コミュニティー』第一部第二章）。

第1章

ルソーのアソシアシオン論とマルクス

「すべての共同の力でもって，各アソシエの人身と財を守り保護するような，またそれによって各人は万人に結びつき，にもかかわらず自分自身にしか服従せず，従来同様自由であるような，アソシアシオンの一形態を発見すること．これこそ社会契約が解を与えるべき根本問題である．」

（ルソー『社会契約論』）

章扉写真：ルソー肖像画
A 1766 portrait of Rousseau wearing an Armenian costume by Allan Ramsay.

マルクスは結婚する時期のいわゆる「クロイツナハ・ノート」(一八四三年夏)でルソー『社会契約論』からの詳細な抜き書きをおこなっている。アソシエーションの用例をたどってマルクスの文献をあたっていくと、最初に出くわすのは意外なことに、一九世紀前半のイギリスやフランスの社会主義者たちや労働者アソシエーション運動にかかわってのものではなく、ルソー『社会契約論』(一七六二年)からの抜き書きなのである。注目すべきは、ルソーがそこで国家ないし「政治体(corps politique)」を「アソシアシオン」組織として構成しようとしていることである。この事実は、ともすればマルクス「アソシエーション」論をもっぱら初期社会主義との関連でだけ見て、アソシエーションを非政治的反国家的性格のものに限定してしまいがちな、従来のマルクス解釈視点の狭さを、われわれに示唆しているように思われる。

[1] アソシアシオンとしての政治体

まずはマルクスによる『社会契約論』の抜き書きから association の語を含む段落を訳出しておくと、次のとおりである。

「すべての共同の力でもって、各アソシエ[アソシアシオン成員]の人身と財を守り保護するような、またそれによって各人は万人に結びつき、にもかかわらず自分自身にしか服従せず、従来同様自由であるような、アソシアシオンの一形態を発見すること。これこそ社会契約が解を与えるべき根本問題である」(MEGA² IV-2-91)。

「アソシアシオンの行為は、ただちに、各契約者の特殊な人格に代わって、モラル的集合的団体を生産する。それ〔団体〕は、集会(assemblée)の有する投票数と同数のメンバーから構成され、同じ〔アソシアシオンの〕行為からその統一、その共同の自我、その生命と意志を受け取る。この公的人格は、……シテ〔都市国家〕……共和国……または政治体。それは、受動的な〔法に従う〕場合は État〔国家〕、能動的な〔法を制定する〕場合は souverain〔主権〕、その同類のものとの比較において puissance〔権力〕と、メンバーたちによって呼ばれる。アソシエについていえば、彼らは集合的には peuple〔人民〕という名称を持ち、個別には、至上の権威に参加するものとしては citoyens〔市民〕、国家の法に従うものとしては sujets〔臣民〕と呼ばれる」(MEGA² IV-2-92)。

「部分的アソシアシオン〔党派〕が大アソシアシオン〔政治体〕を犠牲にしてつくられると、これら〔部分的〕アソシアシオン各々の意志が、そのメンバーに対して一般的〔意志〕となり、国家に対しては特殊的〔意志〕となる。その場合には人間と同数の投票者は存在せず、アソシアシオンと同数の投票者となってしまう」(MEGA² IV-2-94)(＊1)。

「法は本来、市民的アソシアシオン（association civile）の条件でしかない。法に従う人民がそれをつくるのでなければならない」（MEGA² IV-2-96）。

これらからただちにうかがえるように、ルソー『社会契約論』における「アソシアシオン」とは、何よりもまず「モラル的集合的団体」を「生産する」諸個人の相互的「行為」である。それは、①彼が「社会契約」を「アソシアシオン契約（contrat de l'association）と言い換えているとおり（第三編第一六章）、共同意志（合意ないし契約）の形成という形式面、②「一般意志」（共同利益の実現を欲する意志）の下への各人の服従という内容面、③「自然的自由」から「合意による自由」「市民的自由」へという移行面、を持っていた。

ルソーは「政治体」を一種のアソシアシオン組織として構成しようとしているのであるが、そこからわれわれは、アソシアシオンの〈組織としての〉一般的特徴を次のように抽出することができるだろう。

①共同目的。この組織は「各アソシエの人身と財を守り保護する」（第一編第六章）という諸個人の共同目的にもとづいている。つまり諸個人がそこへと〈生まれ込む〉ような血縁地縁的な自生的共同体とは異なる、目的先行型の組織である。

②目的実現手段としての力の統一。諸個人は「［諸個人の］現存する諸力を統一し（unir）、制御する（diriger）」（同前）ことを手段に、この共同目的の実現をはかる。

③全員一致の最初の合意。この組織は「アソシアシオンの行為」という「全員一致」の（したが

って自由意志にもとづく）「最初の合意」（第一編第五章）によってのみ成立する。

④自己制限。諸個人は等しく「共同でその人格と力を一般意志〔共通の目的を実現させようとする意志〕の最高の指揮（direction）のもとに置き」、自分が「全体の不可分の部分」であることを受け入れる（第一編第六章）かたちで、自己を制限しなければならない。

⑤合意による自由。しかし「合意」以前の「自然的自由」のこの制限は、「一般意志」への服従であって、特定の他の誰か（の特殊意志）への服従ではないから、諸個人は依然、自由である。

⑥集合的人格。このようにして成立した「モラル的集合的団体」は「その統一、その共通の自我、その生命とその意志」を持つに至るが、それらはあくまで最初の「アソシアシオンの行為」から受け取られたものである（第一編第六章）。

⑦総会。「主権」（一般意志の行使）は特定の誰かによって「代表」されえず、集合的存在である「人民」のみが「主権者」であるから、「主権者」は「人民集会」においてしか行為できない（第二編第一章、第三編第一二章）。

⑧執行権の委託（commission）。立法権は集合存在としての「人民」にのみ属するが、「人民」は政府＝執行部の設立や首長の任命以外なら、執行権を「委託する（commettre）」ことができる（第三編第一章）。

⑨委託の停止。「主権者」は委託した執行権を「いつでも好きなときに制限し、変更し、取り戻すことができる」（同前）。

ルソーは、もちろんアソシエーション組織の一般論を語っているのではなく、「各アソシエの人身（la personne）と財（les biens）を守り保護する」という共通目的実現のためのアソシエーション組織として「政治体」を構成しようとしているのである。しかし同時に、何らかの共通の目的のために各人が自由意志にもとづいて力を結合する組織形態としての、アソシエーション組織の基本特徴を彼は十分に提示しているといえるだろう。もちろんアソシエーション組織は、目的先行型組織であるから、その目的に応じて、結合の内容や深さや形態がさまざまでありうる。ルソーの場合、とくに問題になるのは、「自然的自由」（つまり「アソシアシオン契約」以前に諸個人が享受していた自由）の制限の範囲の問題だろう。これが一種の国家主義（Etatisme）的色彩を彼のアソシエーション論に与えている。彼は「各アソシエがすべてのその［自然的］諸権利とともに［自己を］、共同社会全体にトータルに譲渡すること」（第一編第六章）が「社会契約」の諸条項の根幹だと見ている。ルソーは「政治体」への諸個人のきわめて深い「トータルな」結合を理念として想定していたといわねばならない。もちろん、前アソシアシオン的自由のこのトータルな譲渡は「一般意志」への諸個人の「深い」服従を論理的に導き出すためのものであって、特定の特殊な諸個人（特殊意志）への服従をただちに意味しないけれども、一種の国家主義を論理的にはらんでいたことは否定できないだろう（＊2）。たとえば第二編第五章「生殺の権利について」で、彼は次のように書いている。

「社会契約は契約者たちの［生命］護持を目的としている。目的を欲するものはまた手段をも欲するのであって、この手段は多少の危険と不可分であり、多少の犠牲とさえ不可分である。……首長が「君が死ぬことは国家に好都合だ」といえば、市民は死なねばならない。……市民の生命はもはや単に自然の恩恵ではなく、国家の条件つき贈与物だからである」。

ここに端的に見られるようなルソーのアソシアシオン論の国家主義的特質は、ルソーにおける市民的義務の厳格主義（それは私人と公人との深い分裂を歴史的前提に持っており、その反映と見ることができる）と不可分であるが、同時にそれはまたルソーにおける、あるべきアソシアシオン社会の、重層的構想の欠如にもかかわっていたというべきであろう。ルソーが生きたのは国民国家の生成期なのである。社会の重層性は主として封建貴族や封建的諸特権の閉鎖性の問題として意識された（「大アソシアシオン」と「部分的アソシアシオン」との関係に関するルソーの指摘参照）。諸個人は、国民国家のみならず生産流通組織や地域自治組織や労働組合や同業、同学、同信、同好団体や国際組織などに同時に所属しているのであるから、そういう重層性の中で国民国家の突出を克服しなければならない、という現代的問題意識が、ルソーの場合は前景に出ることがなかったのはいうまでもない（＊3）。

〔2〕『ヘーゲル国法論批判』における「民主制」論

周知のとおり、『社会契約論』からの抜き書きをおこなった一八四三年の夏、マルクスは『ヘーゲル国法論批判』を執筆している。ここには「アソシエーション」概念は直接には見当たらないものの、「真の民主制」（MEW 1-232）をめぐるマルクスの次のような議論には、ルソーの「アソシアシオン」論の影響が明瞭にうかがえるだろう。

「民主制においては体制（Verfassung）自身が単に人民のひとつの規定として、しかも人民の自己規定（Selbstbestimmung des Volks）として現象する。……ここでは体制は、単にアン・ジッヒに、ソノ本質カラ見テだけではなく、ソノ実存、ソノ現実性カラ見テ、自分の現実的根拠へと、現実の人間、現実の人民へと、つねに連れ戻されており、人民自身の作品（sein eigenes Werk）として、定立されている。体制は、ソレガ何デアルカノソノソレ［本質］として、人間の自由な生産物（freies Produkt des Menschen）として、現象する。……したがって民主制は、すべての国家体制の本質、つまり社会化された人間（der sozialisierte Menschen）なのであって、ただそれ［本質］がひとつの特殊な国家体制としてあるのだ」（MEW 1-231）。

われわれは先に、「アソシアシオンの行為（acte）は、ただちに、各契約者の特殊な人格に代わって、モラル的集合的団体を生産する（produire）」というルソーの基本命題を、マルクスが抜き書きしていることを指摘した。「民主制」においては「体制」が「人民自身の作品」「人間の自由な生産物」「人民の自己規定」であり、「民主制」とは「sozialisiert な人間」にほかならないと書くとき、マルクスがルソーのアソシアシオン論を意識していたことは明らかだろう。sozialisiert という言葉は、assoziiert にほぼ等しい意味で用いられていると言えよう。

こうして予想外にも、われわれは、マルクスの「アソシエーション」論の生成過程を、ルソーからたどらねばならないことになるのである。このことは、われわれに多くのことを示唆している。われわれはともすれば、もっぱらフランスやイギリスにおける初期社会主義のいわゆる生産協同組合実験のみを頭において、マルクスのアソシエーション論へのその影響を論じ、さらにはマルクス

「アソシエーション」論の「国家主義的」限界を論じがちである。もちろん、この影響関係を否定するのは愚かなことではあるが、しかしマルクスのアソシエーション論をマルクス自身に内在しつつ追跡するという観点からいえば、明らかに議論の枠をもっと大きく取る必要があるということが、この冒頭からすでに明らかになってくるのである。ルソーは、国家もまた「アソシアシオンの一形態」として構成されるべきことを主張したのである。一八四三年夏のマルクスもまたこれを受けて「真の民主制」を構想しているのである。「アソシアシオニスト」を何かただちに「反国家」主義的と見たり、アソシエーションを社会範疇として、政治範疇としてのデモクラシーに対立させたりするのも、たしかにひとつのアソシエーション理解ではあるが、そういう理解のみを尺度にしてマルクスを「切る」とすれば、それは外在解釈であるという意味で支持できないだろう。それだけではない。アソシエーション論の今日的可能性を追求する上で、アソシエーションと政治的デモクラシーを固定的対立において見る理解は、実践的理論的にその有効性に大いに疑問がある、ということをとりあえずは確認しておかねばならない(＊4)。

[3]『ユダヤ人問題によせて』のルソー論

一八四三年の秋に執筆した『ユダヤ人問題によせて』でマルクスは、ふたたび『社会契約論』に言及している。彼はまず、「政治的人間という抽象物をルソーは正しく描写している」として、ルソーから次の引用をおこなっている(MEW 1-370)。

「大胆にも［ひとつの体制を形成して］人民（peuple）を創設しようと企てる者は、次のことができると感じていなければならない。つまり、いわば人間の本性を変えるということ、自身だけで完全かつ孤立せる全体をなしている各個人を、この個人が何らかの仕方で彼の生命と彼の存在とをそこから受け取るような、より大きな全体の一部に転形すること、身体的で独立な生存を部分的でモラル的な生存に置き換えることである。彼［立法者］は、他者の援助なしには使用しえないような［これまで人間には］疎遠であった諸力を、代わりとして与えるために、人間（l'homme）から、人間に固有の諸力を奪い去らねばならない」（第二編第七章）。

マルクスが的確に見抜いているように、この文章は、ルソーの「アソシアシオン契約」の（共同意志を形成しようとする当事者たちに対して有している）内在性が、あくまで形式的内在性にとどまっており、実質的超越性を不可分にともなうものであることを、如実に示しているだろう。じつはルソーはここで「立法者（législateur）」の条件を論じているのである。ルソーにとっては、「立法者」は決して人民の「アソシアシオン契約」や「立法権」に取って代わるものではない。単に「法を起草する（rédiger）者」、つまり提案者である。その「立法者」はルソーによれば「神々」のように、一方では「優れた知性」を持ち、他方で特殊利害からできるだけ自由でなければならず、したがって「共和国［の基本制度］を構成する（construer）者は、その構成（constitution）の中へ決して入らない」（同前）ようにしなければならないのである。たとえば、退位してから起草するとか、外国人に起草してもらうなどというふうに、当事者性を可能なかぎり排除しなければならない。そこで、ルソーにおいてなぜ「立法者」は「神々」のような超越性を要請されるのかが当然、問題となる。

それは共有されるべき「法」が、その実質から見て、「アソシアシオン契約」当事者たちに対して大いなる超越性を有しているからにほかならないだろう。このようにして一八四三年秋のマルクスは、ルソーの「人民」ないし「市民」が「政治的人間という抽象」を表現するにとどまっていることを指摘した上で、自分の立場を次のように対比しているのである。

「現実的個人的人間が、抽象的公民を自分の中へと取り戻し、個人的人間として、その経験的生活において、その個人的労働において、その個人的諸関係において、類存在者(Gattungswesen)となったときにはじめて、人間が彼の「固有の諸力」を社会的諸力として認識し組織し、したがって社会的力を政治的力としてもはや自分から分離しないときにはじめて、そのときはじめて、人間的解放が成就されているのである」(MEW 1-370)。

これをよく読むと、マルクスはルソーから二つの点で自己区別しようとしているのが了解されるだろう。第一はいうまでもなく、「経験的生活」や「個人的労働」や「個人的諸関係」の中で、つまりは「市民社会」という形態で編成されている(存在論的に見て強い意味で実在的な)生活世界の中で、諸個人が「類的存在者」とならなければならないということである。これはマルクスにとって「政治的解放」と「人間的解放」との決定的分岐点であったのは周知のところである。

しかし第二にマルクスは、ルソーが人間の「固有の諸力」を個々人が「自身だけで完全かつ孤立せる全体者」でありうる「諸力」、「身体的独立的生存」を自分だけで維持する「諸力」と見ているのに異論を唱えつつ、むしろ「「固有の諸力」を社会的諸力として認識」するべきだとも主張しているのである。マルクスのアソシエーション論の性格を理解する上で、この点も大いに注目されるべきだろう。ルソーでもマルクスでも、「アソシアシオン」という「モラル的集合的団体」の生産行為は、契約当事者たちが「アソシアシオン」以前のあり方を〈否定〉する側面を不可欠にともなうであろう。だが、ルソーではこの〈否定〉は、「自身だけで完全かつ孤立せる全体者」であるという「人間の本性」「固有の諸力」の〈否定〉として了解されるのに対して、マルクスではこの〈否定〉は、「固有の諸力」である「社会的な力」の「取り戻し」的展開として、したがって〈否定の否定〉として了解されているのである。つまりマルクスでは、孤立的全体者としての個人は、「社会的力」を「政治的力」として疎外しているのであって、このような「市民社会の唯物論」と「国家の観念論」とへの、「エゴイスト」と「政治的人間という抽象」とへの、表裏一体的分裂においてある近代の人間たちのあり方を、両面同時的に〈否定〉する方向で解放は構想されているのである。だから、相互孤立的諸個人の否定は、同時に「社会的力」の外化形態を諸個人自身が「取り戻し（zurücknehmen）」的に内在展開する過程でもあるような、ひとつの過程として構想されているのである。マルクスのアソシエーション論が要素主義的個人主義を前提にするものでないことは、このことからも明らかである（＊5）。

［4］「アソシアシオン」と「アグレガシオン」

『ドイチェ・イデオロギー』（一八四五／四六年執筆）第一章「フォイエルバッハ」のマルクス筆跡頁番号五四から六八（H-116~144）は、マルクスのアソシエーション概念の原型ともいうべき重要なテクストであるが、じつはここでもルソーのアソシアシオン論への言及があるので、少し先走りになるが、補足的に確認しておこう。

「［幻想的ゲマインシャフトではなく］現実のゲマインシャフトにあっては、諸個人は、彼らのアソシエーションの中で、また彼らのアソシエーションをとおして、同時に彼らの自由を獲得する」(H-120)。

これはルソーの言い方そのままだといってもよいだろう。しかし続けて次のような指摘がなされる。

「これまでの連合化（Vereinigung）は単に（たとえば『社会契約論』に書かれているような随意的（willkürlich）なものでは決してなく、むしろ必然的な）連合化でしかなかった（たとえば北アメリカ国家や南アメリカ諸共和国の形成を参照）」(H-126)。

この箇所もおそらく、『社会契約論』の「力に屈するのは必然の行為であって意志の行為ではない」（第一編第三章）を受けたものと思われる。ルソーの考えでは、単に「力」で支配され束ねられている状態は「ひとつの agrégation［集合］ではあっても association ではない」（第一編第五章）。いくら「力」で束ねても、各人の内面的モラル的主体性によって支えられていない以上、「力」が弱まればそれで終わりである。「必然の行為」である「アグレガシオン」と「意志の行為」である「アソシアシオン」とのこういう選択肢をルソー自身が提示しているのである。

しかしこの区別は、マルクスにあってはもっと複雑な構成を持つものとしてとらえ直されねばならない。なぜなら、概念上アソシエーションに先行するマルクスの「市民社会」は、「分業」や「競争」や『資本論』にいう「資本による労働の実質的包摂」などの「自生的」諸関係により、すでに構造化された社会だからである。「市民社会」のこの構造の中では、各種の「連合化」は「必然的連合化」(H-126)たらざるをえず(＊6)、むしろルソーのいうヴォロンテールなアソシアシオンは「市民社会」を前提とするかぎり「幻想的ゲマインシャフト」(H-120)たらざるをえないと考えられるからである。

しかし、にもかかわらず、ルソーとマルクスの連続面に着目すればどうか。ルソーのいう「意志の行為」としての「アソシアシオン」は、「市民社会」の構造そのものを揚棄し、将来的には「市民社会」に代位するものとして、よりラディカルなレヴェルでマルクスによって再構想されたと、とりあえずいっておくことも許されるだろう。国家であれ資本であれ何であれ、諸個人の社会的諸力が「偉大な指導者の力」とか「物件の力」などとして現象するという、社会関係に随伴する無思想(begriffslos)な対象性を剝奪するためには、結局のところ「アソシアシオン」という自覚的な相互行為に、ルソーの言うこの「社会の真の基礎」(第一編第五章)に、意識的に立脚するほかないだろう。まさにその点でルソーとマルクスの間に明瞭な連続性を見ることができないか。こういう解釈図式がまずはクローズ・アップされてくるであろう。

註

（1） この箇所はルソーがアソシアシオンを重層的に考えていたという点で注目される。ルソーはそれを否定的に見ているのであって、国家解体期の「党派」闘争を想定しているのであるが、今日でいえば「コーポラティズム」や、とくに「企業」という社会集団による政治的民主主義の実質支配（プルートクラシー化）などを考えることができよう。しかし逆にアソシアシオンの重層性は、国民国家市民だけでなく、世界市民、地域市民、企業市民へとデモクラシーを分権的に重層化させることが課題となっている今日、その積極的意味も論じられねばならないだろう。

（2） レモン・ペローは『諸個人の諸アソシエーション』(Raymond Perraud: *Les Associations d'Individus*, Paris, 1901）で、ルソーのアソシアシオン論を次のように批判している。「ルソーはどのようにしてほとんど絶対的な国家の社会主義に到達しえたのか。それは彼が特殊な諸アソシアシオンの複数性よりも、すべてを飲み込むひとつの疑似アソシアシオンの統一を好ましいと思ったからである。随意的と仮定されてはいても、共同社会（communauté）の利益のための、各人によるすべての諸権利のトータルな譲渡が、なお存在するのだ。それは実際上、各人の無化と［組織への］併呑に至るのだ」(p.89)。ペローのこの批判は、ルソーが「アソシアシオン契約」において「各アソシエが［自己を］そのすべての権利とともに共同社会全体にトータルに譲渡すること」が必要だと語っている箇所（第一編第六章）を想定したものと思われる。このような「トータルな譲渡」は、全員が等しくおこなうことによって、特定の個人への服従を論理的には回避できるものの、国家による個人の「無化」は避けられないというのである。

ペローのこの批判の背後には、彼によるアソシアシオン定義がある。「アソシアシオンとは、特殊で共通な目的のために、一定数の諸個人によって自発的に創設された法的人格であって、その共通の目的は諸意志の部分的な規制と統一（法的人格はこの意志の統一の外的で積極的な顕現にほかならない）によってより容易に達成されよう。さらに簡略にいえば、アソシアシオンとは、特殊で共通な目的を、より容易に達成するために、アソシエイトした諸個人の、部分的に統一された意志によって、自発的に創設された法的人格または法的単位である」(p.97)。この定式からうかがえるように、ペローはアソシアシオン概念を次の五つの要素に分析している。①共通の目的のための個人的諸努力の統一。②個人的諸努力の規制。③自発性。④共通目的の特殊化（spécialisation)。⑤法的人格ないし法的単位。

これらの五つの要素のうち、ペローの議論で注目されるのは「特殊化」の要素である。この要素を無視したことが、ペローによればルソーやフーリエやルイ・ブランの誤りであった。追求される共通目標が「特殊化」されていなければ、たとえ「自発性」があっても、社会機構による諸個人の併呑から諸個人の独立を守りえないと考えるのである。フーリエに対しても次のような批判がなされている。「フーリエは、彼が熱意ある四〇〇家族に、将来彼のファランステールに入植し、そこで彼らのお金、動産あるいは不動産、彼らの労働の成果、さらには庶民が特別に排他的性格を持つとみなしている愛着の諸対象までをも、共同で身につけるよう勧めるとき、同じ誤りを犯している。アソシアシオンはコミュノテ［共産体］ではないのだ」(p.90)。ペローの考えでは、共通の目的が「特殊化」されていること、したがって各人が意志を「部分的に(partiel)」しか統一・規制しないこと、これが彼のいう「真の個人主義と適合するアソシアシオン」(p.91)をルソーの契約国家やフーリエやブランのアソシアシオンや共産主義的コミュノテから区別するのである。このペローの議論は、国家や生産組織に即して具体的に「特殊化」の内容を限定していないので、形式論に終わっているが、いわゆるトータル・コミットメント型の「セクト」組織からアソシエーション組織を区別する一般的議論としては有効であろう。

(3) マルクスと国家集権主義との関係も、マルクス解釈上の大きな問題である。この問題に関する筆者の整理の仕方は、マルクスにおける二つの革命モデルの区別にある（本書補論第2節「マルクスとイギリス革命」参照)。フランス革命をモデルに民主主義革命の「永続化」として未来社会への前進を構想するのは、バブーフ以来の近代共産主義の基本特徴である。『共産党宣言』やそのドイツ三月革命への具体化としての『ドイツにおける共産党の要求』（一八四八年三月）が国家集権的性格を濃厚に持ったのは、「要求」の第一項目が「全ドイツは単一不可分の共和国であると宣言される」(MEW 5-3) となっているように、国民国家形成へのダイナミズムを革命的に担うかたちで共産主義者たちが登場したという歴史的事情にもとづいている。しかしその後、ごく大ざっぱにいえば、センター部分では、しだいに近代国家が確立・肥大化し、資本制も成熟期に移行し、労働者の政治的産業的包摂が進む中で、「平和的な道」の模索がはじまる。一方「永続革命」は周辺部革命のモデルとして限定を受けていったといえるだろう。マルクスのこの二つの革命モデルは、やがて周辺部の国家社会主義とセンター部の改良社会主義への「マルクス主義」の分裂へと連続した。

（4）アソシエーションとデモクラシーの相互関係の重要性については、専制的ないし寡頭制的に組織されている現在の経営組織をアソシエーション型組織へと転化する際の「経済民主主義」戦略の問題として、日程に上っていると思われる。これについては本書第3章第5節「アソシエーションと権力」を参照されたい。また最近のものでは、Paul Hirst: *Associative Democracy. New Forms of Economic and Social Governance*, Cambrige, Pority Press, 1994がある。

（5）マルクスが人間たちを〈つねにすでに〉社会―個人的存在と見ていたことは、『経済学哲学草稿』（一八四四年）の次の一文からも明らかである。「「社会」を抽象としてふたたび個人に対置して固定することは、とくに避けなければならない。個人というものは社会的存在なのである」（MEGA² I-2-267）。〔増補新版補記：渡辺憲正より、マルクスのこの引用箇所は個人と社会の分裂が揚棄された未来社会についての言明であるとの指摘を受けた。適切な指摘であった。私が言いたかったのは、自由な個人のあり方とアソシエーションが一体的であると同様、相互孤立的諸個人と権力社会や物件化された商品社会も一体的であるとマルクスが考えているということ、つまり一般化すれば〈諸個人の一定のあり方／社会の一定のあり方〉とマルクスが見ていたということであり、個人と社会が分裂した状態であれ調和した状態であれ、このことに変わりがないということである。〕

（6）この「必然的連合化」という表現の含意は次の箇所からうかがえる。「これらの都市は真の「連合」であったが、直接の必要によって、所有を守る心配によって、そして個々のメンバーの生産手段と防御手段を倍加させるために、現出したのである」（H-92/94）。

第2章

『ドイチェ・イデオロギー』と「諸個人の連合化」

「革命的プロレタリアたちの共同社会には，諸個人は諸個人として参画する．諸個人のコントロールのもとに，諸個人の自由な展開や運動の諸条件を与えるのは，まさに諸個人の連合化なのである.」

(『ドイチェ・イデオロギー』第1章)

章扉写真：『ドイチェ・イデオロギー』第１章手稿
（出典）MEGA[1] I-5, Berlin, 1932, S.23.

『ドイチェ・イデオロギー』（一八四五／四六年、エンゲルスと共同執筆）では、Assoziation よりも Vereinigung の語が多用されている。

当時の論争相手であったマックス・シュティルナー（1806–1856）のキー・ワードである Verein der Egoisten が普通「エゴイストたちの連合」と訳されるので、これと訳別するため、Vereinigung を「連合化」と訳しておくと、『ドイチェ・イデオロギー』では、未来社会は「諸個人の連合化（Vereinigung der Individuen）」（H-126）、「連合化した諸個人（die vereinigten Individuen）」（H-142）と表現され、さらに「連合化」の質に着目して「自由に連合化した諸個人（frei vereinigte Individuen）」（H-130）、またその外延に着目して「ひとつのユニヴァーサルな連合化（eine universelle Vereinigung）」（H-142）などと表現されているのである。

［1］自立化／服属視点と個人性生成視点

では、この「諸個人の連合化」としての未来社会はどのように構想されているのか。『ドイチェ・イデオロギー』は論争的連関で体系化を試みた共同作業の草稿であって、叙述も錯綜しているが、整理すれば次のようになるだろう。

Ⅰ　経済社会システム

①「連合化した諸個人による全生産諸力の領有」（H-142）

②「自由に連合化した諸個人による全体プラン」（H-130）

③「共同の家事経営」（H-114）

④「都市と農村の対立の揚棄」（H-90）

Ⅱ　諸個人の交通のあり方

①「人間たちのユニヴァーサルな交通」（H-37）

②「諸個人が諸個人としてゲマインシャフト〔共同社会〕に参画」（H-126）、「諸個人としての諸個人の交通」（H-138）、「これまでの制約された交通の、諸個人そのものの交通への転化」（H-142）

③「自由に連合化した諸個人」（H-130）（つまり「連合化」は自由意志にもとづく）

Ⅲ　諸個人のあり方

①「各個人の素質をすべての面で陶冶すること」（H-120）、「トータルな諸個人への諸個人の展開」（H-142）

②「世界史的な、経験的にユニヴァーサルな諸個人」（H-37）

③「各人は活動の排他的圏域を持たず」（H-34）、「もはや分業の下に包摂されない諸個人」（H-142）

④「もはや局限されない完全な自己活動（Selbstbetätigung）」（H-140）、「自己活動が物質的生活と合一する」（H-142）

⑤「全世界の生産（精神的生産を含む）との実践的関係」の中での「諸個人の現実的精神的豊かさ」（H-42）

このように整理すれば明瞭なように、『ドイチェ・イデオロギー』では「諸個人の連合化」は二重の人類史的課題を解決すべきものとして構想されているといえるだろう。第一にそれは、諸個人から「自立化」し、物件的な社会的「権力」として、あるいはまた諸個人を圧倒する「運命」として現象している、諸個人自身の社会的諸力や生存諸条件を、諸個人に「服属」させることが唯一可能な、諸個人相互の関係の〈あり方〉として構想されている。たとえば次のように書いている。

「共産主義はこれまでのすべての生産―交通諸関係を覆し、すべての自生的諸前提を、はじめて意識を持ってこれまでの人間たちの創出物として扱い、それらから自生性を剝ぎ取り、連合化した諸個人の権力のもとに服属させる。……共産主義が創出する存立体（das Bestehende）は、諸個人から独立なすべての存立体――この存立体がそれ［独立］にもかかわらず、諸個人自身の従来の交通の所産にほかならないかぎりで――を不可能にするための現実的土台である」（H-126）。

われわれはこれを「諸個人の連合化」論の自立化／服属視点と呼んでおこう。しかし第二に、この「連合化」は「諸個人としての諸個人の交通」や「トータルな諸個人への諸個人の展開」を実現するべき諸個人相互の関係の〈あり方〉としても構想されている。

「そこ〔革命的プロレタリアのゲマインシャフト〕へは、諸個人は諸個人として参画する。〈諸個人の自由な展開と運動〉の諸条件を（もちろん現に展開された生産諸力という前提の内部で）彼らのコントロールの下に置くのは、まさに諸個人の連合化なのだ」(H-126)。

これは「諸個人の連合化」論の個人性（Individualität）生成視点と呼んでよいだろう。生理的意味での人間個体と区別される「個人」を、マルクスは歴史的生成において、社会歴史的カテゴリーとして見ていたことは周知のところである。のちの『経済学批判要綱』の表現でいえば、「人間は……社会の中でだけ自分を個別化（vereinzeln）できる動物」（MEGA² II-1-22）なのである。ただ、「市民社会」においては諸個人は相互孤立的な「私的人間（Privatmensch）」という支配的あり方で現象するために、これら「諸個人」には、その裏面として、彼ら自身が自生的に形成している社会関係・社会的諸力が外的強制力として（あたかも「自然法則」として、あるいは「物件的権力」として）現象してくる。したがって、こういう「自立化」した社会的諸力を諸個人に「服属」させるプロセスは、〈同時に〉相互孤立的な私的個人を「諸個人としての諸個人の交通」、「トータルな諸個人」、「経験的にユニヴァーサルな諸個人」、「局限されない完全な自己活動」という「諸個人」のあり方へと揚棄していくプロセスでもなければならないことになる。自立化／服属視点と不可分に、こういう「個人性」の生成のプロセスが構想されていたのである（＊1）。

マルクスが未来社会を一種の Gemeinschaft（もともとの意味は「共同性」、「共同態」、そこから「共同社会」をも意味する）の確立と見ていたことはそのとおりである。しかし、個人性生成視点を看

市民社会 ｛ 相互孤立的私的諸個人 / 諸個人から自立化した社会的存立体

↓

アソシエーション ｛ 個人性の本格展開 / 共同社会性の自覚的組織化

図5　諸個人の連合化としてのアソシエーション

過したかたちでそのことだけを確認すると、論理的に見て大きな問題が残る。マルクスの未来社会は決して未分化な、あるいは抽象的なGemeinschaftlichkeit（「共同性」ないし「共同社会性」）の世界ではない。まさにそこで個人性の本格的展開が構想される社会である。私の理解では、この「個人性」生成視点を、「共同所有」や「共同のコントロール」をはじめとする「共同社会性」に結びつける〈形態〉が「諸個人の連合化」ないし「アソシエーション」なのである。つまりマルクスは、未来社会ではGemeinschaftlichkeitとIndividualitätは「諸個人の連合化」ないし「アソシエーション」という〈形態〉で統一されるものとして考えていたのではなかろうか。「そこ［ゲマインシャフト］へは、諸個人は諸個人として参画する。〈諸個人の自由な展開や運動〉の諸条件を彼らのコントロールの下に置くのは、まさに諸個人の連合化なのである」（H-126）や、「ほんとうのゲマインシャフトでは、諸個人はアソシエーションにおいて、またアソシエーションをとおして、彼らの自由を獲得する」（H-120）といった表現が端的にそのことを示しているように思われる。これを図示すると図5のようになる。

いささか先走りしていえば、このようにGemeinschaftlichkeit面とIndividualität面を綜合する社会〈形態〉としてのアソシエーションを明確に位置づけることによってはじめて、

(1) 所有論における「個人的所有（das individuelle Eigentum）」の再建（MEW 23-791）というテーマ
(2) 交換論における「生産手段の共同の領有とコントロールの基礎の上にアソシエイトしている諸個人の自由な交換（der freie Austausch der Individuen）」（MEGA² II-1-91/92）というテーマ
(3) 総社会的調整論における「生産当事者たち」の「アソシイトした知性」（MEGA² II-4-2-331）というテーマ
(4) 労働論における労働の「活動（Tätigkeit）」への転化（MEGA² II-1-241）というテーマ

こういった、これまでわれわれが不当に看過してきたり、十全な概念的位置づけを与えることのできなかった諸契機に、本格的な光をあてる道が切りひらけるのではないか。このことをとりあえず確認しておきたい。

［2］「市民社会」における「対抗的連合化」

しかし、「連合化」は未来社会で突然姿を現すものではない。「市民社会」において「連合化」はすでに本質的な位置を占めている。「連合化」は元来「市民社会」において、分業と交換の自生的システムの上に、大なり小なり自覚的に（共同意志の確認にもとづき）展開される社会形態である。マルクスらが未来社会を「諸個人の連合化」ないし「連合化した諸個人」として構想したということは、諸個人が自由に共同意志ないし共同目的を形成してその実現のために諸力を結合しあうとい

自生的諸関係―分業と競争―相互孤立と外的必然的交通

自覚的な組織―闘争と支配―
- ①対抗的連合化
- ②組織化された権力
- ③幻想的ゲマインシャフト

図6　市民社会における連合化

う、「市民社会」とともに人類史において本格的に登場してくるこの社会形態を、少なくとも形式上は、積極的に受容したということである。だが、「諸個人の連合化」は「市民社会」にあっては私的個人の「連合化」として、敵対関係（Antagonismus）を内に抱えつつ展開していく。それゆえ「連合化」の過程は何よりも「市民（Bürger, bourgeois）」が「支配する階級」として自己を組織していく過程として、またその結果「幻想的ゲマインシャフト」が生成する過程として、了解されているのである。

『ドイチェ・イデオロギー』の叙述から拾い集めてこの過程の骨格を整理すると、**図6**のように「市民社会」における「連合化」の重層化したあり方が浮かび上がってくる。

①「対抗的連合化」モデル

『ドイチェ・イデオロギー』によれば、階級としての「市民」の生成は、「アソシエイトした略奪貴族に対抗するアソシエーションの必要」（H-86）から出発した。

　「これらの［中世］都市は、所有を守り、個々の成員たちの生産手段と防衛手段を倍加させるという直接の必要と心配により形成された真の「連合」であった」（H-92/94）。

「各都市の市民たちは、中世において彼らの身を守るために土地貴族に対抗して相互に連合化することを強いられていた。商業の拡大、諸コミュニケーションの整備は、《いくつかの都市の〈アソシエーション〉連合化へと導いたが、それは封建領主に対抗する利害の同等性にその根拠をもっていた》……。個々の都市の多くの地方的市民圏（Bürgerschaft）から、きわめてゆっくりと市民階級（die Bürgerklasse）が生成した」(H-116,〈〉内は一次削除、《》内は二次削除)。

ここで語られているのは、「分業」や「競争」といった自生的日常的な「交通と連関」ではない。それを前提にしつつその上に成立する大なり小なり自覚的な、したがって何らかの形態における共同意志の確認にもとづく「連合化」である。この「連合化」は、敵対関係の中での共同利害の自生的形成により、必要に迫られて遂行されるという意味では、「たとえば『社会契約論』の場合のような随意的な（willkürlich）連合化ではなく必然的な連合化である」(H-126）とされる(＊2)。対抗的連合化が利害の敵対にもとづく「共同の闘争」という緊張した非日常的実践をつうじて促進されると見られている点にも注目しておかねばならないだろう。マルクスはのちに、「中世の自治諸都市（Munizipalitäten）や自治体（Gemeinden）」と現代の「労働組合」とを、未来社会をはらむ「組織化のセンター」という意味で平行現象と見ている（MEW 16-197）。つまり未来社会としての「ひとつのアソシエーション」も、「市民社会」〈における〉労働者たちの対抗的アソシエーションの諸形態から出発するのである。

②「組織化された権力」モデル

これは、対抗的アソシエーションが他の諸個人に対する「権力」として現れる状態である。つまり、アソシエーション〈による〉支配、ないしは支配〈のための〉アソシエーションである。

「これら諸都市の下層民は、相互に見ず知らずな、個々ばらばらに流入した諸個人からなっていたので、組織化され、実践的に装備され、彼らを嫉妬深く監視する権力（Macht）に、非組織的に対抗し、一切の力（Macht）を奪われていた」(H-94)。

「競争は諸個人を寄せ集めるにもかかわらず、諸個人を、ブルジョワのみでなくそれ以上にプロレタリアをも、相互に孤立させる。したがって、これら諸個人が《ふたたび連合化される》相互に連合化しうるまでには長い時間がかかる。この連合化――それが単にローカルでない場合――のために必要な諸手段が、つまり大工業諸都市と大工業による安価で迅速な諸コミュニケーションが創出されていなければならない、という点については言わないにしても。孤立を日々再生産している諸関係の中で生活しているこれら諸個人に対抗するあらゆる組織化された権力（organisierte Macht）は、長期の諸闘争ののちにはじめて克服されうるのだ」(H-114,《》内は削除分)。

これらの記述からうかがえるとおり、『ドイチェ・イデオロギー』は支配関係を決して単に搾取論や「物件的諸力」の所有に還元してしまわず、組織化（Organization）の質的不均等の面からも見ようとしている。第3章で詳論するとおり、この「組織化された権力」モデルは『資本論』の「協業」を論じた箇所で、生産組織における経営権力の問題として再現するのであって、「資本による労働の実質的包摂」の中核的意味をなすものである。また、『共産党宣言』の「支配する階級として組織化されたプロレタリアート」(MEW 4-481)という表現のとおり、労働者アソシエーションもまた過渡期においては「組織化された権力」として現れねばならないと考えられていた(*3)。

③「幻想的ゲマインシャフト」モデル

このモデルは、「連合化」が対抗的段階からいわゆるヘゲモニー段階に移行し、「連合化」が外見上「支配される階級」をも包摂する状態である。

「これまで諸個人がそこへと連合化したところの仮象のゲマインシャフトは、つねに彼らに対抗して自立化し、それ〔ゲマインシャフト〕が同時にある階級の他の一階級に対抗する連合化であったために、支配される階級にとってはひとつのまったき幻想的ゲマインシャフトであっただけでなく、ひとつの新たな桎梏でもあった」(H-120)。

ヘゲモニーにもとづく支配という関係は、支配されている諸個人からも何らかの合意(共同意志)を確保することによって、「対抗的アソシエーション」ないし「組織化された権力」が「同時に」当の対抗すべき相手を包摂する「ゲマインシャフト」として現象する。こういう両義性を担うのである。「幻想的ゲマインシャフト」の持つ両義性は労働者たちによる過渡期の支配においても想定されていた。

「支配を目指すあらゆる階級は、たとえプロレタリアートの場合のように、彼らの支配が古い社会形態の全体や支配一般の揚棄を結果する場合でも、自分たちの利害を一般的なものとして提示する――彼らは最初の瞬間にそうすることを余儀なくされるのだが――ために政治権力を奪取せざるをえない」(H-35)。

さて、「市民社会」における「連合化」のこのような重層的構成の中で、未来社会を切りひらく労働者たちの運動も、相互孤立から対抗的アソシエーションへ、さらには「組織化された権力」やヘゲモニーの段階へと、これら諸契機を経過しなければならないと考えられていたと見てよいだろう。しかし、それらはあくまで過渡期（移行期）の形態としての限定を受ける。マルクスの理解では、労働者階級は「何ら市民社会の階級ではないところの、市民社会の一階級」(MEW 1-390) であった。だから彼らの運動は、市民階級が世界史的に到達した地平、つまり分業と競争の上に構築された「幻想的ゲマインシャフト」という地平を超えて、「自由に連合化した諸個人」「諸個人そのものの交通」という「交通と連関」のまったく新しい様式へと前進しなければならないのである。そのかぎりで未来社会は、単に分業や競争や私的所有が克服された社会というにとどまらず、「組織化された権力」や「幻想的ゲマインシャフト」、さらには「対抗的アソシエーション」というあり方そのものをも克服した地平として構想されていたことになる。

ではなぜ「市民社会」においては、「諸個人の連合化」はこのように「組織化された権力」へ、さらには「幻想的ゲマインシャフト」へと展開せざるをえないのか。いうまでもなく、競争的に私利を追求する諸個人が、その私的目的をより有効に実現するために、力を結合するかたちで「連合化」するということは、すでにそれ自身の中に、外部の諸個人に対するこの連合化の対抗と支配の志向をはらんでいる。したがってわれわれは、「諸個人の連合化」がその上に自覚的に成立しているところの、前提・地盤としての自生的諸関係のほうに、またその諸関係を自生的に形成している諸個人のあり方のほうに、目を向けねばならない。

「諸個人はつねに自分から出発したが、もちろん、彼らの所与の歴史的諸条件や諸関係の内部にある自分からであって、イデオローグたちがいう意味での「純粋な」個人からではない」(H-120)。

分業と交換と競争という形態でシステム化されているこの自生的社会諸関係こそ、その上に自覚的に成立する「諸個人の連合化」のあり方を根本で制約している。「諸個人の連合化」は単なる「意志の行為」として自立しているのではなく、「市民社会」における自生的社会諸関係の自覚的延長、展開、実現として位置づけられねばならないのである。

[3]「階級個人」と「人格的個人」の分化

ところで「市民社会」における対抗的連合化(および連合化をとおして成立する階級)とそれを構成

する諸個人との相互関係の理解は、『ドイチェ・イデオロギー』にあっては、われわれが予断するのとは異なり、きわめて複雑である。

「個々の諸個人は、他の一階級に対抗する共同の闘争を遂行せねばならないかぎりでのみ、ひとつの階級を形成する。その他の点では、彼らは相互に競争においてふたたび敵対的に対立する。他面で階級は諸個人に対立してふたたび自立化し、その結果、諸個人は彼らの生活諸条件を先決定されて（prädestiniert）目の前に見いだし、彼らの生活位置と、したがってまた彼らの人格的発達とを、階級によって指定されたかたちで手に入れ、階級のもとへと包摂されるのである」（H-116/118）。

「まさに分業の内部では不可避的な、社会的諸関係の自立化によって、それが人格的であるかぎりでの各個人の生活と、それが労働の何らかの部門やそれに付随する諸条件の下に包摂されているかぎりでの各個人の生活との間に分化（Unterschied）が生じる。……このことは身分においては（部族においてはなおさらのこと）まだ覆われている。たとえば貴族はあくまで貴族であり、平民はあくまで平民であって、その他の諸関係を無視すれば、それは彼の個人性（Individualitäť）と不可分な一性質であった。階級個人（Klassenindividuum）に対する人格的個人（das persönliche Individuum）の分化、つまりは当の個人にとっての生活諸条件の偶然性は、階級の出現とともにはじめて登場するのであるが、この階級自身、ブルジョワジーの産物なのである。諸個人相互の競争と闘争がはじめてこの偶然性そのものを産出し展開するのだ」（H-

120/122)。

まず第一に、「市民社会」における「連合化」は外部に対する「共同の闘争」を前提しているだけでなく、その内部にも相互競争と敵対的対立をはらみ続ける。

第二に、対抗的連合化をとおしていったん成立するや、「階級はふたたび諸個人に対抗して自立化」し、諸個人は生活諸条件、人格的発達の仕方、習俗や集団表象などを「先決定」されたものとして受容するほかなくなる。つまり、「連合化」は自分たちの生活諸条件を「連合した諸個人」のコントロールの下へ服属させることができず、まったく逆に「連合化」により生成した階級的生活諸条件がふたたび諸個人のコントロール不能の威力として自立化し、「階級の下への諸個人の包摂」という事態を生んでいる。

第三に、「連合化」をとおして、「階級個人に対する人格的個人の分化」(H-120)という事態が各人の中に生起している。「階級」は単に社会の分裂であるのみならず、各個人〈における〉「階級個人」と「人格的個人」の分裂をも表現するのである。この「分化」は、「それが人格的であるかぎりでの各個人の生活と、それが労働の何らかの部門やそれに付随する諸条件の下に包摂されているかぎりでの各個人の生活との間の分化」であるとも、「当の個人にとっての生活諸条件の偶然性」であるとも、表現されている。またこの「階級個人」について、「これら諸個人が彼らの階級の生存諸条件の中で生きるかぎりでの、平均諸個人(Durchschnitsindividuen)」(H-124)にすぎないとも書かれている。だから「連合化」は、ここではまだ「人格的個人」の「連合化」なのではなく、「平均個人」の「連合化」にとどまるというのである。

「市民社会」におけるこれらの特徴づけのうち、もっとも注目されるのは、第三の、「階級個人に対する人格的個人の分化」という認識である。というのは、「諸個人が諸個人としてゲマインシャフトに参画する」(H-126)とか、「諸個人としての諸個人の交通」(H-136)などと構想される未来の「諸個人の連合化」の理論づけが、そこにかかわってくるからである。

この「分化」論ないし「偶然性」論は二重の観点から説明されている。ひとつは、階級的生活諸条件の分岐が、身分的固定性とは異なり、「競争と諸個人相互の闘争」を介して、生成し再生産されるということである。そういう階級間移動の(少なくとも形式的な)可能性という意味で、「当の個人にとっての「階級的」生活諸条件の偶然性」が拡大し、それの人格論的反省において「階級個人」と区別される「人格的個人」という歴史的抽象が近代市民社会とともに実在性をもちはじめるということである。しかしもうひとつ、「分業による人格的諸力(諸関係)の物件的諸力〔貨幣や資本の力〕への転化」(H-118)という「物件化(Versachlichung)」(MEW 3-227, 357)の観点がある。この観点で見れば、「生産諸力はいわば物件的形姿をとっており、諸個人自身にとってはもはや諸個人の諸力ではなく、私的所有の諸力、したがって私的所有者であるかぎりでの諸個人の諸力なのである。以前のどんな時代にも、生産諸力が個人としての個人の交通からこれほど無縁な形姿をとったことはなかった」(H-138)と了解される。

第一の「人格的個人」は、私的物件所有の(単なる)権利主体としての個人、つまり可能的な私的所有者としての個人であろう。「競争と個人相互の闘争」をとおして現実的所有者であったり、現実的無所有者であったりすることは、この〈単に可能的な〉所有者にとって「偶然的」である。しかし第二の「人格的個人」は、物件化された諸関係や諸力そのものから「偶然化」し「分化」するかたちで、人格論的に自覚されてくる主体なのである。つまり、第一の「人格的個人」は物件化された世界の内部で現実的人格に対立して可能的人格として「分化」してきたのに対して、第二の「人格的個人」はこの物件化された世界そのものに対立して可能的人格として「分化」してくるのである。

では、この「分化」ないし「偶然性」は、ブルジョワの場合とプロレタリアの場合ではどのような現れ方をするのか。

「彼ら〔金利生活者や資本家など〕の人格性はまったく特定の階級諸関係によって制約され、規定されていて、〔人格的生活と階級的生活との〕分化は、他の一階級との対立においてはじめて立ち現れ、彼らが破産したときはじめて自分自身に対して立ち現れるにすぎない」(H-120)。

「これに反してプロレタリアたちの場合、彼ら自身の生活条件である労働が、そしてそれとともに今日の社会の生存諸条件全体が、彼らにとって何か偶然的なものになってしまっており、個々のプロレタリアはそれに対し何らコントロールできず……、個々のプロレタリアの人格性と彼に強いられている生活条件である労働とのあいだの矛盾が、彼自身に対して〈明々白々に〉立ち現れている」(H-122)。

「プロレタリアたちは、人格的に認められる(zur Geltung kommen)ためには、彼ら自身のこれまでの生存条件である労働――それは同時にこれまでの全社会の生存条件でもあるが――を、揚棄せねばならない」(H-124)。

「これら生産諸力に対して諸個人の多数者が対立している。彼らはこれら諸力から引き離され、それゆえすべての現実的生活内容を奪われ、抽象的個人となってしまっているが、しかしそのことによってはじめて、個人として相互に結合関係に入る位置に置かれているのである」(H-138, 傍線部原著者強調)。

近代市民社会における階級支配は人格的支配ではなく物件的支配である。物件的諸力を手段に、かつ物件的諸力の無際限の増殖を目的に、生きた労働を物件として購入するかたちで支配するのである。ブルジョワの「連合化」は、この「物件化」の内部で、「物件的諸力」の維持と最大獲得を目的におこなわれるのであるから、それ自身、「物件化」の過程そのものなのである。彼らが「破産」において「偶然化」を意識したとしても、それは物件化された諸力の可能的所有主体と現実的所有主体の「分化」の意識にとどまる。ところがプロレタリアの場合はどうか。彼らはその生活において「物件的諸力」から引き離され、「抽象的個人」(単なる可能的所有主体)となってしまっているだけではない。この可能的所有主体自身がリアリティーを失ってしまっている。その意味で「今日の生存諸条件の〈全体が〉彼らにとって何か偶然的なものとなってしまっている」のである。彼らにおいては可能的な私的所有主体そのものが「偶然化」しているのである。だから彼らの連合化は、少なくとも本質論のレヴェルで見れば、「諸個人がこれら物件的諸力をふたたび自分たちの「人格的諸力の」下へ服属させる」ことによって「物件化」そのものを克服することを目的にせざるをえないだろう。したがってプロレタリアたちの「連合化」こそ、強い意味で「〈諸個人の〉連合化」でなければならないのだ。『ドイチェ・イデオロギー』はこのような大まかな見取り図を描いていたように思われる(＊4)。

[4]「個別意志」の「連合化」と「エゴイストたちの連合」

最後に、『ドイチェ・イデオロギー』における「連合化」論の若干の論争的文脈を補足的に確認しておこう。ヘーゲル『法の哲学』(一八二一年)では、「市民社会」は周知のとおり、まずは「欲求のシステム」、つまり分業と交換による諸個人の欲求の相互的充足のシステムとして了解されるのであるが、同時にその上に諸個人は「個別的意志」の「連合化」として「職業団体(Korporation)」や「組合(Genossenschaft)」といった組織を意識的に形成してもいるのである。ヘーゲルはこの「職業団体」を、私的利益を追求する相互孤立的諸個人が、国家的理性へと高まる中間項として積極的に位置づけている。

「先に見たとおり、個人は市民社会では自分だけのためを顧慮しながら[結果として]他者のためにも行為している。しかし、このような無意識の必然性だけでは十分でない。この無意識的必然性は職業団体においてはじめて、知られた思惟する人倫となるのだ」(『法の哲学』第二五五節補遺)。

「特殊性［特殊利害］の中に含まれるこの即自的に同一のものが、共通なもの（Gemeinsames）として、組合において顕現することによって、自分の特殊的なものに向かっている自己追求的目的は、同時に普遍的目的としてとらえられ、確証されるのだ」（同第二五一節）。

しかしヘーゲルの場合、それはあくまで中間項であるにとどまる。国家そのものをこの「個別的意志」の「連合化」として構成しようとする立場を、ヘーゲルははっきりと拒むのである。彼はルソーのアソシアシオン国家を次のように批判している。

「国家が市民社会と混同されて、国家の使命が所有や人格的自由の安全と保護にあるとされるならば、個々人としての個々人の利害が、個々人が連合化する究極目的となってしまい、またそのために国家の成員であることが何か任意のことであるようになってしまう。……ルソーは意志を（のちにフィヒテもそうしたように）個別的意志という限定された形式においてしかとらえず、普遍的意志を意志の即かつ対自的に理性的なものとしてでなく、単に［当該個々人に］意識された意志としてのこの個別的意志から歩み出てくる共同的なもの（das Gemeinschaftliche）としてしかとらえなかったので、国家における個々人の連合化（Vereinigung der Einzelnen）は契約関係になってしまったのである。ところが契約関係というものは、個々人の恣意や私念や、任意のかつ表明された同意（Einwilligung）を基礎とするものでしかないのである」（『法の哲学』第二五八節）。

ヘーゲルは、「個別意志」の「連合化」としての「共同的なもの」（内容からみて）や「契約関係」（形式からみて）と、「意志の即かつ対自的に理性的なもの」である「普遍意志」とは、質的に区別されねばならないと考えた。したがってヘーゲルは、「個別意志」の「連合化」としては決して構成しえないこの「普遍意志」の「現実性」を確保するために、「市民社会」の外部にある（ように見える）君主や土地貴族や官僚機構や学者世界を中心素材にして別途に「国家」を構成しなければならなくなったのである。マルクスの表現では「ヘーゲルは現実の行為する国家にその身体として官僚制を与え、この官僚制を〈知っている精神〉として、市民社会の唯物論の上位に位置づける。彼は国家という即かつ対自的に存在する普遍者を、市民社会の特殊利害や欲求に対置した」（MEW 1-277）のである。ヘーゲルは「市民社会の唯物論」を「国家の観念論」で補完するという二元的構成をとり続けたのであって、「諸個人の連合化」の論理を貫こうとする関心が欠けていたといえるだろう。

これに対して青年ヘーゲル派の一人であるマックス・シュティルナーは、ヘーゲルと同じ前提から出発しつつ、逆の主張をおこなった。彼にとっては、諸個人からの「社会」の自立化を許さず、「聖なる社会」（国家、党、共産主義的コミュノテなど）への諸個人の隷従を克服することこそが根本関心なのである。そのためには、ヘーゲルとは逆に、むしろ「個別意志」を徹底的に堅持しつつ、諸個人の「交通」をもっぱら「エゴイストたちの連合」として構成するべきであると考えた。「エゴイストたちの連合」では、「私が協定（Übereinkunft）を結ぶのは、私自身の有用のため、利己から」なのである。

「連合（Verein）は君が利用するものであり、もはや君がそこから何の有用も引き出せない場合は「義務も忠誠もなく」それを放棄するのだ。……連合は、それによって君が君の自然の諸力をより鋭くより大きくするための、君の道具であり剣であるにすぎない。連合は君のために君によってそこにあり、社会（Gesellschaft）は逆に自分のために君を要求し、君なしにも存在する。要するに社会は聖なるものであり、連合は君の自分のものなのだ。社会は君を消費し、連合は君が消費するのだ」（『唯一者とその所有』一八四五年、第二部第二章第二節「わが交通」）。

「連合が社会へと結晶化すると、それは連合化（Vereinigung）であることをやめる。なぜなら連合化とは不断に自己連合化すること（Sich-Vereinigen）だからである。連合は、連合化された存在（Vereinigtsein）となり、静止状態に至り、固定性へと退化する。それは、連合としては死に、連合ないし連合化の死体である。つまり、それが社会（Gesellschaft）であり、共同社会（Gemeinschaft）なのだ」（同前）。

マルクスは、シュティルナーのこの「エゴイストたちの連合」論を、ドルバックからベンサムに至る「相互利用（wechselseitige Exploitation）論」の系譜にあるものと見ており、その意味でそれは「ブルジョワ的実践に照応する意識」（MEW 3-395）であると見た。この功利の理論は、まずは「私」が欲求・所有の個別主体としてのあり方において、究極存在と位置づけられ、他者や自然などいっさいがそのための「手段」「道具」として「私」に関係づけられることにより成立する。したがってそれは、「人間たち相互のすべての多様な諸関係を利用可能性（Brauchbarkeit）というひとつの関係に解消し」た上で、愛したり話したりするすべての関係を「この有用性関係ないし利用関係の表現、表示」であると見る（MEW 3-394）のである。

ところでこの「エゴイストたちの連合」論ないし「相互利用」論の難点は、「私」による他者の「利用」ないし「享受」という抽象的個別原理から、エゴイスト間の調和としての「相互性」をどう演繹できるかにある。

「エゴイズムはいう。「お前が必要なものをつかみ、取れ」と。それによって万人の万人に対する戦争が宣言されているのだ。私のみが私が何を持ちたいかを決するのだ」（シュティルナー、前掲「わが交通」）。

「それに対する権力（Gewalt）を人が私から奪えないもの、そのものが私の所有であり続ける。いざ、権力よ、所有を決せよ。私はいっさいを私の権力から期待するつもりだ」（同前）。

一方でこうシュティルナーは書いている。では、この「万人の万人に対する戦争」が「エゴイストたちの連合」に転化できる論理的根拠はどこにあるのか。

たしかに「連合」に参加したエゴイストたちは形式上、平等に相互に他者を利用しあうことが可能であろう。しかし主体的客体的諸条件の不均等やそれによる「力」の不均等を前提すれば、この「利用」は実質的には不平等である。ある者は他者により利用されるよりはるかに多く他者を利用し、平たくいえば他の者の犠牲の上で自分の欲求を充足するだろう。すると他の者は、この支配に反対して闘い、今度は自分こそエゴイストにふさわしく他者を「利用」しようと努め、「力」を倍加するかもしれない。それで今度は「力」関係が逆転するかもしれない。そしてこの逆転は再逆転につながり、無際限に続くだろう。ルソーやヘーゲルはそこから「相互承認」への移行を、つまりエゴイズムから理性主義への移行を論じる（＊5）。けれどもそれは、シュティルナーから見れば、「聖なる社会」への移行にほかならないだろう。あくまで「エゴイスト」であることを堅持せねばならない。だから「相互性」は依然として支配の不断の交替としてしか、つまり「万人の万人に対する戦争」としてしか存在していない。

　これを避けるにはどうすればよいか。各エゴイストの「力」が均等であることが（あるいはしだいに均等化することが）前提にされていなければならないだろう。そういう前提があれば、各エゴイストがもっぱら私利の最大化を追求しつつ、しかも支配隷従関係は回避できるだろう。『ドイチェ・イデオロギー』の指摘するとおり、「サンチョ［シュティルナー］は、相互利用にもとづく彼の連合において、各人が他者たちによって利用されるのとちょうど同じだけ他者を利用するよう、すべての成員が等しく力をもち、狡猾であり、その他その他であってほしい、という敬虔な願望を語っているのだ」（MEW 3-401）ということになる。つまりシュティルナーは、「エゴイストたちの連合」を積極的に主張するかぎりにおいて、いっさいを「利用」し「享受」する唯一的な「私」という原理のほかにすべての個々の「エゴイスト」の「力」が、少なくとも本来的には均等である、という第二の前提を事実上、密かに導入していることになる。この第二の前提が「見えざる手」のシュティルナー版だといえるだろう。

註

（1）マルクス「アソシエーション」論の個人性生成アスペクトに関しては本書第4章参照。なお共産主義を「個人」の生成史のなかに位置づけようとする作業としては、大井正の未完の大作『唯物史観における個人概念の探求』（未來社、一九七〇年）がある。

（2）もっとも、ルソーでも「アソシアシオン契約」に入る「必然性」がないという意味でアソシアシオンがヴォロンテール（意志的）だといっているのではない。「自然状態における自己保存をさまたげる多くの障害」が「自然状態における生活の維持のためにふるう力を圧倒」してしまい、「生存様式を変えなければ人類は滅亡する」という事態が「アソシアシオン契約」に先行すると想定されていた（『社会契約論』第一編第六章）。アソシアシオンのヴォロンテールな性格は、アソシアシオンの構成原理にかかわるのであって、アソシエを規範的に拘束する規則がそれから導き出されるものである。

（3）『ドイチェ・イデオロギー』は古代ギリシャ・ローマや中世封建制の中にも、奴隷や農奴に対抗した「アソシエーション」による支配を見る。「奴隷たちに対抗して、アソシエーションのかかる自生的様式の中にとどまらざるをえなかった古代の公民たち」（H-82）。「この封建的編成は、古代の共同体所有と同様、支配されている生産階級に対抗するアソシエーションであった」（H-84）。「自生的様式」という表現で、これら先行諸形態を本来のアソシエーションから区別しようとした様子がうかがえる。

（4）この意味で『ドイチェ・イデオロギー』は、「近代の経済学者たち自身が、たとえばシスモンディやシェールビュリエなどが、諸個人のアソシアシオン（association des individus）を諸資本のアソシアシオンに対置している」（H-136）と書いている。

（5）ヘーゲル『精神の現象学』第四章A「自己意識の自立性と非自立性」参照。なお、シュティルナーの「私」も「所有者（der Eigner）」から「唯一者（der Einzige）」へと展開するが、ここでは触れない。

第3章

アソシエーションと移行諸形態

「相互にアソシエイトしあおうとする労働者たちの最初の試みは，提携(coalition) という形態をとる.」 (『哲学の貧困』)

章扉写真：1864年9月28日「国際労働者アソシエーション」設立集会（E. シャウマン画）
（出典）*Illustrierte Geschichte der Deutschen Revolution 1848/49*, Dietz Verlag, Berlin, 1975, S.328.

マルクスが未来社会を「ひとつのアソシエーション」とか「諸アソシエーションからなる一社会」と表現しているからといって、アソシエーションは単なる目的地にすぎないと考えるのは根本的な誤認である。むしろ、資本制生産が支配的な近代市民社会の内部で開始された労働者たちによるアソシエーション過程の完成として、未来社会が構想されたと考えねばならない。そこで、移行諸形態という視点からマルクス「アソシエーション」論を整理してみよう。

いうまでもなく、移行諸形態についての発言は今も昔もつねに情況的である。移行諸形態は理論から演繹的に導き出されるのではなく、つねに各国、各時機の特殊な諸条件のもとで展開される自発的な（spontan）運動が先行するのであり、理論はその運動の意味を普遍的文脈の中で解読し、一般化し、方向づけるかたちで、実践に介入しつつ、みずから実践的役割を担うのである。とりわけマルクスのように「教義的（doktorinär）社会主義」の克服を生涯、問題意識として持ち続け、みずからは「批判」というスタイルを貫こうとした思想家を論じる場合には、ますますもって、情況の中にその発言を置き入れることが不可欠だろう。われわれはそういう限定を付してこの問題を扱うのであって、マルクスから現在のわれわれに直接役立つ出来合いの処方箋を期待しているのではないということを、逆にいえば、直接の処方箋として役立たない以上は無価値であるとは考えていないということを、念のためあらかじめ確認しておきたい。

［1］自発的闘争と未来社会との連続性としてのアソシエーション

「ときどきは労働者たちは勝利するが、しかしそれは一時のものにすぎない。彼らの諸闘争の本来の成果は、直接の成功ではなく、ますます広がっていく労働者たちの連合化なのだ。」（『共産党宣言』）

日本国憲法第二一条の「結社の自由」は、「英文日本国憲法」ではfreedom of associationと訳されている。つまり「アソシエーションの自由」である。マルクスの生きた時代には、この結社権はまだ確立しておらず、「アソシエーションの自由」の法的承認とその労働者への適用の是非が、当時の政治闘争の焦点のひとつであった。エンゲルスは名著『イギリスにおける労働者階級の状態』（一八四五年）で、一八二四年にイギリス労働者が「アソシエーションの自由」を獲得したこと、それまでもすでに「秘密のアソシエーション」がゼネ・ストを組織していたが、これ以降、トレード・ユニオンが全国、全産業部門に広がったことを伝えている（MEW 2-443）。『資本論』の本源的蓄積論でも、イギリスおよびフランスにおける「アソシエーションの自由」をめぐる攻防がスケッチされている（MEW 23-767, 770）。

労働者による「アソシエーションの自由」の獲得は、ヨーロッパの大陸諸国家ではイギリスよりさらに遅れ、地球的規模で見れば二〇世紀末の今日に至るまで（旧ソ連・東欧社会主義国を含めて）継続している課題である。近代の社会主義や共産主義の展開は、単に資本制生産との関係からだけではなく、このような「アソシエーション」型社会が生産組織をとらえていく世界史的展開過程の観点からも理解されるべきだろう。マルクスも指摘するように、資本制生産自身、株式会社をはじめとする「アソシエーション」型組織として再組織化されていくのである（MEW 25-452）。しかし、それはテンニースのいう「資産のアソシエーション（Vermögensassoziation）」（『ゲマインシャフトとゲゼルシャフト』初版、第三部第一四節、一八八七年）にとどまる。労働契約はアソシエーション契約ではない。

「資産のアソシエーション」は「自由な生産者たちのアソシエーション」なのではなく、生産者に〈対する〉物件的支配のためのアソシエーションなのである。

「結社権」の意味での「アソシエーション」とは、諸個人が自由な意志にもとづいて、特定の目的（共同利害や共通信念や共通趣味など）のために「社会」を生産する行為であり、またその行為の結果として成立する組織である。それは生まれや婚姻や土地の共有などを基礎とする伝統的共同体と区別されるだけでなく、厳密には、庇護服従の上下関係、集合意識の優越、組織の閉鎖性、身分や家業としての固定性などを特徴とする伝統的アソシエーション（ギルトなど）とも本質的に異なるものであって(＊1)、マルクスはまさに社会のこのようなアソシエーション形態の全面展開として、とりわけアソシエーション形態が生産組織をもとらえた姿として、未来社会のあり方を構想したのである。

◉——労働者アソシエーションの諸形態とアソシエーション過程

マルクスが「労働者アソシエーション（Arbeiterassoziation）」を広義で用いる場合、「労働組合（Gewerkschaft）」や「協同組合（Kooperative）」といった「産業的アソシエーション」とチャーティズム運動や労働者政党のような「政治的アソシエーション」の双方を含んでいる（MEW 6-554/555）。もちろん、労働者の文化的アソシエーションの意義も大きかったし（ドイツの例でいえば「労働者教育協会（Arbeiterbildungsverein）」など）、労働者アソシエーションが国際的規模で展開されてもいたことは「国際労働者アソシエーション」の名が示すところである。

これら「労働者アソシエーション」の諸形態のうち、もっとも基本的な位置を占めるのはいうまでもなく労働組合であり、マルクスの考えでは、労働組合こそ「労働者階級の組織化のセンター」であり「組織するセンター」にほかならない。

「他方で諸トレード・ユニオンは、みずからそれと自覚することなしに、労働者階級の組織化のセンターを形成しつつあったのであって、それはちょうど、中世の諸ミュニシパリティー［自治体］や諸コミューンが中産階級のためにそうしたのと同じである」（MEGA² I-20-233）。

「労働者アソシエーション」は、まずは労働そのものにおいて成立するのではなく（なぜならそれは資本によって「束ね」られた労働にすぎないから）、賃金や労働時間など労働条件面で、労働者相互の競争を抑止し、資本家から改善を勝ち取るための自発的団結として、個別的、局地的に成立するのである。そしてこういう前提に立って、『哲学の貧困』（一八四七年七月刊）や『共産党宣言』（一八四八年二月刊）では、主にイギリスの労働運動の実践を想定しつつ、労働者の自発的闘争と未来社会との連続性としてのアソシエーション、というモチーフが提示されてくることになる。

『哲学の貧困』に即して見てみよう。大工業が見ず知らずの人間たちをひとつの場所へ「寄せ集める（agglomérer）」。競争が彼らを分裂させるが、賃金維持という、マスターに対抗する共通の利害が彼らを連合化（réunir）させる。「相互にアソシエイトしあおう（s'associer entre eux）とする労働者たちの最初の試みは、提携（coalition）という形態をとる」（MEGA¹ I-6-226）。このアソシエーション過程は、臨時ストのための「部分的提携」からトレード・ユニオンという「持続的提携」へ、地域的トレード・ユニオンから八万のメンバーを擁する「National Association of Trade Unions」へと進むのであるが、質的に見ても、「彼らにとっては賃金の維持よりもアソシエーションの維持のほうがいっそう必要となる」（MEGA¹ I-6-226）という一種の価値の転倒が生じてくる。この地点に達すると「提携」は政治的性格を帯びる。チャーティスト運動という労働者の政治闘争も闘われることになる。つまり労働者たちは経済的条件に強いられて「資本に対抗する一階級」であらざるをえないというにとどまらず、これらの闘争をとおして未来社会を切りひらく「対自的〔自覚的自立的〕階級へと自己を構成する」に至るのである。

このように、マルクスはイギリス労働運動の経験を素材に、事態を労働者アソシエーションの展開過程として了解していくのであるが、「労働する階級はその発展の経過の中で、古い市民社会に代えて、諸階級とそれらの間の対立を排除するようなひとつのアソシエーションを置くだろう」（MEGA¹ I-6-227）と、まさにこのアソシエーション過程の完成として未来社会を構想していく。ただし、この未来社会に至るためには、「支配する階級として組織されたプロレタリアート」が主導権を握って一連の過渡的方策を実施しなければならないのである。

だからマルクスの構想するアソシエーション過程は（もちろん類型化の上の議論で現実過程は錯綜しようが）、「部分的提携」からはじまって、「恒常的」組織、全国的トレード・ユニオン、「政治的アソシエーション」、過渡期の「支配する階級として組織されたプロレタリアート」、そして「ひとつのアソシエーション」としての未来社会、という機能も形態も規模も異にする諸局面を通過する過程だということになる。

われわれが今日、マルクスのこのモチーフを生かすとすれば、この過程を単線的に了解せず、アソシエーション過程のこれら諸段階において働く固有の対抗原理を対自化しておく必要がある。マルクスは、「プロレタリアの、階級への、したがってまた政治党派への、この組織化は、労働者自身の間の競争によって一瞬ごとに粉砕される。だがこの組織化はより強く、より堅く、より強力に、繰り返し復活する」(MEW 4-471) と書いているが、このように脱アソシエーションへと働く力と再アソシエーション化の力の作用を介して、現実のアソシエーション過程が存在すると考えねばならない。たとえば、最初の「部分的提携」の時点から競争はアソシエーションの対抗原理として強力に働き続けるだろう。さらに恒常的アソシエーションになると委任原理（代行主義）による共同機能の代表者および専従者による分掌、組織の物象化が問題になってくる。マルクスは、協同組合について「最初はアソシエーションとしての労働者たちが彼ら自身の資本家であり、つまり彼ら自身の労働の価値増殖のために生産手段を利用する」(MEW 25-456) と書いているが、こういう「アソシエーションとしての労働者たち」と「労働者たち自身」との対立において、共同機能の独占にもとづく権力関係が生じるだろう。政治的アソシエーションになるとさらに、グラムシのいう意味で、同業的機能でなくヘゲモニー機能を担う必要から、知識層による労働者大衆へのリーダーシップが対抗原理として問題になってくるだろう。そして「支配する階級として組織されたプロレタリアート」にあっては、権力行使そのものが、そしてまた官僚化と制度化が、アソシエーションへの対抗原理として働くだろう。これらの脱アソシエーション化の諸力は決してアソシエーション過程に外在的なものではなく、各局面のアソシエーション組織が担っている——少なくとも歴史的に正当な——機能そのものから生起するものである。

◉——マルクス—バクーニン論争

そういう認識において、マルクスはバクーニンたちと明確に対立している。周知のとおり、バクーニンは「国際労働者アソシエーション」の内部でマルクスたちにはげしい党派闘争を挑んだ。マルクスは一八七四年から七五年にかけてバクーニン『国家と無政府』(一八七三年)から詳細な抜き書きをおこない、批判的コメントを付していて、たいへん興味深い。バクーニンの目には、マルクスは「国家共産主義」と「学者独裁」と「汎ゲルマン主義」と「陰謀癖」を体現するものと映った(MEW 19-397)ようであるが、これはあくまで当時の党派闘争に由来する極論であって、論争の積極的側面は、このアソシエーション過程の理解の違いにあったと見るべきだろう。

バクーニンは次のように書いている。

「彼ら[マルクス派]はいう。かかる支配のくびき、独裁は、完全な人民解放に到達するために必要な移行手段だと。無政府ないし自由は目標で、支配ないし独裁は手段だと。かくて人民大衆の解放のために、まずは人民大衆を奴隷化する必要があるというのだ。われわれの論難はこの矛盾をついている。彼らは主張する。独裁、結局のところ彼ら自身の独裁、のみが、人民の自由を基礎づけることができると。われわれは答える。どんな独裁も独裁そのものを永久化すること以外の目標を持ちえない、独裁はそれを耐え忍ぶ人民の中に単に奴隷制を産み育むに適しているのであって、自由はただ自由によってだけ、つまり人民全体の立ち上がりと大衆の下から上への自由な組織によってだけ、創出されうるのだ、と」(MEW 18-637)。

スターリン体制を知るわれわれには、バクーニンのこの議論がきわめて予言的に響くのであるが、この議論を支えているのは、「大衆の下から上への自由な組織」と「独裁を永久化する独裁」との二元論である。バクーニンにとっては、そのいずれかでしかありえないのだ。彼にとって、労働者階級による政治権力の獲得とは、労働者階級の名で、マルクス派の学者共産主義者が労働者階級に〈対する〉独裁を実現すること以外ではありえないのである。

これへのマルクスのコメントは次のとおりである。

「旧社会を覆すための期間中は、プロレタリアートは旧社会の土台の上で行動しているのであり、したがってまた、多かれ少なかれ旧社会に属していたような、まだ政治的な諸形態で運動するのだが、そのためにプロレタリアートは、この闘争の期間中は彼らの最終的な体制には到達しておらず、解放ののちは廃棄されるような手段を行使するのだ。バクーニン氏はそこから次のような結論を引き出す。プロレタリアートはむしろ何もなすべきでなく、全般的清算の日を、最後の審判の日を待つべきである、と」(MEW 18-636)。

これらから明らかなとおり、対立はむしろ、バクーニンがアソシエーション原理とその対抗原理を原理主義的であるがゆえに二元的にとらえ続けたのに対して、マルクスは労働者アソシエーションの過程を歴史内在的にとらえようとする点にあったと見るべきだろう。人々は共通の目的のために自由意志にもとづいてアソシエーションを形成するが、このアソシエーションは歴史的に所与の主体的客体的諸条件の中で有効に働かねばならない以上、さまざまな脱アソシエーション化の力が働き、その力はアソシエーションそのものを変質、歪曲するに至る(*2)。アソシエーション過程としての未来社会への前進は、歴史的に正当な機能に由来するこれら脱アソシエーション化の諸力を直視した上で、大衆の自己統治能力の歴史的展開に応じて再アソシエーション化していくプロセスとして了解されねばならないだろう。

「資本制的株式企業は、協同組合工場と同様、資本制的生産様式からアソシエイトした生産様式への移行形態とみなしうるが、ただ前者では対立が否定的に揚棄されているのに対し、後者では積極的に揚棄されているのである。」(『資本論』第三巻)

[2] マルクスと協同組合

『共産党宣言』を含む一八四〇年代のマルクスには、協同組合(Ko-operative ないし Genossenschaft)の位置づけが欠けている。民主主義革命を実現し、労働者、小農、小市民からなる「人民」を代表するかたちで急進民主主義連合が政治権力を握り、蜂起した労働者たちが議会および政府に圧力を加えつつ「革命的イニシアティヴ」を発揮し続ける。こういう政治的条件下に、①銀行、運輸、土地を（経済的および経済外的手段で）国家の手に集中し、地代は国家支出に振り向け、②強累進課税、相続権廃止、亡命者の財産没収をおこない、③国立工場を増やし、産業軍を設立し、④すべての子供に対する無料の公教育を実現する、といった「過渡的方策」を実施すべきだ、というのが関連諸文書と突き合わせて解釈できる『宣言』の実践的提案の骨子である（MEW 4-481）。

もちろん「国家の手に集中する」といっても、官僚機構に集中するという意味ではなく、「国家、つまり支配する階級として組織されたプロレタリアート」の手に集中するという意味であるにせよ、これらの方策はきわめて国家集権的であり、とりわけ国家と個人の間の中間組織としての産業組織の具体的位置づけをまったく欠いているのが特徴であろう。すなわち、産業組織というレヴェルで労働者アソシエーションとしての連続性を具体的に語ることのできる歴史的条件が、一八四〇年代のマルクスには欠けていたのである。少なくとも一八六〇年代以降のマルクスとの間には、この点で顕著な差異があるのであって、協同組合問題はそのかぎりでマルクス解釈上、本質的な位置を占めていると思われる。

マルクスは、ロンドン亡命後の一八五〇年代初頭にチャーティスト左派の指導者アーネスト・ジョーンズに協力するかたちで、協同組合についての基本的考えを提示しており、新メガ編纂によってこれらのテクストも見ることができるようになった(＊3)。イギリスではオーエン主義やラドロウらキリスト教社会主義のみならず、労働者の富裕層（いわゆる労働貴族）を中心に労働組合をも巻き込んだかたちで協同組合運動が盛んであった。今日の協同組合の原型となったロッチデールの販売ショップは一八四四年にはじまって成功をおさめたほか、とくに一八六〇年代には協同組合工場の設立も盛んであった。マルクスおよびジョーンズの主な主張は、労働者の自発的運動としての協同組合運動の解放的意義を認めた上で、現行のそれが相互に孤立した個別的試みとしてしかおこなわれておらず、そうであるかぎりは相互競争と利潤追求という現行体制の再生産に終わらざるをえないという点にあった。したがって彼らの積極的提案は次のようなものであった。

「将来のすべての協同組合の企ては、労働問題の完全な再調整までは、全国的基盤で設計され、全国的ユニオンで結ばれるべきであって、さまざまの組合や団体はこの全国ユニオンの地区や支部であるべきだ。そして各地区団体の一定量を超える利益は、労働者たちの追加的アソシエーションの形成のため、またアソシエイトした独立の労働の発展の加速化のため、一般基金へ支払われるべきだ」(「チャーティスト左派扇動綱領」一八五一年四月一〇日)。

◉——『資本論』第三部「信用論」での協同組合論

従来、マルクスは「国際労働者アソシエーション」にコミットする一八六〇年代の半ばに「協同組合」運動に対する評価を「大きく転換」させたと見られてきたが(*4)、一八五〇年代はじめのマルクスの前記の評価や方向づけそれ自身は、それ以降も変わっていないと思われる。むしろ理論面で一見して変化が見られるのは、一八四〇年代の「労働交換バザール」や「人民銀行」に対する批判(MEW 4-104など)でも、一八五〇年代初頭のジョーンズとの共同作業でも、マルクスは市場の論理のみで現行の協同組合運動の挫折の必然性を指摘するという議論のスタイルを取っているのに対して、一八六〇年代の協同組合評価では、それが商品関係や市場競争をただちに克服するものではなく、また個別的努力の枠内にとどまるかぎり挫折は避けがたいにせよ、個別産業システムないしし部分的経済システムとしては、すでに「資本と労働の対立がその内部では揚棄されている」（MEW 25-456）のだという、過渡的経済形態としてきわめて重要な意味を協同組合形態の下に確認する点にあるように思われる。つまりノインユーベルが指摘するとおり（＊5）、この二つの時期の協同組合評価を隔てたものとしては、単にイギリスにおける協同組合運動の実際的進展だけではなく、マルクス自身の側の、労働の二重性格の発見、剰余労働に対する資本の支配の構造の具体的解明という理論的飛躍（一八五〇年代後半の）もあったのである。

一八六四／六五年に執筆されたと推定されている『資本論』第三巻の「信用論」で、マルクスは次のように書いている。

「［a．最初の突破］労働者たち自身の協同組合諸工場は、古い形式の内部での古い形式の最初の突破である。たとえそれらが、現実の組織化において、当然、至るところで現存システムのすべての欠陥を再生産しており、また再生産せざるをえないにせよ。［b．労資対立の揚棄］しかし資本と労働の対立はそれら協同組合工場の内部では揚棄されている。［c．アソシエーションとしての労働者が資本家］たとえ最初はアソシエーションとしての労働者たちが彼ら自身の資本家であり、つまり彼ら自身の労働の価値増殖のために生産諸手段を用いる、という形態であるにせよ。［d．新たな生産様式の自然的形成］それらは、物質的生産諸力の一定の発展段階とそれに照応する社会的生産諸形態の上に立つ、ひとつの生産様式から、新しい生産様式がどのようにして自然に形成されるかを示している。［e．前提としての工場体系と信用体系］資本制的生産様式から発生した工場システムなしには協同組合工場は自己を展開しえなかったろうし、資本制的生産様式から成長した信用システムなしにもできなかっただろう。［f．漸次的転化の手段としての信用システム］この信用システムは、資本制的私的企業の資本制的株式会社(jointstockcompanies)への漸次的転化のための主要な土台をなすのと同様に、協同組合企業の大なり小なり全国的規模での漸次的拡大のための手段を提供している。［g．アソシエイトした生産様式への移行形態］資本制的株式企業は協同組合工場と同様、資本制的生産様式からアソシエイトした生産様式への移行形態（Übergangsformen）とみなしうるが、ただ前者では対立が否定的に［新たな対立をともなって］揚棄されているのに対し、後者では積極的に揚棄されているのである」(MEGA² II-4-2-504, MEW 25-456)。

このように、マルクスは「アソシエイトした生産様式」に至る「移行形態」として明確に協同組合を位置づけ、その全国的漸次的拡大のためのテコとして信用システムに着目するのである。その場合、「資本制的株式企業」と「協同組合工場」とが二つの移行形態として対抗関係で見られる点に注意する必要があろう。生産手段や労働力の社会的集積の必要が「直接にアソシエイトした諸個人の資本」(MEW 25-452) としての「資本制的株式企業」を不可避とさせた。信用は自分の資本のみでなく他人の資本、「社会的資本」に対する支配力を経営者たちに与えるのであって、同時にそのかぎりで機能資本家は他人の資本の管理人に転化することになる。こうして生産機能を現実に担う生産者たちに対し、資本所有はますます疎遠な姿を取るに至り、資本所有と指揮機能の不可分一体というかたちで正当化されてきた資本制生産がその歴史的正当化根拠を失うことになる。

これに対して「協同組合工場」は、共同出資（株式による）という意味で私的経営を超えているだけではない。すでに「資本と労働の対立がその内部では揚棄されている」のである。なぜなら「協同組合工場では、管理者（Dirigent）はもはや労働者たちに対立して資本を代表するのでなく、労働者たちから給与を支給されるので、監督労働（Aufsichtsarbeit）の敵対的性格が消失している」（MEW 25-401）からである。つまり、「資本制的株式企業」では「管理者」はあくまで「資本を代表する」のに対して、「協同組合工場」では「アソシエーションとしての労働者」を代表して管理機能を遂行するのである。ただし最初は「アソシエーションとしての労働者」が「労働者自身の資本家」として「彼ら自身の労働の価値増殖のために生産手段を利用する」という形態を取らざるをえない以上、「労働者自身」に「アソシエーションとしての労働者」（それを代表するマネジャー）が対立する側面も直視しておかねばならないのである。これらは過渡的経済システムについてのきわめて注目すべき定式だといえよう。

◉――ジュネーヴ大会提案文書での協同組合論

マルクスが協同組合論をもっとも包括的に扱っているのは「国際労働者アソシエーション」のジュネーヴ大会のための提案文書『暫定総評議会代議員への個々の問題に関する通達』（一八六七年）の「第五項　協同組合労働」であるので、それを見ておこう。

①彼はまず、自分たちの課題が「協同組合の特殊なシステムを唱道」することではなく、「労働者階級の自発的な（spontaneous）諸運動を結びつけ普遍化する」ことにあると確認している（MEGA² I-20-231）。この確認は、経済システムのレヴェルでも、未来社会と自発的運動との連続性

としてアソシエーションを位置づけているという点で注目すべきだろう。

②次に、協同組合運動を「現在の社会を転形（transform）する力のひとつ」として承認し、その「偉大な功績」を「資本に対する労働の従属という、現在の窮民化させる専制的システムが、自由で平等な生産者たちのアソシエーションという、共和制的で共済的なシステムに取って代わりうることを実践的に示していること」にあると見る（MEGA² I-20-232）。この評価は、少なくとも経営単位の内部では資本による労働の支配と搾取を実際に「アソシエイトした労働」に置き換えているという『資本論』叙述に対応している。

③しかし、「社会的生産を自由で協同組合的な労働の調和ある一大システムに転換する」には「個々の賃金奴隷が彼らの私的な努力によってつくることのできる零細な形態」ではなく「社会の普遍的条件の変化」が必要なのであり、そのためには「社会の組織された権力、つまり国家権力を、資本家や土地貴族から生産者自身へ移す」必要がある（MEGA² I-20-232）。これは一八五〇年代初頭の中心主張であって、市場で結ばれた資本制総経済システムの克服という視点に立って、過渡的部分的経済システムとしての協同組合がはらむ矛盾を、公権力をテコにした協同組合の普遍化という形態で、積極的に揚棄しようとする構想である。

④次にマルクスは、協同組合商店より協同組合生産に携わることを勧めている（MEGA² I-20-232）。イギリス労働者の生産協同組合設立への意欲は、一八六六年四月に生じた経済恐慌の中で大いに高まったが、それらは一八七〇年代に破産した（MEGA² I-20-1242）のであって、マルクスのこの生産協同組合重視は短期的には見通しを誤ったといいえようが、たとえ協同組合運動がいわゆる流通部門から出発したとしても、その展開のある局面で、生産部門との関係に直面せざるをえないことも、

その後の事態が示している。

⑤すべての協同組合諸団体が、その共同収入の一部を捻出して基金をつくり、協同組合工場の設立を促すべきだ（MEGA² I-20-232）。これはジョーンズ論文が繰り返し主張したことである。

⑥普通の株式会社に転ずることを防止するため、すべての雇用労働者は株式の保有者であろうとなかろうと、同様の分け前にあずかる（share alike）。株式保有者への低率の利息（配当ではなく）は単なる一時的便法としてなら認めるにやぶさかでない（MEGA² I-20-232）（＊6）。協同組合では持ち株に応じた利潤配当（キャピタル・ゲイン）が否定されるのは当然だが、経営者も「管理賃金（Verwaltungslohn）」のみを受け取るのであって、「経営者利得（Unternehmersgewinn）」（これには利潤部分が隠れている）というカテゴリーは存在しない（MEW 25-401）。

⑦この「通達第五項　協同組合労働」はジュネーヴ大会で全会一致で採択されたが、パリからの大会参加者の提案で次の補足が承認された。「大会は、ワンマン経営者を避けるために、またアソシエーション成員（associates）による署名調印がなされるべき承認事項に該当するすべての点に関して、経営の無条件の権利をアソシエーション成員に残しておくために、協同組合的アソシエーションを推薦する」（MEGA² I-20-694）。

このように「国際労働者アソシエーション」の諸文書では、経済システムの変革展望が、「産業大衆を救うためには、協同組合労働が全国的［国民的］規模で展開されねばならず、それゆえ全国的［国民的］資金で助成されねばならない」（MEGA² I-20-11）とか、「社会的生産を自由で協同組合的な労働の調和ある一大システムに転換する」（MEGA² I-20-232）といったかたちで語られ、同じく

「国際労働者アソシエーション」の文書として書かれた『フランスの内乱』（一八七一年）でも、「もし連合した協同組合諸団体（united co-operative societies）が、共同のプランにもとづいて全国的生産を調整（regulate）し、かくてそれを諸団体自身のコントロールの下に置き、資本制生産の宿命である不断の無政府と周期的変動を終えさせるとすれば、諸君、それは共産主義、〝可能な〟共産主義以外の何であろう」（MEGA² I-22-143）というきわめて熟した表現が見られるのである。『宣言』の「過渡的方策」とは異なり、一八六〇年代半ば以降のマルクスでは、過渡期の国家は産業組織の形態としては協同組合という労働者アソシエーションの自発的実践をすでに歴史的前提として持っており、これを「普遍化」し原理的に一貫させる方向で過渡期国家は機能すべきだと考えられているのである。

一八七五年の『ゴータ綱領批判』は、一見すると「移行形態」としての協同組合総体に対して批判的であるような印象を与えるが、よく読めばこの立場は変わっていない。

ラッサール構想を受容した綱領草案は次のように書いていた。

「ドイツ労働者党は社会問題解決への道を開くため、国家援助による、労働人民の民主的コントロールの下での、生産諸協同組合の設立を要求する」。

マルクスはこれが、ビスマルク体制への無批判性を示すものにほかならないと、次のようなきびしい指摘をおこなっている。

「「総労働の社会主義的組織化」は社会の革命的転化過程からではなく、国家が生産協同組合に与える「国家援助」から「生成する」というのだ。生産協同組合を「設立する」のは労働者でなく国家だというわけだ」(MEW 19-26)。

「労働者たちが協同組合的生産の諸条件を社会的規模で、最初は自国で、したがって国民的規模で生み出そうとするということは、彼らが今日の生産諸条件の変革に努力しているということにほかならず、国家援助による協同組合諸団体の設立と何の共通性もない。現行の協同組合諸団体についていえば、それらが政府からもブルジョワからも後援されない労働者の独立の創設物であるかぎりで価値を有しているのだ」(MEW 19-26)。

マルクスが協同組合運動の労働者アソシエーションとしての自発性と自立性をことさら強調したのは、当時のドイツ労働運動に見られる、ビスマルク体制に関する戦略的位置づけの甘さを意識し続けていたからである。マルクスのラッサールおよびラッサール派への批判の中心は、少なくとも労働者階級が革命的イニシアティヴを発揮しうる民主共和制国家を前提にしてはじめて語りうる国家的手段(国家信用など)の問題を、ビスマルク体制のもとで「国家援助」による協同組合の「設立」の問題として語るのは原則的逸脱だという点にあった。

［3］ アソシエーションと経済の総社会的調整

「資本制的生産諸部門の内部では、［部門間の］均衡は不均衡から脱する不断のプロセスとしてしか自分を現さない。というのはそこでは生産の［総社会的］関連は盲目的法則として生産当事者たちに作用し、彼ら［生産当事者たち］が、アソシエイトした知性として、その関連を彼らの共同のコントロールの下に服属させていないからだ。」（『資本論』第三部）

市場メカニズムを前提にして個別経営組織を生産者のアソシエーションとして組織する労働者の「協同組合」運動を、マルクスが過渡的経済システムとして積極的に評価していたことは前に見たとおりである。しかし「協同組合」運動と、その延長線上に展望される「社会的生産を自由で協同組合的な労働の調和ある一大システムに転換する」（MEGA² I-20-232）とか、「連合した協同組合諸団体が共同のプランにもとづいて全国的生産を調整（regulate）し、かくてそれを諸団体自身のコントロールの下に置き、資本制生産の宿命である不断の無政府と周期的変動を終えさせる」（MEGA² I-22-143）などといった、生産と交換の新たな総社会的調整システムを作り上げるという課題との間の落差はもちろん巨大である。個別経営単位を超えて交換を部分的に非市場的に（したがって総社会的調整システムとしては市場を前提にして）組織するというレヴェルの実践的運動でさえ、マルクスの生きた時代では、一八三〇年代および四〇年代の、失敗に終わった小規模でかつ短期の実験しかなかった。三〇年代初頭のオーエンらによる「全国衡平労働交換バザール（National Equitable

Labour-Exchange-Bazaars）は、わずか二年で倒産し、一八四九年はじめに二月革命敗北過程でリュクサンブール派労働者がプルードンと協力して企てた「人民銀行」も、プルードンへの言論弾圧もあって瞬時に崩壊したのである（＊7）。

オーエンらによる「全国衡平労働交換バザール」の場合を見ておくと、それは、労働者諸個人や諸生産協同組合が労働価値説に立脚して「衡平な交換」を組織することを目的に、一八三二年にロンドン、バーミンガム、リヴァプール、グラスゴーなどで組織された。価格はバザールにより任命された評価人が、原料原価に必要労働時間を加えて算定したが、その際、「労働の価値の差異」つまり労働の質が考慮された。通貨として「労働券」が発行され、寄託された生産物は協同組合員のみでなく一般住民にも販売された。「労働券」で表される労働価値と市場価格が併存するかたちになり、市場価格より安いものは容易にさばけるが、高いものは売れ残った。またバザールは普通の商店のようにストック調整ができず、運び込まれたものすべてを受け取らねばならなかった。だからバザール参加が多い業種のストックが過剰で、少ない業種のストックは不足した。結局二年で倒産したのは、この需給不均衡が最大の原因であったと思われる（＊8）。

◉——総社会的調整に関する基本テクスト

このように、経済の総社会的調整が過渡期において、また未来社会において、どのように組織されるべきかという問題について、具体的な実践的構想を提示できる条件は、マルクスの時代にはまったくなかったといってよいだろう。したがって、この問題に関するマルクスの言及はいずれも理論的でしかも論争的な性格のものにとどまる。基本的テクストとしては次のものをあげることができるだろう。

①プルードンが『貧困の哲学』(一八四六年)で提起した「漸進的アソシエーション(association progressive)」構想への批判的コメント。この構想は公刊以前にカール・グリュンによってパリ在住のドイツ人共産主義者の中に持ち込まれ、同地に派遣されていたエンゲルスがマルクス宛ての手紙で、それにはげしい批判を加えている(MEW 27-42/43, 50)。

②マルクスは「プルードンのアソシエーション構想がブレイの計画から流出してきた」(MEW 27-75)ものだと受け止め、プルードン批判の書『哲学の貧困』(一八四七年一～六月執筆)でブレイ『労働の虐待と労働の救済』(J. F. Bray: *Labour's Wrongs and Labour's Remedy*, 1839)から長大な引用をおこない、コメントしている(MEGA¹ I-6-98~103)。オーエン主義者ブレイによる「等労働量交換(l'echange du quantité égales de taravail)」のシステムの構想(一八三九年)は、先に見た「全国衡平労働交換バザール」を部分システムとしてではなく、全体システムとして提案したものといえるだろう。ブレイはそれを「現在の社会から共同社会制度への過渡期」と位置づけている。つまり「われわれの新しい株式会社(société par actions, joint-stock company)システムは、共産制へ到達するために現実社会に対してなされた一譲歩、生産物の個人的所有と生産諸力の共同所有とを共存させるために設定された一譲歩にほかならない」(MEGA¹ I-6-155)とされる。つまり労働と公平な交換にもとづくかぎり、諸個人の富の所有、蓄積、使用は自由であることを前提に、諸個人はjoint-stockにより生産アソシエーションをつくり(生産諸力の共同所有)、社会はいわば「無数の比較的小さな株式会社から構成される一大株式会社」として編成され、全国と地方の勘定機関(boad of tarade トレード委員

会）が消費に必要な各種の物の量、それぞれの物の相対的価値、各部門で雇用される労働者の数を決定する、というかたちで「等労働量交換」を組織しようというものである。

③プルードン『一九世紀における革命の理念』（一八五一年）の「第五研究　社会的清算」および「第六研究　経済的諸力の組織」からの抜粋（MEW 27-296~304）およびそれへのマルクスのコメント（MEW 27-312~314）。ここでプルードンは、利子、家賃、地代を年賦償還金として「見直す」ことを主な内容とする改革プランを提示している。またアソシエーション批判を展開し、アソシエーション組織は協業形態の工業に限定すべきで、農業や商業には適用すべきでないと主張している。

④『経済学批判要綱』（一八五七／五八年執筆）での「時開票券」論（MEGA² II-1-71~91）。これは、貨幣に代えて、投下労働時間を表す「時間票券」（中央銀行発行の）を用いることにより、公正な交換を実現しようとするダリモンらの銀行改革プランを批判している。

⑤『経済学批判』（一八五八年八月~五九年一月執筆）におけるグレイ『社会的システム——交換原理論』（J. Gray: *The Social System. A Treatise on the Principle of Exchange*, 1831）へのコメント（MEW 13-66~69）。グレイは「生産の組織化」よりも「交換の組織化」が必要と訴え、中央銀行が支店を介して投下労働時間にもとづいて商品を購入、生産者は商品と交換に労働時間の受領証を受け取り、銀行倉庫から等価物を購入する、というシステムを提唱している。

⑥『資本論』ではとりわけ銀行論が注目される（MEW 25-618~623）。マルクスの理解では、銀行はすでに「社会的な規模での生産手段の一般的な簿記や配分の形態」なのである。銀行は「資本の分配」を私的資本家から取り上げてしまい、それを独立した「社会的機能」に転化している。銀行のもつまさにこのような可能性にもとづいて、サン－シモン主義者たちは社会主義的「銀行改革プ

ラン」を構想するのである。マルクスはこの「プラン」が事実上はフランスにおける産業資本の利害を表現するものであったと批判しつつも、同時に「資本制的生産様式からアソシエイトした労働の生産様式への移行の期間中、信用制度が強力なテコとして役立つことは疑いない」(MEW 25-621)と指摘し、「決定的なことは、それら［資金や生産手段］が直接生産者たちに貸与されるのか……それとも産業資本家たちに貸与されるのかという問題だ」(MEW 25-623)とも書いている。移行のテコとしての信用（とくに利子引き下げによる）については、すでに一八五一年にエンゲルスと議論を交わしている（MEW 27-309)。

◉――労働交換システム構想への対話法的批判

これら一連の改革構想に対するマルクスの批判は、基本的には、一方で私的生産＝私的交換を前提とした上で、他方で労働価値説の平等主義的（egalitär）応用である「等労働量交換」システムを構想すること、にはらまれる矛盾を衝くというものである。「等労働量交換」は、もしそれが私的生産＝私的交換を前提とする場合には、「過剰生産」、不良在庫による「減価」、操業停止による「労働過剰」などを介して、結果として、かつ平均として貫かれるもの、したがって、そのかぎりでは単に「社会の実際の姿」を表現するものにとどまるだろう（MEGA[1] I-6-155)。逆に、もし「平等主義的」構想を貫こうとする場合には、前提である私的生産＝私的交換との全面衝突は避けられないだろう。こういう姿勢でマルクスは議論を組み立てている。

マルクス自身も「共産制社会の初期局面」として「等労働量交換」システムを構想する（MEW 19-21）が、それはあくまで私的生産＝私的交換の克服の上に成り立つものである。そしてたとえ過渡期の構想であっても、私的交換を前提にするかぎり、「等労働量交換」システムは、拒まれるのである。ただ、われわれが注目しておかねばならないのは、ブレイ批判、グレイ批判、ダリモン批判のいずれの場合にも見られるマルクスの議論のスタイルである。ヘーゲル風にいえば、「意識の中で固定化され直接受け入れられている諸規定を解体」（否定的弁証法）しつつ、「具体的で無反省な意識から具体者の普遍を指し示す」（肯定的弁証法）という議論のスタイル（＊9）で、マルクスは批判対象を「その真理へと」解消しようとしているといってよいだろう。

たとえばブレイ批判では次のように書かれている。

「したがって、もし社会のすべてのメンバーが直接労働者であると仮定すれば、等しい量の労働時間の交換は、物質的生産に必要な時間数についてあらかじめ合意しているという条件においてのみ、可能であろう。だが、かかる合意（convention）は個人的交換を否定する」（MEGA¹ I-6-156）。

「今日、資本や労働者相互間競争の結果であるものは、明日は、もし労働と資本の関係をわれわれが除去すれば、現存の欲求の総体に対する生産諸力の総体の関係を基礎とするひとつの合意の産物となろう。だが、かかる合意は個人的交換の廃棄宣言である」（MEGA¹ I-6-156）。

ブレイが彼の「具体的で無反省な意識」の中にはらませていたものを、マルクスが意識化すれば、生産の総社会的連関に関して「あらかじめ合意する（convenir d'avance）」という条件が浮上してくる。

そしてそれが、ブレイ自身が前提にしていた私的生産＝私的交換を排除するよう要請せざるをえないのである。総社会的調整原理として市場原理に対置されたこの「あらかじめの合意」がアソシエーション型組織と不可分一体であることについては、あとでくわしく見ることにする。

次にダリモンへのマルクスの批判にあたってみよう。

「こうなると、銀行は全般的購買者であり、かつ全般的販売者だということになろう。〔発券機能〕銀行は銀行券の代わりに小切手を振り出すこともできようし、その代わりに簡単な帳簿勘定を開くこともできよう。……〔投下労働時間確定機能〕銀行の第二の属性は、必然的に、すべての商品の交換価値を、つまり諸商品に物質化された労働時間をしっかり確定することであろう。だが、これで銀行の機能は終わりえないだろう。〔社会的必要労働時間確定機能〕銀行は産業の平均的諸手段でもって諸商品が産出されうる労働時間……を規定せねばならないだろう。だがこれでも十分でなかろう。……〔労働時間および生産手段の産業諸部門への分配機能〕銀行はさまざまな生産部門に振り向けられるべき労働時間の量を規定せねばならないだろう。このことは交換価値を実現するために必要だろう。……だがそれですべてではない。……〔生産の共同組織〕労働者たちは銀行に彼らの労働を売るのでなく、彼らの労働の全生産物に含まれる交換価値を売るだろう。こうなると正確に見れば、銀行は単に全般的な購買者かつ販売者であるだけでなく、全般的生産者でもあろう。実際上それは専制的な生産の政府、分配の管理局であるか、それとも実際上それは共同で労働する社会のために簿記と計算をおこなうひとつの委員会(ein boad) にほかならないだろう。生産手段の共同性が前提されているなどなど」(MEGA² II-1-

88/89)。

ここでもダリモンの銀行改革案に即しつつ、「具体的で無反省な意識」に対して、それが構想する「等労働量交換」の可能根拠を反省するかたちで対話的に介入し、そこにはらまれている「真理」を自覚化させるというスタイルをとっているのは明瞭だろう。商品・貨幣タームで議論を進めつつ、論理を煮詰めていくと、気がつけば私的交換の地平を超えているというわけである。とくに注目されるのは、この銀行が「専制的な生産の政府、分配の管理局」でもありうるし、反対に「共同で労働する社会のために簿記と計算をおこなうひとつの委員会」でもありうるとマルクスが見ている点である。マルクスはこのような対立的選択肢を自覚的に了解した上で、過渡期においては、それが必要とされる限度において、権力的形態も避けるべきでないと考えていたということになる。

最後に念のためグレイへの批判も見ておこう。

「彼は単に商品生産から生来してくる貨幣を「改革」したいと思っているだけなのに、内的一貫性が彼を駆り立てて、ブルジョワ的生産条件を次々と否認させる。このようにして、彼は資本を国民資本に、土地所有を国民所有に転化し、また、彼の銀行を詳細に見ると、銀行は単に片方の手で諸商品を受け取り、もう一方の手で引き渡された労働への証明書を与えるだけでなく、生産そのものを調整（regulieren）していることが明らかになる」(MEW 13-68)。

ここでも「具体的で無反省な意識」自身が、「内的一貫性に駆り立て」られて、それ自身の「真理」へと移行していく事態に、マルクスは注意を向けている。投下労働量の正しい計算にもとづく等価交換は、生産手段の国民的所有と銀行による〔単に流通のみでなく〕「生産そのものの調整」へと、移行せざるをえないのである。ということは、銀行が銀行であることを超え出るということにほかならない。もちろん、単なる意識の移行は、現実的移行と区別されねばならない。しかし現実の移行といえども、当該意識自身の実践的深化なしに（一挙に）存在するわけでもない。そしてわれわれはそこに、マルクスの、この批判スタイルの重要な意味を見るべきだろう。これら実践的構想に対するマルクスの批判は、一見、本質還元主義風、市場調整絶対否定風に見えるが、じつは非常に慎重なのである。

◉――「あらかじめの合意」と「アソシエイトした知性」

ブレイへの批判の中で、マルクスは総社会的調整原理として「あらかじめの合意」を市場原理に対置したのを見た。そもそも「合意（協定：仏 convention, 独 Vereinbarung)」はアソシエーション型組織と不可分であった。たとえばルソー『社会契約論』では、アソシアシオン契約により各アソシエが享受する自由を「合意的自由（la liberté conventionnelle)」（第一編第六章）と呼んでいる。未来社会を「ひとつのアソシエーション」として構想する以上、総社会的調整もまた「現存の欲求の総体に対する生産諸力の総体の関係を基礎とするひとつの合意の産物」として構想されなければならないのは当然であろう。その点でわれわれはマルクスの次の文章に注目したい。

「資本制的生産諸部門の内部では、〔部門間の〕均衡は不均衡から脱する不断のプロセスとしてしか自分を現さない。というのはそこでは、生産の［総社会的］関連は盲目的法則として生産当事者たちに作用し、彼ら［生産当事者たち］が、アソシエイトした知性（assoziierter Verstand）として、その関連を彼らの共同のコントロールの下に服属させていないからだ」（『資本論』第三部、$MEGA^2$ II-4-2-331）。

「アソシエイトした知性」とは、いったいどのような「知性」なのか。一応「知性」と訳したVerstandは、どちらかといえば哲学的な理性（Vernunft）と区別されて、実際的な理解力や判断力を表現する。各人の哲学を統一しようというわけではもちろんないのだ。他方、associate（英）、assoziieren（独）は他動詞（［人と人とを］結びつける、仲間に入れる）にも、自動詞（［人が人と］結びつく、仲間に入る）にも用いられるが、他動詞の場合は再帰代名詞ないし相互代名詞をともなって用いられる場合が多い（sich assoziieren で「加入する」「互いに結びつきあう」「結社をつくる」など）。この分詞形容詞 assoziiert（associated）は、直訳すれば「結びつけられた」あるいは「結びついた」という意味になるだろう。しかし他者の「知性」と「結びつけられた知性」とか「結びついた知性」といっても、その〈結びつき方〉が問題なのである。同語反復になるが、アソシエーションとしての結合なのである。「生産当事者たち」自身のこういう「アソシエイトした知性」が総社会的調整における合理性を支えると想定されていた。

こういう合理性は〈大衆追随主義〉であり、冷徹な客観的「法則」を探求する〈科学〉の冒瀆であろうか。そこに大きな問題がはらまれている。そもそも、生産・交換当事者たちにはまったく隠れており、危機（恐慌）においてはじめて彼らの私的思惑を圧倒し転倒させる「自然法則」として彼らに現象し、経済〈専門家〉のみが学問的反省において透見することができるだけの経済合理性は、マルクスの理解では、諸個人がいまだ彼ら自身の社会的諸力を自立化させ物件化させていることを歴史的前提としている。そこでは「社会的知性（der gesellschaftliche Verstand）がつねに事後に（post festum）やっと通用する」（MEW 24-317）にすぎない。「経済学」はそういう物件化された世界の内部で、物件化された世界を認識しようとする科学なのである。

けれども未来社会は、マルクスの理解では、これら自立化した社会的諸力を「アソシエイトした諸個人」が服属させていることを基礎にしていなければならない。「現存の欲求の総体に対する生産諸力の総体の関係を基礎とするひとつの合意」において、各人自身が、欲求主体（消費主体）としても生産力主体（労働主体）としても、合意〈内容〉をなしているのである。それだけではない。各人自身が合意〈内容〉であるがゆえに合意〈主体〉でもなければならない。没規範的で物件化された市場調整や官僚調整とは異なり、各人自身が、消費主体としても生産主体としても、責任主体として、総社会的調整過程に論争的にかかわらねばならない。その意味で、彼らは生産の総社会的関連を「彼ら自身のコントロールの下に置く」ことになる。もちろん「合意」といっても、つねにすでに所与の制約の下での「合意」でしかありえないが、こういう意味で未来社会においては「アソシエイトした知性」が経済合理性を担わなければならないのである。

付言すれば、マルクスの死後、一八九四年に『資本論』第三部を編纂出版したエンゲルスは、「アソシエイトした知性」に関するマルクスのこの文章に加筆をおこなった。残念ながらこの加筆はきわめて根本的な意味の変更を含むものであった、と私は考える。再現すると次のとおりである（《》内はエンゲルス削除分、【】内はエンゲルス加筆分）。

「資本制的生産《諸部門》の内部では、【個々の生産部門の】均衡は【単に】不均衡から脱する不断のプロセスとしてしか自分を現さない。というのはそこでは【総】生産の関連は盲目的法則として生産当事者たち《に作用し》【の上に自分を強制し】、《彼らが》【彼らの】アソシエイトした知性【によって把握され、それによって支配された法則】として、《その関連を》【生産過程を】彼らの共同のコントロールの下に服属させていないからだ」(『資本論』第三巻、MEGA² II-4-2-331 と MEW 25-267 を対照)。

よく対比すると、マルクスとエンゲルスの差異が明瞭に出ていると思われる。マルクスでは、①「生産当事者たち」が、②「アソシエイトした知性として」、③「生産の関連」を、④「彼らの共同のコントロールの下に服属させる」のである。エンゲルスでは、①「総生産の関連」が、②「彼らのアソシエイトした知性によって把握され、それによって支配された法則として」、③「生産過程」を、④「彼らの共同のコントロールの下に服属させる」のである。エンゲルスは『反デューリング』(第一編第一一節)でわれわれになじみの彼の自由論(客観的法則の認識による支配イコール自由)の実例をここに読み取ろうとしている。そのために法則認識機能と操作機能に力点が移って、「合意」形成機能という「アソシエイトした知性」にとって決定的に重要な側面が消失してしまい、物件化論もアソシエーション論も包摂しえない定式に取って代えてしまう結果となった。

［4］ コミューンとアソシエーション

「コミューンは国家そのものに対抗する革命、社会のこの超自然主義的奇形の革命であり、人民自身の社会生活の、人民による、人民のための、奪還であった。」（『フランスの内乱』）

「アソシエーション」はかならずしも地域的な組織である必要はない。これに対して「コミューン」は地域的な自治組織である。マルクスにおいて「コミューン」問題は、一八四〇年代の末以降、主に民主主義革命における国家集権主義の問題として、とりわけ後進国ドイツの民主主義革命における前近代的自治組織の解体の問題として論じられてきた。ところがパリ・コミューンの経験（一八七一年三月一八日から五月二八日まで）の反省をとおして、彼は「コミューン」の中に、フランスで急速に肥大化し寄生化するに至った近代国家機構に取って代わるべき、労働者解放の「ついに発見された政治形態」（MEGA² I-22-142）を見いだすに至るのである。この転換は、従来ともすれば具体的な歴史的文脈を離れて、いわばマルクスの〈思想体質〉のレヴェルで受け止められがちであった。〈国家集権主義者マルクスが「コミューン」主義者マルクスへ転換した〉とか、〈いや、マルクスは方便で「コミューン」主義を受け入れただけで、国家集権主義者としての体質は変わらなかった〉というように。そういうマルクス解釈の方法の限界は明らかだろう。移行形態の問題についての発言はつねに情況的であることを忘れてはならないだろう。

◉——中世コミューンの歴史的意味

マルクスは「国際労働者アソシエーション」の文書で、労働組合と中世のコミューンを平行現象として把握しようとしている。「他方で諸トレード・ユニオンは、みずからそれと自覚することなしに、労働者階級の組織化のセンターを形成しつつあったのであって、それはちょうど、中世の諸ミュニシパリティー［自治体］や諸コミューンが中産階級のためにそうしたのと同じである」(MEGA² I-20-233) と。だからマルクスは、まずは近代市民階級の生成史という観点から中世の「コミューン」に注目していたといえるだろう。『哲学の貧困』にはこうある。

「ブルジョワジーに関しては、われわれは二つの局面を区別しなければならない。つまり、［1］それが封建制と絶対君主制の政体の下で自己を階級として構成した局面と、［2］すでに階級として構成されたブルジョワジーが社会をブルジョワ社会にするために封建制と君主制とを転覆した局面とに。両局面のうち第一の局面はより長く、より大きな努力を必要とした。この局面もまた封建領主に対抗する部分的諸提携 (coalitions) からはじまった。コミューンから［はじまり］階級として自己を構成するに至るまで、ブルジョワジーが遍歴したさまざまな歴史的局面を跡づけるために多くの研究がなされた」(MEGA¹ I-6-226/227,［］内は田畑)。

『共産党宣言』では、この「コミューンから［はじまり］階級として自己を構成するに至るまで、ブルジョワジーが遍歴したさまざまな歴史的局面」をさらに具体的に規定しようと試みて、次のように整理している。

「したがって近代のブルジョワジー自身が、生産と交通の様式における長期の発展行程や一連の変革の産物であることがわかる。ブルジョワジーのこのような発展諸段階の各々は、それに照応する政治的進歩をともなっていた。[1]封建領主の支配下での抑圧された身分、[2]コミューンにおいて武装し自己自身を管理する（sich selbst verwaltend）諸アソシエーション——あるところ「イタリアやドイツ——一八八八年版エンゲルス加筆」では独立都市共和国、あるところ「フランス——同前」では君主制下の納税義務をもつ第三身分——、[3]次にマニュファクチャー時代には身分制的君主制ないし絶対君主制の下での貴族に対する対抗力、つまり巨大君主制一般の主要な基礎、[4]最後にブルジョワジーは大工業と世界市場の形成以来、近代代議制国家の下で排他的な政治支配を勝ち取ったのである。近代の国家権力は、ブルジョワ階級全体の共同の業務を管理する（verwalten）委員会にすぎない」（MEW 4-464, [ ] 内は田畑）。

『宣言』は、「中世の農奴たちから初期の諸都市の市域外市民たち（Pfahlbürger）が生じ、この市域外市民たちからブルジョワジーの最初の要素が発展する」（MEW 4-463）とか、「農奴は農奴制の中でコミューンの成員に成り上がり（heranarbeiten）、同様に小市民は封建的絶対制のくびきのもとでブルジョワに成り上がる」（MEW 4-473）とも書いているので、伝統的都市市民ではなく、都市へ流入してきた農奴が市域外市民として定着し、やがて近代ブルジョワジーへと展開していくと見ていた。そして『宣言』は、生産—交通様式の展開とブルジョワ階級の「政治的進歩」のプロセスを、次のように対応的に見ようとしている。

①「産業の封建的ないしツンフト的経営様式」。これに照応して「コミューンにおいて武装し自己自身を管理する諸アソシエーション」が確認される。つまり「諸アソシエーション」（ギルトなど）が「コミューン」という形態で自己武装・自己統治していた。この「コミューン」はドイツやイタリアでは「独立都市共和国」というかたちを、フランスでは君主制下の「第三身分」というかたちをとったのである。

②「マニュファクチャー」。この時期には貴族に対抗する力として、絶対君主制を支える主要な基礎となった。

③「大工業と世界市場」。この段階になると、「近代代議制国家の下で排他的な政治支配」を勝ち取る。

『宣言』のこのような「政治的進歩」の了解に照らして見るとき、当時のドイツのような（英仏に比して）後進的な国における、小市民世界の比重の大きさ、それを社会的支柱とする「小市民的社会主義」の影響力の大きさ、という認識が、クローズ・アップされてくる。

「中世の市域外市民や小農業身分は近代ブルジョワジーの前身（Vorläufer）であった。産業や商業の発達が少ない国々ではこの階級が上昇中のブルジョワジーと並んで依然余命を保っている」（MEW 4-484）。

「「真正」社会主義はまた、ドイツの市域外市民圏の利害という反動的一利害を直接代表した。ドイツでは一六世紀このかた受け継がれ、そのとき以来さまざまなかたちでこの国で絶えず新たに姿を現す小市民層が、現存諸状態の本来の社会的基礎である。それを保守することは現存のドイツの諸状態を保守することである」(MEW 4-487)。

◉──「呼びかけ」における戦術的コミューン主義と戦略的国家集権主義

このような歴史的了解を前提にするならば、少なくとも当時のドイツのような、国民国家がまだ形成できていない国では、民主主義革命をみずから担わねばならないと自覚した共産主義者たちが、国家集権主義的姿勢を鮮明にし、伝統的地域自治を一掃しなければならない、と主張するのは当然の帰結だろう。一八五〇年三月に共産主義者同盟再組織のためにエンゲルスと共同で書かれた秘密の内部文書「中央委員会の同盟への呼びかけ」に即してそれを確認しておこう。「呼びかけ」は、革命の再勃発を予期しつつ、来るべきドイツ革命において、まず急進民主派が支配権を握ることが不可避であると見る。その上で、フランス二月革命の失敗に学びつつ、革命的共産主義派が独自の(民主派に包摂されない)政治的軍事的基盤を確保しつつ、革命を「永続」させることを基本路線として掲げているのである。ところで、この文書には国家集権主義をめぐって、いわゆる戦術と戦略の奇妙な対立がはらまれている。一方で、急進民主派との同盟のもとに「市街戦の勝利」を勝ち取った直後の課題として、「呼びかけ」は次のように書いている。

「労働者たちは［革命により成立した］新しい公的な統治諸機関(Regierungen)と並んで、自治体首長とか自治体評議会といった形態であれ、労働者クラブや労働者委員会によるものであれ、同時に独自の革命的な労働者統治機関（Arbeiterregierungen）を樹立せねばならず、そのことにより市民民主主義的統治機関が……労働者の全大衆を背後にもつ諸役所（Behörden）によって最初から監視され威嚇されているのを、わからせねばならない」（MEW 7-250）。

この文章は、あたかも二〇年後のパリ・コミューンを先取りしているように見える。「自治体」（Gemeinde または Gemeine，フランス語の commune にあたる）は、「労働者クラブ」などと並んで、「公的な統治諸機関」を下から監視・威嚇するための「独自の労働者統治機関」という重要な位置づけを与えられている。軍事組織についても「革命的な自治体評議会」の指揮下に「プロレタリア護衛隊」を組織しなければならないと書いているのである。ところが他方、いわば戦略目標をめぐっては、議論が次のように完全に逆転するのである。

「民主主義者たちは、直接、連邦共和制（Föderativrepublik）を目指して努力するか、それとも単一不可分の共和国が避けがたい場合は、自治体や州（Provinzen）をできるだけ自立的で独立なものにすることにより、中央政府を無力化しようとするだろう。労働者たちはこれらの計画に反対し、単に単一不可分のドイツ共和国を目指して働きかけるだけでなく、その共和国の内部で、国家権力への権力のもっとも決定的な集中化を目指して働きかけねばならない。労働者たちは自治体の自由だとか自治だとかといった、民主主義者のおしゃべりに惑わされてはならない。非常に多くの中世の遺物を除去せねばならず、自治体や州の非常に多くの我意を打ち砕かねばならない、ドイツのような国では、中央から出発してはじめて全力を発揮できる革命的活動に対して、各村、各都市、各州が障害を置くような事態は、決して許してはならない。……近代の私的所有に立ち遅れて、至るところで私的所有へと必然的に解体している所有形態である自治体所有（Gemeindeeigentum）、そこから生じる貧しい自治体と豊かな自治体のあいだの抗争、それにまた国家市民権と並んで存続している自治体市民権（Gemeindebürgerrecht）……こういったものが、いわゆる自由な自治体制度により永久化されるのは、もっとも許してはならないことである。一七九三年のフランスと同様、今日のドイツでももっとも厳格な集権化の貫徹が現実に革命的な党の課題なのだ」（MEW 7-252）。

一八五〇年三月の「呼びかけ」のこの箇所で、マルクスの「国家集権主義」はピークに達するといってよいだろう。この箇所はマルクス死後の一八八五年に共同執筆者エンゲルスによって、フランス革命における自治体の役割に関する「誤解」を含んでいたと、自己批判されている。「アメリカに似たこの、州の自治や地方の自治が、まさに「フランス」革命のもっとも強力なテコとなったことがその後の研究で明らかにされた、と（MEW 7-253）。たしかにその面も大事ではあるが、『ドイツにおける共産党の要求』（一八四八年三月）からこの「呼びかけ」に至る国家集権主義の主張を理解するには、何よりもまず、後進国ドイツの現実から出発して、ドイツにおける近代統一国家の形成のダイナミズムをみずから担いつつ、それを「永続化」させる方向で共産主義を構想するという、ドイツにおける共産主義運動の課題設定のこの歴史的特質を見ておく必要があるだろう。「一七九三年のフランスと同様、今日のドイツでももっとも厳格な集権化の貫徹が現実に革命的な党の課題なのだ」という箇所からもうかがえるとおり、「呼びかけ」はジャコバン独裁のイメージで自分たちの集権主義を了解している。バブーフにはじまる近代共産主義は、たしかに「財産共有制」を志向する運動であり、プロレタリアを社会的支柱とする運動であったが、まずは君主制ないし絶対王政の打破を目指す反乱型の民主主義革命を出発点とした運動であったのであって、その「永続化」、その社会革命への展開として「財産共有制」が提起されてくるのである。その意味では、ジャコバン独裁は、周辺部におけるいわゆる国家集権主義的社会主義に対して、ひとつのモデルを提供し続けてきたと見ることができるだろう。ドイツの場合、国家統一の課題がさらにこれに上乗せされて意識されたのである。

◉――「国家そのものに対抗する革命」

ところが、一八七〇年代に入って「コミューン」問題はまったく新たな文脈でマルクスの前に提出されてくる。普仏戦争の敗北とプロシヤ軍の占領という情況下で、ベルサイユ政府に対抗して、パリをはじめ一連の都市で数カ月間「コミューン」が樹立されたのである。パリ・コミューンの敗北の直後、その歴史的意味を「解読」するかたちで、マルクスは『フランスの内乱』(一八七一年四〜五月執筆)を書き、「国際労働者アソシエーション総評議会の呼びかけ」として発表した。「コミューン」の中にマルクスは、「中央集権的国家機構」をふたたび人民による「実際の自己統治(real selfgovernment)」(MEGA² I-22-105)に置き換えようとする偉大な、かつ悲劇的な、実験と闘争を見ようとしているのである。ここではいわば、「呼びかけ」における戦術的「コミューン」主義が、戦略的課題と不可分に直結したものとして了解されてくることになる。『内乱』第一草稿はコミューンが「国家そのものに対抗する革命」であるとまで書いているのである。

「したがってコミューンは、正統王朝的とか立憲君主的とか共和派的とか帝政派的などといった、国家権力のあれこれの形態に対抗する革命であったのではない。それは国家そのものに対抗する革命、社会のこの超自然主義的奇形の革命であり、人民自身の社会生活の、人民による、人民のための、奪還であった」(MEGA² I-22-55)。

このような「コミューン」評価の移動には、フランスにおいては封建的分散性の一掃という課題がすでに完了し、今や「中央集権的国家機構」の打破こそが歴史的課題に上っているのだという、課題認識の移動がともなっている。

マルクスはフランス近代史に即しつつ、「常備軍、警察、官僚制、聖職者、司法という至るところに張りめぐらされた諸機関——体系的でヒエラルヒー的分業プランにもとづいてつくられた諸機関——をもった集権化された国家権力」の展開過程をたどっている(MEGA² I-22-137f.)。その起源は絶対王政の時代に求められ、続く第一次フランス革命は「領主権、地方的特権、都市やギルドの独占、州憲法」といった「最後の諸障害」を一掃し、ついに第一帝政のもとで「近代国家構築物の上部構造」が構築される。ナポレオン失脚後、政府権力は議会的コントロールの下に置かれ、所有階級諸分派の間の権力闘争がくりひろげられる。しかし労働者階級の政治的反乱に直面して、支配階級は連合を強めるが、同時に行政府にますます増大する抑圧権力を与えざるをえなくなり、ついに英雄幻想と排外主義に支えられたナポレオン大統領のクーデターで、国民議会そのものの解体に追いやられることになる。

「帝政（Imperialism 帝国主義）こそ、あの国家権力のもっともけがれた形態であり、かつ究極の形態なのだ」（MEGA² I-22-139）。

絶対君主制のもとで封建制と闘う道具としてつくりだされ、革命と反革命の反復をとおしてますます強大となったこの「中央集権的国家機構」は、このようにして第二帝政のフランスでは、「すみずみまで行きわたった複雑な軍事的、官僚的、教権的、司法的な諸器官でもって、生きた民間社会（civil society）（＊10）に大蛇のように巻きついて（絡みついて）いる」（MEGA² I-22-53）のである。

封建的分権主義の打破を課題とする一八五〇年代初頭のドイツと、中央集権的国家機構の打破を課題とする一八七〇年代初頭のフランスとのあいだの、このような異なる情況認識を前提にすれば、『内乱』は「呼びかけ」とも理論的整合性を保っているように見える。しかし、それは外見にとどまる。やはりマルクスの見解自体にも大きな実質的変化があったと見なければならない。国家集権主義の積極的意味づけがきわめて限定的となる反面、未来社会における地域的自己統治の形態や「国民的統合」の形態が、かなり明確なイメージをともなって語られるようになったといえるだろう。のみならず、「中央集権的国家」の〈ための〉革命であった一八世紀の革命との対比で、「コミューンはそれ［中央集権的国家］の明確な否定であり、したがって一九世紀の社会革命の開始であった」（MEGA² I-22-55）と、一八世紀革命と一九世紀革命の異質性にまで、マルクスは議論を展開するのである。

マルクスの整理するところでは、「コミューン」は次のような地域的自治組織であった（MEGA² I-22-139/140）。

⑴　コミューンは都市の各区において普通選挙により選出された自治体議員で構成された。議員たちは選挙人に責任を負い、選挙人は議員を短期のうちに更迭できた。

⑵　市政のみでなく、これまで国家により行使されてきたすべてのイニシアティヴ［発議権］がコミューンの手中に置かれた。

⑶　コミューンは議会制的機関ではなく、同時に執行し立法する作業機関（a working body）であった。

⑷　常備軍（the army）は廃止され、国民軍（National Guard）というかたちで武装した人民（armed people）に置き換えられた。

⑸　警察や役人はコミューンに対し責任を持ち、いつでも更迭される、コミューンのエージェント［代行者］であった。

⑹　コミューンの議員をはじめとして、公務は労働者並み賃金でおこなわれねばならなかった。

ところで、「古い集権化された政府」から「生産者たちの自己統治（selfgovernment）」に移るには、各コミューンから「国民的［全国的］統合（national unity）」が、まったく新しい形態で構成されねばならないだろう。この点についてはどのように考えられたのか。マルクスはパリ・コミューンの文書から次のような引用をおこなっている。

「それ〔一八七一年三月一八日のコミューン革命の目的〕は、真に国民的な協約（national pact）によって、彼らの共同利害のために、彼ら自身の間で連合した（united）ところの、フランスのすべてのコミューンのために、したがって、そのすべての上部団体、県および州のために、独立を獲得し、保障することである」（MEGA² I-22-69）。

「帝政や君主制や議会制政府により今日までわれわれに押しつけられてきた統合（unity）は専制的で、非知性的で、専横的で、負担の重い集権化であった。パリが願う統合は、すべての地方的イニシアティヴのヴォランタリー・アソシエーション……連邦諸コミューンから派遣された中央代表者会議（a central delegation）」（MEGA² I-22-75）。

パリ・コミューンは「全国的組織」についてはラフ・スケッチしか残せなかったが、それによれば「もっとも小さな田舎の村に至るまで、コミューンが政治形態とならなければならなかった」。農村の諸コミューンは地域の中心都市での代表者集会で共同業務を処理する一方、この地域集会がパリの全国代表者会議に代表者を派遣する。代表者は選挙人の命令的委任に拘束され、いつでも解任可能であった。中央政府には少数だが重要な機能が残され、厳格に責任を負うコミューンの代行者たち（agents）により遂行されることになっていた（MEGA² I-22-140）のである。〔増補新版補記：ここで「代表者」「代表者会議」「中央代表者会議」と訳しているが、代表制と派遣制の差異を明示し、「派遣委員」「派遣委員会議」「中央派遣委員会議」と訳すべきであった。『マルクス・カテゴリー事典』青木書店、一九

九八年、三七五頁以下の大藪執筆担当「代表制と派遣制」参照。〕

マルクスのイメージ的表現では、中世の政治的統合は「抗争しあう諸権力のチェック模様の(checkered)、まだら模様の(party coloured)無政府」であり、対照的に近代のそれは「体系的でヒエラルヒー的」な「集権的国家」であった(MEGA² I-22-53)。わずか数カ月のコミューンの実験にマルクスが垣間見た未来社会の政治的統合形態は、諸コミューンの自覚的ユニオンないし自覚的アソシエーションということになるだろう。こういう統合(unity)のイメージは、経済システムについて「もし連合した(united)協同組合諸団体が、共同のプランにもとづいて全国的(national)生産を調整し、かくてそれを彼ら自身のコントロールの下に置き、資本制生産の宿命である不断の無政府と周期的痙攣を終わらせるとすれば、諸君、それは共産主義、〃可能な〃共産主義以外の何であろう」(MEGA² I-22-143)と書いているのにも、完全に符合しているといえるだろう。

[5] アソシエーションと権力

「彼ら[賃金労働者たち]の諸機能の関連づけも、生産体全体としての彼らの統一も、彼らの外部に、彼らを集めて束ねる資本の中にある。彼らの諸労働の関連づけは、したがって、観念的には資本家のプランとして、実践的には資本家の権威として、彼らの行為をおのれの目的に服属させんとするある他者の意志の権力として、彼らに対峙するのである。」

(『資本論』第一巻)

最後にアソシエーションと権力の相互関係について反省しつつ、少し概括的に問題の整理を試みてみよう。

◉――社会的権力の構造

まずは『資本論』から「権力」を論じた代表的な箇所を二つ引用することからはじめよう。最初のものは第一部の「協業論」からで、二つ目は第三部の「利潤率の傾向的低下」を扱った箇所からのものである。

「彼ら［賃金労働者たち］の諸機能の関連づけも、生産体全体としての彼らの統一も、彼らの外部に、彼らを集めて束ねる資本の中にある。彼らの諸労働の関連づけは、したがって、観念的には資本家のプランとして、実践的には資本家の権威として、彼らの行為をおのれの目的に服属させんとするある他者の意志の権力として、彼らに対峙するのである」（MEW 23-351）。

「資本の蓄積の増大は、資本の集積の増大を含んでいることはすでに見た。資本の権力はこのようにして増大するのであるが、その権力は社会的生産諸条件が資本家において人格化されて現実の生産者たちから自立化したものである。資本はますます社会的権力として自分を示すのであって、その権力の機能遂行者（Funktionär）が資本家なのであり、その権力は個々の個人の労働が創造しうるものとはまったくどんな関係もない。しかしそれは、疎外され自立化された社会的権力として、物件としての権力、この物件による資本家の権力として、社会に対立するのである。資本がそれへと自分を形成している普遍的社会的権力と、個々の資本家たちが社会的生産諸条件に対して有する私的権力との間の矛盾は、ますますはげしいものに発展し、この関係の解消を含むに至る。なぜならそれ［資本の権力］は同時に生産諸条件を普遍的共同社会的な社会的生産諸条件へと作り上げることを含んでいるからである」（MEW 25-274）。

「権力（Macht）」とは、抽象的にいえば、他の諸個人の意志や行為を「おのれの目的に服属させる」ような、何らかの意味で強制力をともなう人間相互の関係である、といえよう。しかしこれは「権力」関係の表面にすぎないだろう。権力というものをもう少し構造的に見ると、服属している諸個人相互の「関連づけ（Zusammenhang）」や「統一」が、外見は別として本質上、彼ら自身の主体的関係行為としてあるのではなく、ある「他者」の「プラン」や「意志」や「権威」として、関係当事者自身から「疎外され自立化して」しまっている。逆にいえば、彼らの「関連づけ」ないし「統一」が他の特定の諸個人または集団の排他的機能として独占されてしまっている。こういうあり方が「権力」関係の様式として見えてくる。そこでさらに、なぜこの「関連づけ」の「外化」が「権力」構造上の鍵をなすのかを反省していくと、結局、社会的諸権力（Mächte）というものは、それに服属している諸個人が共働において発揮する何らかの「社会的諸力（Kräfte）」ないし「類的能力（Gattungsvermögen）」の組織化を実体として、はじめて成立するものであるという事態に行き着く。まさにこの「社会的諸力」が、諸個人自身の諸力としてではなく、彼らを「束ねる（zusammenhalten）」者の「権力」という自立的姿態で現象するのである。「権力」の持つこういう構造は、私的な社会的権力としての「資本」に限定されず、公権力や過渡期の権力を含むあらゆる権力に共通するものである（＊11）。

「アソシエーション」過程は、歴史的過程としてはそれ自身が内部にこのような「権力」関係をはらみつつも（たとえば『宣言』が「国家、つまり支配する階級として組織されたプロレタリアート」と表現する過渡期権力）、原理上は、「社会的諸力」を「社会的諸権力」として「外化」するこのような「権力」過程とは反対方向の過程、つまり諸個人が社会的自己統治能力を展開して、相互孤立的あり方を克服することによって、「外化」された「社会的諸力」を諸個人自身に服属させる過程であるといえるだろう。『要綱』の表現を用いれば、「彼らの社会的諸関係を、彼ら自身の共同社会的諸連関として、彼ら自身の共同社会的コントロールに服属させる」（MEGA² II-1-94）過程であり、「諸個人が活動を直接に普遍的な社会的活動として措定するにしたがって、生産の対象的諸契機から、疎外の形態が剝ぎ取られる」（MEGA² II-1-698）過程であるといえよう。

◉——権力の正当化根拠

では、「権力」の「正当化根拠（Rechtfertigungsgrund）」（MEW 25-399）はどこにあるか。まず法的に見れば、労働の客体的諸条件と生きた労働の結合が、私人ないし私的集団が所有する物件（労働対象）と物件（労働手段）と物件（労働力）とを結合する過程として組織される結果、私的所有物に対する私的所有者の自由処分権に属するものとして、生産物は資本家たちに属し、また生産過程における「指揮、監督、媒介の機能は資本機能となる」（MEW 23-350）のである。

次章で述べるとおり、マルクスも「個人的所有」がアソシエーションのもとで「再建される」と考えるのであるから、個人の所有物に対する個人の自由処分権は未来社会においても当然承認されねばならない。しかしマルクスを待つまでもなく、所有権やその主な内容をなす所有物に対する所有者の自由処分権は、これまでも無制約の権利であったためしはなく、社会（の力関係）によってその内包外延を限定される条件的な権利である。「物件」への支配を介して巨大な社会集団を支配することなど、所有権は何ら正当化しないのである（＊12）。アソシエーションはしたがって、私人が物件の所有を介して他の人間を支配することを排除するという意味で、少なくとも一定規模以上の協業が実現している所では「生産手段の私的所有」を排除しなければならない。

しかし、「権力」の「正当化根拠」は単に法的であるだけでなく、歴史的でもある。資本は人類史において、「多くの細分化され相互に独立した個別的労働過程をコンバインドな社会的労働過程へと転化」（MEW 23-350）させる歴史的形態であった。つまり資本は、従来ばらばらに個別労働を営んでいた農民や職人を、物件的権力（貨幣資本）を武器に「束ね」、協業を組織することによって、強制的に労働者たちの「潜勢力」であった「類的能力」を、つまり「労働の社会的生産力または社会的労働の生産力」（MEW 23-349）を引き出すことに成功したのである。

マルクスのアソシエーションは、このような「資本による労働の実質的包摂」を歴史的前提にしてはじめて提起される。つまり、資本により外在的に「束ね」られた労働者たちが、危機と闘争をとおして知的モラル的政治的成長を遂げ、コンバインドな労働をアソシエイトした労働へと主体的に転換しようとする過程として成立するのである。

この点で、ロシアの後進性に由来する「歴史的順序の変更」（レーニン）の結果、農民からの収奪と「上からの工業化」という強制力によって「個別的労働過程をコンバインドな社会的労働過程へと転化」させるという歴史的課題をソヴェト権力自身が引き受けなければならなかった点に留意する必要がある。レーニンは最晩年のたいへん含蓄のある覚書「わが革命について」（一九二三年）で、

「文明国と、この戦争〔第一次世界大戦〕によって決定的に文明に引き入れられた全東洋諸国、非ヨーロッパ諸国との境界（Grenze）」に位置するロシアでの革命がもたざるをえない「特異性（Eigentümlichkeit）」を「歴史的順序の変更」と特徴づけて、次のように書いている。

「社会主義を建設するために、一定の文化水準が必要ならば、なぜ、この一定の文化水準の前提を、まず革命的方法で獲得することからはじめ、そのあとで労農権力とソヴェト制度をもとにして、他の国民に追いつくために前進してはいけないのであろうか」（大月版レーニン全集、33-499）。

「コンバインドな社会的労働過程」への強制的移行はレーニン死後、スターリンの主導で多大の犠牲と混乱をともないつつ強行され、その成功はスターリン体制の主たる「正当化根拠」を形成し、スターリン崇拝の有力な源泉となったが、それがそれ自体として社会主義的なものと誤認され、「コンバインドな労働」を「アソシエイトした労働」へ労働者自身が主体的に転換させるという本来の任務は、建前は別として、またあれこれの先駆的模索をともないつつも、未解決のままに終わったのである。この「第二の否定」に成功してはじめて、ソ連はマルクスの構想とは異なるオールタナティヴとして、資本制を世界史的に超えたと言いえたのである。

◉——権力と指揮機能

「権力」の「指揮機能（Funktion der Leitung）」は内容面で見れば「二面的」（MEW 23-351）である。

つまり「社会的労働過程の本性から生起するかぎりでの指揮機能」が、この過程の「敵対的な性格」に由来する「指揮機能」と「同一化（identifizieren）」されて現象するのである。マルクスが後者に数えるのは第一に「できるだけ大きな搾取」、第二に「抵抗の抑圧」、すなわち支配関係自身の再生産である。

資本のこの「指揮機能」は、形式から見れば「専制的（despotisch）」（MEW 23-351）である。つまり経営権力は物件（生産手段）の所有者のみの意志を代表することにその正当化の源泉があるのであって、生産当事者たち全員の意志を代表するという意味での経営民主主義は（イデオロギーとして以外には）存在しない。このことは会社相互の株式の持ち合いを特質とする「法人資本主義」（奥村宏）の場合も変わらない。現代における公権力の「民主制」（政治的民主主義）は、その内部に経営権力レヴェルの「専制」を抱え込んでおり、それらに支えられることによって、恒常的にプルートクラシー（富の支配）化している。したがって、ダールが強調するように政治的民主主義を救うためにも「経済民主主義」の実現が不可欠である（＊13）。

協業の発展にともない「この専制は固有の諸形態を展開する」（MEW 23-350）。まず、資本家は手の労働から解放されて「指揮機能」を果たすが、次には「直接かつ不断の監督機能」を「特殊な種類の賃金労働者」、つまり「資本の名で指令する産業士官や下士官」に明け渡す（MEW 23-351）。そのかぎりで「機能としての管理業務」の「資本所有」からの分離が進み、「資本家が余計な人格として生産過程から消失する」（MEW 25-401）過程が進む。しかし「権力」を譲るわけではない。マルクスは『フランスの内乱』（一八七一年）で、「国家権力（Staatsmacht）」とヒエラルヒー的に編成された「国家諸機関（Staatsorgane）」とをはっきり区別しているが、「権力」は「諸機関」をとおして支配するのである。このようにして「産業兵卒」を最下層とする「兵営的規律」が資本制企業の編成原理として了解されることになる（MEW 23-447）。

では、アソシエーションはこの「指揮機能」とどうかかわるのか。「比較的大規模でなされるすべての直接社会的な労働ないし共同労働は、大なり小なり、各個人の諸活動の調和を媒介し、一般的機能を遂行する管理活動（Direktion）を必要とする」（MEW 23-350）のであるから、アソシエーションの下でも「指揮機能」は残るが、その「二面性」は、権力関係が克服される度合いに応じて消滅しよう。

「……指揮機能はアソシエーションのもとでは、他の諸機能と並ぶ労働の特殊な一機能としてあって、労働者たち自身の統一を彼らには疎遠な統一として実現し、彼らの労働の搾取を疎遠な権力によって彼らに対してなされるものとして実現するような、権力としてあるのではない」（MEGA² II-3-1-236）。

しかし、「部分労働」と異なり「作業場の総活動（Gesamttätigkeit）に関与する」（MEW 25-397）この指揮機能は、もし特定の個人ないし集団に固定されるかぎりは、ある種の権力関係を再生産するだろう。すでに大工業のもとで「生産過程の精神的潜勢諸力は、手の労働から分離し、労働に対する資本の権力へと転化」（MEW 23-446）しているのであるが、たとえ資本の物件的支配を排除しても、いわゆる精神労働と肉体労働の分業は歴史的前提として残るので、「指揮機能」が分業的に特定の個人ないし集団に固定化され、ふたたび権力関係を分節化して、脱アソシエーション化過程が進行すると考えねばならない。したがって、この過渡期には経済合理性（広義の）を代表するかたちで、スペシャリストとしての経営者（manager）や知識人労働者による「指揮機能」の分掌を前提にした上で、その権力行使をコントロールするための生産者民主主義（労働者自主管理や自治企業など）が不可欠になるだろう。

では、「管理の行政方式は国家計画の指令によるノルマにもとづくものであり、これは毎年、上から下へと割り当てられる。これが経済指導での指揮命令体系である」（アガンベギャン『ソ連経済のペレストロイカ』サイマル出版会、一九八八年）とされたソ連の場合はどうであったか。先に見たとおりマルクスの構想では、総社会的調整プランの「合理性」を支えるのは、少なくとも原理的には、「生産当事者たち」の「アソシエイトした知性」（$MEGA^2$ II-4-2-331）であり、アソシエイトした諸個人間の、また諸アソシエーション間の convention（仏）、Vereinbarung（独）、つまり取り決め、合意、協定（$MEGA^2$ I-6-156）なのであるが、ソ連ではこれとは異なるタイプの非アソシエーション型、国家集権型システムが実現していたことは明らかだろう。

マルクスの考えでは、資本の「指揮機能」の持つ「二面性」は灌漑や巨大土木事業をおこなった東洋の「専制国家」と「まったく同様」なのであって、「専制国家の場合、政府の監督や全面的干渉の労働は、すべての共同体の本性から生起する共同の業務の遂行と、人民大衆に対する政府の対立から発生する特殊な諸機能の、両者を包括している」（MEW 25-397）のである。

たしかにソヴェト国家をマルクスのいうこの「東洋的専制国家」と同一視することはもちろん誤っている。前者は社会の末端までの過度の国家化が特徴であったのに対し、後者は自給自足的な「小宇宙」としての村落を基礎に持っていたし、ソ連の国家エリートは党幹部を含め、職務にともなう各種特権を保持したが、かつての貴族のような所有階級ではなかった。けれどもマルクスの「専制国家」論が多くの示唆を与えていることも事実であろう。「特権」はあくまで国家システム内部のポストの属性であって、資本所有のような私人の属性ではないから、その「指揮機能」においても、生産性上昇による極限的搾取というインパクトは働かず、生産の動機は自己目的化された価値増殖ではなく、「指令」の履行にあった。権力上層での政治的主観主義（政治的効果を目的とした経済計画、価格形成、公式統計など）と下層での官僚主義（形式主義、保身、上昇志向）が顕著であった（中山弘正編『ペレストロイカと経済改革』岩波書店、一九九〇年）。「指揮機能」の持つ「抵抗の抑圧」の面に関していえば、「アソシエーションの自由」を含む市民（citoyen）としての諸権利が「人民の利益に適合し、かつ社会主義制度を強化発展させるため」という目的を限定してしか、またこの目的への適合性の具体的判断は権力側が独占するかたちでしか、認められなかった点（ロイ・メドヴェージェフ『ソ連における少数意見』岩波新書、一九七八年）に致命的限界があった。

◉——アソシエーションの組織論

では、アソシエーション組織はどのように編成されるべきか。これまで述べてきたことは繰り返さないとして、少なくとも確認できることは、たとえ所与の条件に制約されて、その内部に権力関係、指揮機能の分業的固定化、ヒエラルヒー的編成などを再生産せざるをえない場合でも、小グループから「ユニヴァーサル・アソシエーション」に至るまで、アソシエーションはアソシエーションであるかぎり、アソシエイトしあった諸個人全体に（企業でいえば従業員全体に）無条件に「主権」が属する。それはルソーのいう「アソシアシオン契約」の必然的で原初的帰結である。その意味でアソシエーションは民主制以外ではありえず、専制、寡頭制、貴族制などは退行形態として以外、問題になりえない。
けれどもアソシエーションは同時にそれ以上でなければならない。なぜなら、それは少なくとも原理上、権力関係や指揮機能の分業的固定化やヒエラルヒー的編成そのものを克服するだけのポテンシャルを備えたものでなければならないからである。アソシエーションを組織論的に反省するとき、基本規定として浮かび上がってくるのは、先に『要綱』から引用した「諸個人が活動を〈直接〉普遍的な社会的活動として措定する」(MEGA² II-1-698) という命題である。〈直接〉とは媒介なしにということである。つまり「権力」として「外化」した他者を介在させないでということである。では、それはどんな組織か。その基本イメージは、おそらく次の指摘からうかがうことができるだろう。

「大工業の本性は、それゆえ、労働の転換 (Wechsel der Arbeit)、機能の流動 (Fluß der Funktion)、労働者の全面的可動性を生む。……大工業は単なる社会的細部機能の担い手でしかない部分個人を、トータルに発達した個人で取って代えることを死活問題とするのであって、後者にとってはさまざまな社会的諸機能は[その個人の]次々交替する活動諸様式にほかならないのである」(MEW 23-511/512)。

つまり、「諸個人が活動を〈直接〉普遍的な社会的活動として措定する」といっても、「指揮機能」を含む社会的諸機能の分化と機能的分業はもちろん残っているのであるが、諸個人が「細部機能」に縛られ「部分個人」に転化している情況が克服され、全員が「指揮機能」を含む「社会的諸機能」を自分の「次々交替する活動諸様式」として担っていく。諸機能、諸活動のそういう「転換」と「流動」が実現している組織だということである。あるいは生産者たちの自己統治能力の形成の度合いに応じて、この「流動」の度合いが拡大していく組織であるともいえるだろう。先に見たとおり、この基本イメージはパリ・コミューンの組織性格を解読した際も、マルクスを根底で導いていたように思われる。「真の自己統治」、「武装した人民」、「普通選挙」で選出されたコミューン、「即座の解任」、「同時に執行し立法する行動的機関」、「労働者並み賃金」で働く「職員」などである。そういう「転換」と「流動」を担う力量を持った「トータルに発達した個人」を、少なくとも理念としてのアソシエーションは、予定していることになる。

註

（1）佐藤慶幸『アソシエーションの社会学』（早稲田大学出版部、一九八二年）第二章「ヴォランタリー・アソシエーションの研究史」参照。佐藤の問題意識はアソシエーション論をとおしてヴェーバーの官僚制論の限界を克服しようとする点にある。佐藤の基本展望は、いわば〈周辺論的アソシエーション〉の可能性を追求することである。「この［ヴォランタリー・アソシエーションという、国家や企業や家族からみて］周辺的な世界においてこそ、真の人間関係の世界が、権力や利害関係や地位や名誉などから自由に形成され、制度化され物象化された地位―役割システムから自由な人間結合が可能となる。しかしこの周辺的な世界は、あくまでも中心にはならず周辺であることによって、中心に対して社会変革の機能を遂行するのである」（同三二五頁）。これは、中心部分のアソシエーション化の断念なのだろうか、それともそれへの一歩なのだろうか。社会学という限定を外すと、そういう大問題に直面するように思われる。

この問題は、今日われわれが〈アソシエーション論的転回〉を実践的に構想する際に避けて通れない大きな問題にかかわっている。イギリスのポール・ハーストによる『アソシエイティヴ・デモクラシー』(Paul Hirst: *Associative Democracy*, Cambrige, Polity Press, 1994) を読むと、「現代のアソシエイティヴ・デモクラシーは、大なり小なり、リベラルな代議制デモクラシーへの外延的補足でのみありうる。……同様に経済管理のアソシエイティヴな諸形態や福祉支給のアソシエーション的諸形態を導入することは、市場に基礎を置く経済を押しのけたり、公的基金による福祉レヴェルを低下させることを予定するものではない」と書いてある。端的に言えば、ハーストの立場の方は、現行国家／市場／経営システムに対する〈補足論的アソシエーション論〉だといいうるだろう。

これら〈周辺論的アソシエーション論〉や〈補足論的アソシエーション論〉との対比でいえば、マルクスのアソシエーション論は〈過程論的アソシエーション論〉だと特徴づけることができるように私は考えている。私とて、マルクスのアソシエーション論を直接今日のわれわれにとっての実践的方策として受け取るというような、歴史感覚を欠いた立場を取るつもりはない。しかし、マルクスのアソシエーション論の「過程」論的性格は、今日なおきわめて有効な側面だと、私は考えているのである。もちろん「過程」論的であろうとするなら、ハーストの「補足」論的視点や佐藤の「周辺」論的視点をも、実践的プロセスの契機として受け止め、摂取することが不可欠であろう。ただし、私自身は〈アソシエーション論的転回〉を「補足」論的でも「周辺」論的でもなく、まさに「過程」論的アソシエーション論への転回の意味で了解しているということも、この際はっきりと確認しておきたい。この選択肢はじつは運動論にも直接かかわると思われ、したがってわれわれがクリアーしなければならない重要な論争点となると思われる。
(2) 佐藤慶幸、前掲、第五章「ヴォランタリー・アソシエーションの変容と持続」参照。
(3) われわれはマルクスの協同組合論については二つのテクスト群を持つ。①一八五〇年代初頭。一八五一年三月のチャーティスト集会「扇動プログラム」(『共産主義者同盟・ドキュメントと資料』第二巻、ベルリン、一九八二年、所収)、アーネスト・ジョーンズ「協同組合原理の擁護者への手紙」(一八五一年五月、

MEGA² I-10-641)、同「チャーティスト綱領に関する手紙、第三書簡」(一八五一年五月、MEGA² I-10-648)。同「協同組合、それは何であり、何であるべきか」(一八五一年九月執筆、MEGA² I-11-464~469)。マルクスは、これらについて「私の指導のもと、一部はまた私の直接の共働で」書かれたとしているが、詳細はわからない。②一八六〇年代半ば。一八六四年一〇月執筆の『国際労働者アソシエーション創立宣言』(MEW 16-5)、一八六四/六五年執筆の『資本論』第三部「信用論」における協同組合論(MEW 25-456)、一八六六年八月執筆の『暫定総評議会代議員への個々の問題に関する通達』(MEW 16-190)。なお、一八六〇年に『ニューヨーク・デーリー・トリビューン』に書いた記事でも、イギリスにおける労働者生産協同組合の展開に注目している(MEW 15-78)。

(4) 松村高夫の精緻な論文「マルクス・労働貴族・生産協同組合」(都築忠七編『イギリス社会主義思想史』三省堂、一九八六年)参照。ただし松村は、一八六四年一一月四日付エンゲルス宛て手紙(MEW 31-10)を一種の自己批判と読むが、この点については同意できない。

(5) I・ノインユーベル「マルクス主義的協同組合概念の仕上げにとっての五〇年代はじめの協同組合運動に関するマルクスの研究の意義」(『マルクス/エンゲルス年誌』一三巻、ベルリン、一九九一年、所収)五〇頁。この論文は、マルクス協同組合論の再読により、従来のいわゆるソ連型社会主義における協同組合過小評価に対して、大いに遅ればせの批判を試みたものである。

(6) ロッチデールの販売店は市場価格で販売し、剰余を購買高に比例して組合員に配当した。株主に対しては配当はおこなわず利息を支払った(コール『イギリス労働運動史II』林健太郎ほか訳、岩波書店、一九五三年、三一頁)。

(7) 「人民銀行」については「リュクサンブール委員会代表と労働者コルポラシオン委員会の報告」(河野健二編『資料フランス初期社会主義』平凡社、一九七九年、所収)参照。マルクスは生涯、プルードンとの間に理論的実践的な緊張関係を持続した。マルクスのプルードン批判は、プルードンに十分に内在的ではないとよくいわれる(たとえば阪上孝の力作『フランス社会主義』新評論、一九八一年)。私もそのとおりだと思うが、しかしマルクスは自分の理論的実践的見解を積極的に構築し、党派的にそれを対立者に対置することを目指して、論争を続けたのである。マルクスは、プルードン研究に生涯をささげる社会思想史の先生ではなかったからマルクスだったのだ。マルクスのプルードン批判の中に、われわれはまずはマルクス自身を見るのであって、マルクスがプルードン研究にとっていかに本質的な素材であっても、プルードンの内在研究なしにマルクスのプルードン評価でプルードン研究を間に合わせるのは、思想史家の怠慢の問題である。マルクスの側からプルードンを論じた主なテクストには次のものがある。

①一八四四年『経済学哲学草稿』。ここですでにマルクスは、プルードンが労賃の平等を唱えるだけで、抽象的資本家としての社会を前提としてしまうこと、また利子の克服を資本の克服と同一視しており、産業資本の立場に等しいと指摘している。

②一八四四年九〜一一月『聖家族』第四章第四節「プルードン」(MEW 2-23 以下)。これはE・バウアーの論文「プルードン」を批判したもの。内容はプルードンの『所有とは何か』(一八四〇年)を扱っている。

③一八四六年五月五日「プルードンへの手紙」。これは共産主義通信委員会への協力依頼。

④一八四六年五月一七日、プルードン「マルクスへの手紙」($MEGA^2$ III-2-205)。前記③への返信。ここには「しかしわれわれが運動の先頭に立っているというただそれだけの理由で、われわれ自身を新しい不寛容の指導者にしたり、あるいはたとえそれが論理の宗教、理性の宗教であっても、新しい宗教の使徒気取りはやめましょう」という有名なマルクス批判が見られる。

⑤一八四六年九月二八日、エンゲルス「共産主義通信委員会宛て手紙」(MEW 27-42/43)。これはプルードンの「漸進的アソシエーション」構想の紹介と批判。

⑥一八四六年一二月「アンネンコフへの手紙」(MEW 4-547)。これは一八四六年一〇月刊行のプルードン『貧困の哲学——経済学的矛盾の体系』を評したもの。

⑦一八四六年一二月〜四七年四月執筆『哲学の貧困』(MEW 4-62 以下)。

⑧一八四七年一二月執筆『共産党宣言』。『哲学の貧困』ではプルードンは「小ブルジョワ社会主義」と特徴づけられていたのに対して、ここでは「ブルジョワ社会主義」と特徴づけられている。

⑨一八五一年八月八日および一四日「エンゲルスへの手紙」(MEW 27-297 以下)。これは一八五一年七月

に刊行されたプルードン『一九世紀における革命の理念』の詳細な抜粋およびコメントである。

⑩『経済学批判要綱』（一八五七／五八年執筆）での「時間票券」論（MEGA² II-1-71~91）。これは、投下労働時間を表す「時間票券」によって貨幣に置き換え、公正な交換を実現しようとするプランの批判である。

⑪一八六五年一月執筆「P・J・プルードン」（MEW 16-25）。これはプルードンの死に際して『ゾチアール・デモクラート』編集者J・B・V・シュバイツァーへの手紙という形式で同紙に発表したもの。

⑫一八八〇年一二月末執筆「『哲学の貧困』について」（MEW 19-229）。これは『哲学の貧困』を一九八〇年四月に『エガリテ』に再掲した際に編集者の前書きとして付したもの。

（8）G・D・H・コール『イギリス労働運動史Ⅰ』林健太郎ほか訳、岩波書店、一九五二年、一三八／一三九頁。

（9）ヘーゲル『哲学史講義』の中の「ソクラテス」より（Hegel Werke. Suhrkamp, Bd.18, S.457~462）。

（10）『フランスの内乱』は草稿も含め英語で書かれている。die bürgerliche Gesellschaft をわれわれは一応「市民社会」と訳しているが、これに関連する表現は『内乱』ではこの civil society（民間社会と訳、MEGA² I-22-53 に二カ所）のほかに、bourgois society（ブルジョワ社会、MEGA² I-22-143 ほか）、middle-class society（中間階級社会、MEGA² I-22-137 ほか）という表現も見られる。『内乱』をドイツ語訳したエンゲルスは、bourgois society と middle-class society をともに Bourgoisgesellschaft と訳し、『内乱』草稿をドイツ語訳した MEW は civil society に bürgerliche Gesellschaft をあてている。この civil society の civil は、「公的諸機能（public fanctions）」（MEGA² I-22-58）とか「公務（public service）」という場合の public に対比されているだろう。マルクスの「市民社会」は公的領域（国家領域）との区分に焦点をあてれば「民間社会」であり、それが分業と交換を基本に組織されている点に焦点をあてれば「経済社会」であり、それがブルジョワによる支配のシステムであることに焦点をあてれば「ブルジョワ社会」である。ちなみにエンゲルスは、一八五二年九月二三日付のマルクスへの手紙で die bürgerliche Gesellschaft の英語訳について、次のような助言を与えている。「bürgerliche Gesellschaft を middle class society と訳するのは、厳密に言えば文法的、論理的に正しくない。ちょうど feudale Gesellschaft を nobility society と訳すようなものだ。識者の英語ではそういう言い方はしない。bourgois society とか、事情によっては comercial and industrial society とするべきだろう。これらに次のように注記することもできる。bourgois society のもとにわれわれは、ブルジョワジー、中間階級、つまり工業的、商業的資本家たちの階級が、社会的政治的に支配している階級であるような、社会発展の局面を理解している、と。それは今やヨーロッパとアメリカのすべての文明国に大なり小なりあてはまる、と。bourgois society とか comercial and industrial society という表現で、われわれはしたがって、社会発展の同じ段階を指示するのだ。ただし前のほうの表現は、その支配が押しのけられた階級（封建貴族）とか、成功裏に社会的政治的支配権のもとに置かれている諸階級（プロレタリアートまたは工業的労働階級、農村人口など）との対立で、中間階級が支配階級であるという事実を指示するのに対して、他方、comercial and industrial society のほうは、とりわけ、生産と分配の様式にもとづいて社会史のこの局面の特質を伝えるのだ」(MEW 28-139)。

(11) 個別企業の内部体制としてのみでなく、企業間関係における「権力」関係も、基本的に同一の構造を持つ。銀行が持つ「巨大な権力」は、「社会的規模での生産手段の普遍的な簿記と配分」「社会のあらゆる処分可能な資本の配分」という総社会的機能をこの権力が自分と一体化させていることにもとづいている (MEW 25-620)。

(12) 「私有権」にもとづく私的経営権力の正当化の法理論的無根拠性については、ダール『経済デモクラシー序説』(原著一九八五年、内山秀夫訳、三嶺書房、一九八八年）にくわしい。

(13) ダール、同前。

第4章

アソシエーションと「自由な個人性」

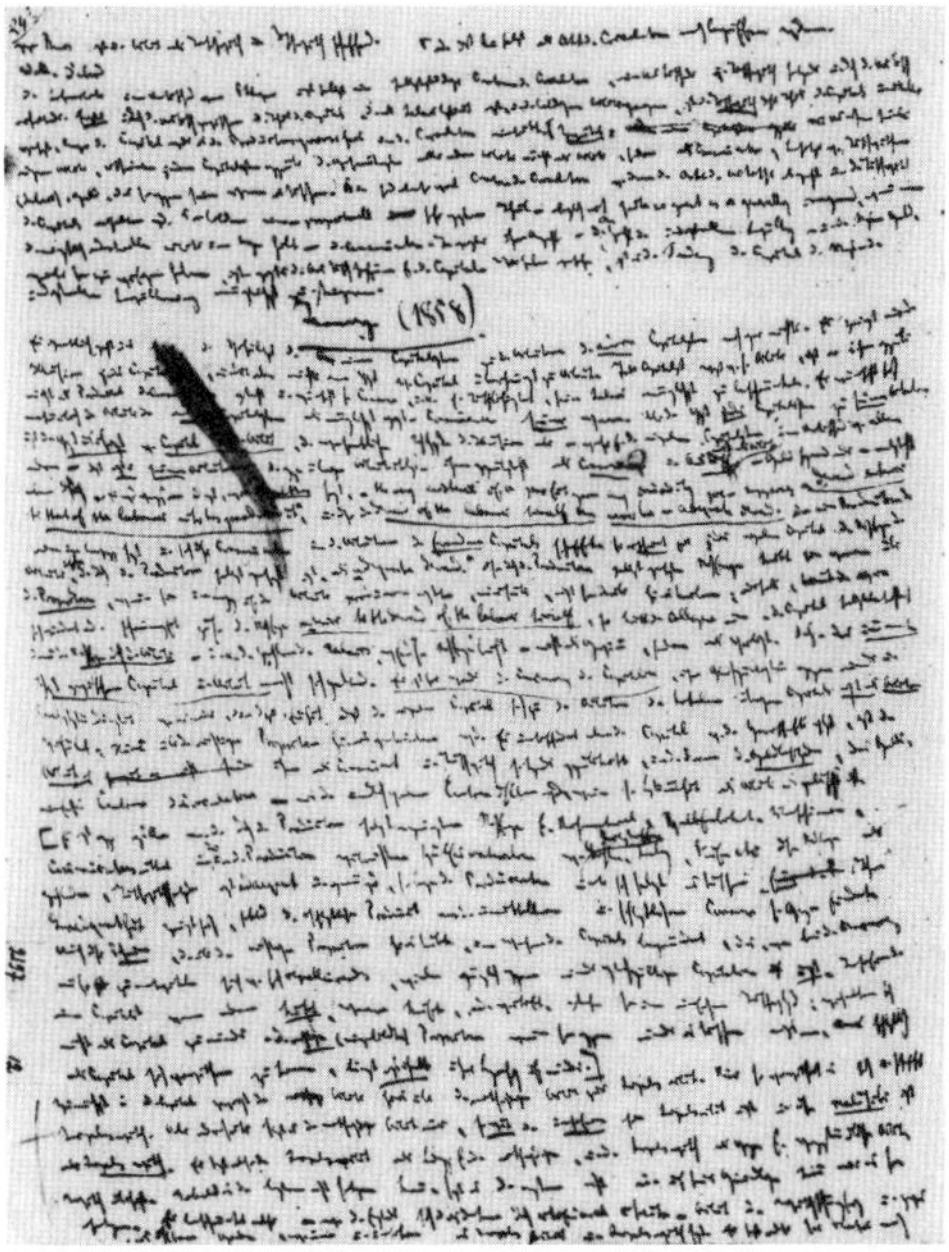

「この必然の国の彼方に，自己目的と認められた人間の力の展開が，真の自由の国が，はじまるのだが，それはただ，その土台としての必然の国の上にのみ開花しうるのだ.」

（『資本論』第3部）

章扉写真：1857/58 年の経済学批判草稿（『経済学批判要綱』）
（出典）MEGA² II-1, Dietz Verlag, Berlin, 1981, S.331.

「自由な個人性（Individualität 個性）」の全面展開というモチーフが、マルクスのアソシエーション論の大きな柱になっているという点については、これまでもしばしば触れた。たとえば『ドイチェ・イデオロギー』では、アソシエーションは「諸個人が諸個人として参画し」「パーソナリティーを貫き」「パーソナルに真価を発揮する」社会形態、その意味で「諸個人の連合化」であるとされた（H-124/126）。しかし、その点についての主題的理論展開が欠けていて、単なる態度表明にすぎないかのような印象を与えていることも事実であろう。はたしてわれわれはマルクスに即しつつ、未来社会における「自由な個人性」の全面展開というテーマをどこまで〈理論的に〉提示できるのか。これを『経済学批判要綱』を中心テクストに、マルクスの三段階図式に注目しつつ、交換論、所有論、労働論、人格論の順に追究してみることにする。

［1］「必然の国」と「自由の国」

まず前提的了解をひとつ。マルクスにおける解放理論の、したがってまた未来社会の、二次元的構成についてである。マルクスは、彼の『資本論』の結語ともいうべき「三位一体的定式」（『資本論』第三部）で、次のように書いている。

「自由の国（Reich der Freiheit）は実際、欠如と外的合目的性によって規定されるような労働行為が止むところで、はじめてはじまる。その国はしたがって、事柄の本性上、本来の物質的生産の領域の彼方に存在する。未開人が彼の諸欲求を充足し、彼の生活を維持し、再生産するために、自然と格闘しなければならないように、文明人もそうしなければならない。しかもどんな社会形態のもとでも、可能などんな生産様式のもとでも、そうしなければならない。彼の発展とともにこの自然必然の国（Reich der Naturnotwendigkeit）は増大《拡大》する。なぜなら彼の諸欲求が増大するからである。しかし同時に、それらを充足させる生産的な諸力《生産諸力》も増大《拡大》する。自由はこの領域ではただ、社会化された人間、アソシエイトした生産者たちが、自然との彼らのこの質料代謝を合理的に規制し、盲目的威力としての質料代謝によりコントロール《支配》される代わりにそれを彼らの共同のコントロールの下に置き、《それを》最小の力の支出で、彼らの人間的自然にもっともふさわしく、もっとも適切な諸条件のもとで遂行する、という点にのみ存在しうる。だがこれも依然、必然の国にとどまる。この国の彼方に、自己目的として認められた人間の力の展開（die menschliche Kraftentwicklung, die sich als Selbstzweck gilt）が、真の自由の国が、はじまるのだが、それはただ、その土台としてのあの必然の国の上にのみ開花しうるのだ。労働日の削減《短縮》がその土台《基礎》である」（MEGA² II-4-2-838,《》内はエンゲルスによる訂正、MEW 25-828）。

マルクスは諸個人が「必然の国」と「自由の国」の二つの「国」の住人であると見ている。「必然の国」の内部では、「自由」は、①「最小の力の支出」という経済原則を貫徹すること、②そのために自然との質料代謝を「共同のコントロールの下に置く」こと、③しかもそれをアソシエーションという社会編成形態でおこなうこと、に求められる。ところがこの「必然の国」の「彼方」に、かつこの「必然の国」を「土台」に、「自由の国」が展望され、そこでは「自己目的として認められた人間の力の展開」として「自由」が了解されている。そしてこの二つの「国」の結節点が「自由時間」である。この場合の「自由」の意味は、「必然の国」から見れば「非労働時間」という消極的自由であるが、「自由の国」から見れば「自己目的」である「力の展開」の時間としての積極的自由なのである。

一方、マルクスはいわゆる『ゴータ綱領批判』(一八七五年)で、未来の「共産制社会」を「初期の局面」と「より高度の局面」とに区分しつつ、次のように書いている。

「共産制社会のより高度の局面で、つまり分業の下への諸個人の奴隷的下属が消失し、したがってまた精神的労働と肉体的労働との対立が消失したのちに、労働が生活のための単なる手段(Mittel)であるだけでなく、それ自身が第一の生活欲求となったのちに、諸個人の全面的な展開とともに彼らの生産諸力も成長し、協同組合的富のすべての源泉が満々と湧き出るようになったのちに、そのときはじめて、狭い市民的法の地平が完全に乗り越えられ、社会はその旗に書くだろう。各人はその諸能力に応じて、各人はその諸欲求に応じて！　と」(MEW 19-21)。

「労働自身が第一の生活欲求となる」とは、「自己目的として認められた人間の力の展開」が単に非労働領域をとらえるだけでなく、労働領域自身をもとらえるということを意味する。だからこの

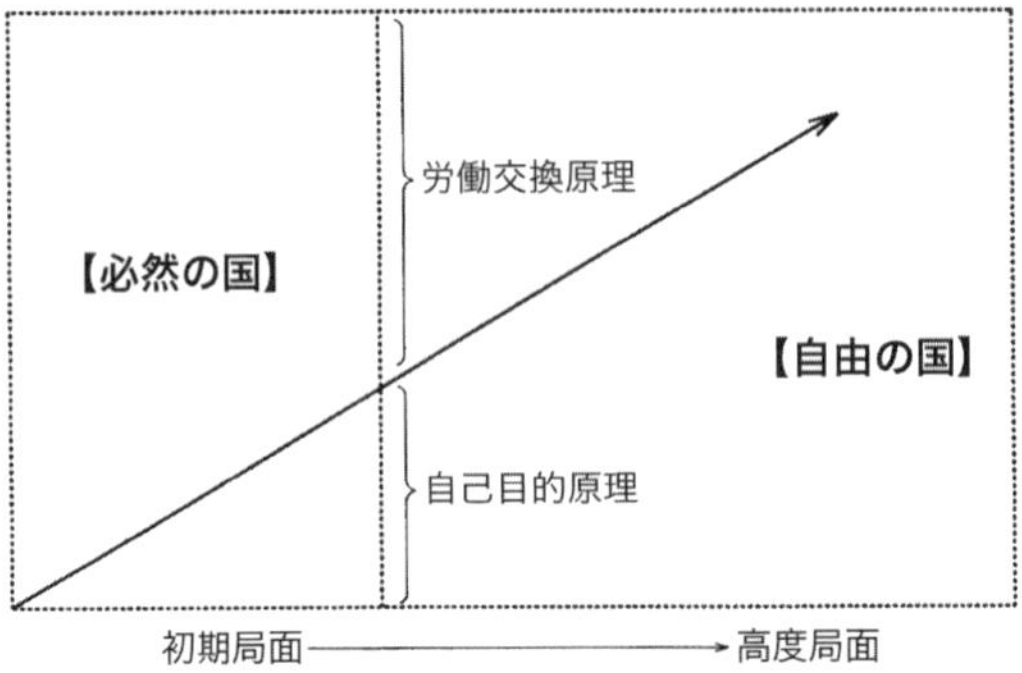

図7 「必然の国」と「自由の国」

「初期」「高度」区分を単純化すれば、「初期局面」は欲求充足手段の恒常的欠如、分業への諸個人の下属、精神労働と肉体労働の対立、を歴史的前提としつつ、労働交換を原理として組織される共産制モデル、「より高度の局面」は恒常的欠如や固定的分業や精神労働／肉体労働対立の克服を前提に、「自己目的」としての「力の展開」を原理とする共産制モデル、ということであろう。しかしこの両局面は真っ二つに切断されるのではない。「共産制社会」は〈つねに〉「初期局面」から「より高度の局面」への移行過程ないし成熟過程にあると考えられねばならない。労働交換原理は実在性（歴史的生成条件による制約）を、自己目的原理は理念性（目標）を、それぞれ体現しつつ、同時併存していると考えるべきであろう。つまり「必然の国」と「自由の国」の区分が、この「初期」「高次」区分と交錯しており、「共産制社会」の成熟に比例して徐々に労働交換原理から自己目的原理へ、社会の規範原理が比重移行すると考えられていたのである（図7）。われわれが交換論からはじめる理由もまたそこにある。

［2］　労働交換システムとしてのアソシエーション——交換論的三段階図式をめぐって

「彼がひとつの形態で社会に与えた労働と同じ量の労働を、彼は他の形態で取り戻す。……ここでは明らかに商品交換——ただしそれが等価物の交換であるかぎりでだが——を規制しているのと同一の原理が支配している。ただし［交換の］内容と形式は変化している。」

（『ゴータ綱領批判』）

『経済学批判要綱』には、次のような図式が見られる。

「［β］すべての労働生産物、諸力能、諸活動の私的交換は、［α］諸個人相互の上下秩序（自生的であれ政治的であれ）に基礎をもつ分配（そこでは本来の交換は、単に副次的にしかおこなわれず、別言すれば全共同体の生活を総じて少ししかつかんでおらず、むしろさまざまな共同体間ではじまり、一般に決してすべての生産―交通諸形態を服属させていない）……と対立するだけでなく、［γ］生産手段の共同の領有とコントロールの基礎の上にアソシエイトしている諸個人の自由な交換とも対立している」（MEGA^2 II-1-91/92, ［］内は田畑）。

これを整理すれば次のようになる。

［α］　上下秩序にもとづく分配に副次的にともなう共同体間の交換

［β］　全面的私的交換
［γ］　「生産手段の共同の領有とコントロールの基礎の上にアソシエイトしている諸個人の自由な交換」

まず、マルクスが「交換（Austausch）」を商品交換ないし私的交換に限定していないということを強く主張しておく必要がある。生産や所有の概念と同様、交換の概念についても、交換一般とその特定の歴史的形態を混同してはならない。「自由な交換」を「私的交換」と同一視して葬り去るならば、アソシエーションは決定的ともいえる規範論的基礎を失い、悪い意味でのユートピア主義ないしエモーショナリズムにとどまることを余儀なくされよう(＊1)。むしろ未来社会は少なくともその「初期局面」においては、「交換」を原理とする社会なのである。『ゴータ綱領批判』は次のように書いている。

「共有財としての生産手段を基礎にした協同組合的社会の内部では、生産者たちは彼らの生産物を交換しない。同様にそこでは生産物に充用された労働は、この生産物の価値としては、生産物が所持する物件的属性としては、現象しない。なぜなら資本制社会とは対立して、今や個人的諸労働はもはや回り道せず、直接総労働の構成部分として実存しているからである。……したがって個々の生産者は彼が社会に与えるものを――諸控除の後――精確に取り戻す。彼が社会へ与えたものは彼の個人的労働量である。……彼がひとつの形態で社会に与えた労働と同じ量の労働を、彼は他の形態で取り戻す。……ここでは明らかに商品交換――それが等価物の交換であるかぎりでだが――を規制しているのと同一の原理が支配している。ただし［交換の］内容と形式は変化している。なぜなら変化した諸事態の下では、誰も彼の労働以外の何かを与えることはできず、また他方で個人的消費手段以外には何も個々人の所有に移行できないからである。しかし個々の生産者の間での消費手段の分配についていえば、商品等価物の交換に際してと同じ原理が支配する。つまり、ひとつの形態における同じ量の労働が他の形態における同じ量の労働と交換される。……一方、商品交換においては等価物の交換は単に平均の中にしか実存せず、個々のケースには実存しない」（MEW 19-19/20）。

整理しておこう。①まず「自由な交換」は、生産物の交換という形態を取らず、協同の生産と、総生産物の、（各種控除ののちの）労働給付に応じた分配、という形態を取る。②したがって「自由な交換」は質的には「ひとつの形態における労働」の「他の形態における労働」との交換であり、③また量的には「同じ量の労働」の「同じ量の労働」との交換である。④労働量（もちろん「社会的に必要な」労働量という相対量）は「延長」（時間）および「強度」で測られる。⑤交換手段＝分配手段としては労働給付時間を証明する「証書（Schein）」が用いられる（MEW 19-20/21）。⑥生産物ではなく労働が直接交換されるのであるから、別言すると「労働は交換に先立って普遍的労働［の一部］として措定されている」（MEGA² II-1-102）のであるから、労働はもはや、生産物の価値（という物件的属性）の単なる「実体」（価値実体）として、間接的、事後的、平均的に交換過程を規制するのではない。⑦また「労働力」が交換されるのでもないので、等価交換の外見の下での剰余労働の搾取も排除されているのである。こういう労働交換システムが考えられていた。

そこで、このような「自由な交換」が「自由な個人性」の確立に対して持つ意味を追ってみよう。マルクスの理解では、もともと「交換」は人間の「個別化（sich vereinzeln）」にとって決定的な意味を持っていた。彼は「私的交換」と「個人」の成立との関係を次のように書いている。

「人間は文字どおりポリス的動物であって、単に社交的（gesellig）な動物であるだけでなく、社会の中でだけ自分を個別化できる動物なのだ」（MEGA² II-1-22）。

「人間は歴史的プロセスをとおしてはじめて自分を個別化（vereinzeln）する。人間は本源的には類的存在者、部族存在者、群れ動物として現象する。……交換そのものがこの個別化の主要手段である。交換は群れ存在者を不要にし、それを解体する。人間が個別化した者として、もはや自分にしか関係せず、また自分を普遍化し共同化することが、自分を個別化された者として措定するための手段となってしまっている、というように事態が転回するや否や、この解体が生じるのである」（MEGA² II-1-399/400）。

では、「私的交換」はどのように人間の「個別化」をもたらすのか。その論理を追うと、「共同存在（Gemeinwesen 共同体）」の側面が「商品世界」および貨幣システムとして物件化されてしまうという条件、つまり「共同体」が〈人格の共同体〉から〈物件の共同体〉へと移行しているという条件が、まずは浮かび上がってくる。

「市民社会にあっては、たとえば労働者は純粋に客体喪失的（objektivlos）で主観的に定在しているが、彼に対峙している物件が、今や真の共同体［共同存在］となったのである」(MEGA² II-1-400)。

「個別化」といっても、諸個人はつねにすでに社会的存在なのであるから、こういう〈物件の共同体〉の形成が条件として成立してはじめて「個別化」も可能となるのである。

しかし、これもまだ「個別化」の〈条件〉であって「個別化」そのものではないだろう。「個別化」の論理としては、「自分を個別化されたものとして措定する」ことが〈目的〉となり、「自分を普遍化し共同化する」こと（商品交換社会では社会的分業の一環として労働し、商品を「商品世界」へ投げ入れること）がそのための単なる「手段」となるような、諸個人の相互的振る舞いによって、社会が編成されているというあり方、ここに注目しなければならない。マルクスは「私的交換」のはらむこの「個別化」の論理を、さらに「相互性（Wechselseitigkeit）」の契機と「反省された特殊利益（in sich selbst refrektierte Sonderinteressen）」の契機へと分析している。この両契機の批判的区別は、「交換」一般をその歴史的一形態としての「私的交換」から区別することと不可分であることにまず注意しておこう。

①「相互性」の一契機としての「向自存在（Sein für sich 自己のための存在、自分を目的とする存在）」

「1．各人は、彼が他の人［交換相手］に手段として役立つかぎりでだけ、自分の目的を達しうる。2．各人が他の人にとっての手段（向他存在）となるのは、ただ自己目的（向自存在）としてである。3．各人が同時に手段であり目的であり、しかも手段となるかぎりで目的を達し、自分を自己目的として立てるかぎりでのみ手段となるという、相互性。したがって各人は向自存在であるかぎりで自分を向他存在として立て、他の人も向自存在であるかぎりで他の各人のための存在として自分を立てる」（MEGA² II-1-167）。

マルクスはこの「相互性」を「交換の自然的条件として前提された必然的事実」であると見ている。つまりあらゆる交換形態に、したがってまた労働交換システムとしての未来社会にも、共通するものであると見ている。「個別化」原理である諸個人の「向自存在」、つまり諸個人が〈個人としての〉自分を「目的」として生活するという側面は、「相互性」の不可欠の契機として（ただしまた、単なる契機として）「交換」において再生産されるのである。「交換」にはらまれる「相互性」はその点で「共同性（Gemeinschaftlichkeit）」一般とは明らかに異なる。「相互性」は「共同性」が「個別化」原理を介して貫かれる形態にほかならない。

②「反省された特殊利益」としての「向自存在」

「私的交換」にはらまれるのは「相互性」そのものではなく、「相互性」の特定の歴史的形態である。マルクスはその点について、続けて次のように書いている。

「しかし相互性はそのものとしては、両交換主体のいずれにとっても関心なきものである。各人がこの相互性に関心を持つのは、この相互性が、自分の利益を他の人の利益を排除するものとして、他の人の利益に関係なく、充足するかぎりである。つまり全体行為の動機として現象する共同利益は、なるほど交換する両者によって事実として承認されてはいるが、共同利益それ自体が、彼らの動機ではなく、いわば、自分自身の内へと反省した特殊利益の背後で、他者の利益との対立にある個別利益の背後で、共同利益は進行するにすぎないのである」(MEGA² II-1-167/168)。

つまり「相互性」は「私的交換」においては、直接的動機としての「自分自身の内へと反省した特殊利益」「他者の利益との対立にある個別利益」の「背後で進行する」事態であって、事後的に「事実として」確認される事態であるにすぎない。各人は他者が「手段」であるかぎりで自分が「目的」であるという、自己肯定的他者否定の契機だけを「動機」として振る舞いつつ、結果としてその逆へと、つまり自己否定的他者肯定へと転倒していくにすぎないのである。だから「私的交換」がはらむ「個別化」原理は単に「相互性」一般の契機としての「向自存在」なのではなく、その特定の歴史形態である「自己自身へと反省した特殊利益」なのである。「自己自身に反省した」というヘーゲル的言い回しは、概念のある契機が、本来は他の契機との統一・関連においてありながら、その統一・関連の面が隠れてしまって、区別・対立の面に集中してしまう事態を表現する。そういうあり方で現れる交換当事者性が市民社会における「私的個人」のベーシックな意味なのだ。

このようにして、われわれは「自由な交換」において「個人性」の展開のための若干の理論的基礎づけを得た。第一に、諸個人は労働交換による利益の「相互的」実現のためにアソシエーションを組織するのである。したがって彼らは、「私的交換」のように「商品所有者」としてではなく、アソシエイトした労働をとおして相互に労働を交換しあう存在として「相互に承認しあう（sich wechselseitig anerkennen）」（MEGA² II-1-167）。「交換者」が相互に「暴力で」ではなく「自由意志で」他者の労働を手に入れようとする点で、「交換者」はもちろん「自由」である。

第二に、諸個人は「交互性」を担う主体として、「向自存在」「自己追求」「目的としての個人」の契機を不可欠に持っている。これが少なくとも「必然の国」における「個別化」原理として、決定的意味を担う。

第三に、その意味で個人的利益は「交互性」のあらゆる侵害、交換的正義からのあらゆる逸脱に対して、つねに正当に主張されねばならない。もちろん社会的に必要な労働量のどれだけの可除部分を各人が給付したかについては、アソシエーションの下でも「相互的評価における主観的誤謬」（MEGA² II-1-165）から自由ではない。むしろ商品交換の場合のような自生的決定とは異なり、「アソシエイトした知性」による意識的決定という形態を取らねばならないだけに、自覚的に「交換的正義」を実質化するための共同意志形成の文化が必要不可欠であろう。

第四に、交換価値ないし貨幣という物件化された姿ではなく、労働という本来の主体的な姿で、交換の根底としての「普遍者（das Allgemeine）」が確立されている。この「普遍者」が、血縁、地縁、人脈、特権などによって閉鎖集団化したアソシエーションを解体し、それらへの諸個人の下属を脱する論理的根拠となるだろう。諸個人による「アソシエーションの自由」、つまりアソシエーションに対する諸個人の規範的先在性（あるアソシエーションが、またその特定のあり方が、「正当」であるという根拠づけが諸個人の共同意志から構成されるということ）も、この「普遍者」によって実在的に支えられているのである。労働交換システムとしての未来社会構想では、「交互性」の契機として排他性からまぬがれた「向自存在」と並んで、この交換の根底にある（「物件化」をまぬがれた）「普遍者」としての労働が「自由な個人性」を理論的に支えているといえるだろう。

最後に、この労働の交換は「平等と自由の生産的で実在的な土台」であって、「平等と自由は、純粋な理念としては、この交換の単に理念的表現であり、法的、政治的、社会的諸関係において展開されたものとしては、それら〔平等と自由〕はこの土台が〔純粋理念とは〕別のポーテンツにおいてある姿なのである」（MEGA² II-1-168）という命題も、少なくとも「初期局面」で妥当する。つまり自己目的モデルとは異なり、この労働交換モデルでは「法（Recht 権利）」や「正義」の規範性が依然大きな社会的意味を持ち続けるのである。

［3］「個人的所有」とアソシエーション——所有論的三段階図式をめぐって

「これは、個人的所有をふたたび確立するが、しかし資本制時代の獲得物にもとづいて、つまり自由な労働者の協業と、土地および労働自身によって生産された生産諸手段の、共同所有にもとづいてなのである。」

（『資本論』第一部）

次に所有論に移ろう。これについては『資本論』の「資本制的蓄積の歴史的傾向」を論じた次の周知の文章がある。各版に異同がある(*2)が、とりあえず初版（一八六七年）にもとづき訳出しておこう。

「[β]資本制的生産―領有様式は、したがって資本制的私的所有は、[α]自己労働にもとづく個人的な私的所有の第一の否定である。資本制的生産の否定は〔資本制的生産〕それ自身によって、自然過程の必然性でもって生産される。それは否定の否定である。これは、[γ]個人的所有をふたたび確立するが、しかし資本制時代の獲得物にもとづいて、つまり自由な労働者の協業と、土地および労働自身によって生産された生産諸手段の、共同所有にもとづいてなのである。[α]諸個人の自己労働にもとづく分散した私的所有の[β]資本制的所有への転化は、[β]事実上すでに生産手段の社会的利用にもとづく資本制的私的所有の[γ]社会的所有への転化と比べて、当然、はるかに時間のかかる、きびしい、困難な過程である。先の場合には少数の横奪者による人民大衆の収奪が問題であり、あとの場合には人民大衆による少数の横奪者の収奪が問題なのである」(MEGA² II-5-609/610, 傍線部は原文イタリックス、〔 〕内は田畑)。

これを整理すれば、

[α] 自己労働にもとづく個人的な私的所有
[β] 資本制的私的所有
[γ] 「自由な労働者の協業と、土地および労働自身によって生産された生産諸手段の、共同所有にもとづく個人的所有」

となる。ここで注目されるのは、いうまでもなく、マルクスが「否定の否定」というヘーゲル的叙述形式をとりつつ、未来社会で「個人的所有」が「ふたたび確立（wieder herstellen, rétablir 再建）」されるとしていることである。このことひとつをとってみても、彼がいかに強く「自由な個人性」の本格展開という問題意識を持っていたかがうかがえるだろう。「否定の否定」のレトリックでマルクスが表現しようとしたのは、「個人的な私的所有」というプレ資本制形態で現象していた「個人的所有」問題に、ポスト資本制の次元で解決形態を与えるのがアソシエーションなのだ（そしてこの解決形態は〈同時に〉、資本制の下で直面していた「社会的所有」問題の解決形態でもなければならないのだ）ということであろう。「個人的所有」について、マルクスは、同じく次のようなヘーゲル的言い回しもしている。

「そうなのだ、紳士諸君！　コミューンは多数者の労働を少数者の富にする階級所有（class-property）を廃止しようとした。それは収奪者の収奪を目指した。それは生産手段である土地と資本とを、つまり今日、主に労働の奴隷化と搾取の手段となっているものを、自由でアソシエイトした労働の単なる道具に転形することによって、個人的所有をひとつの真実にする（to make individual property a truth）ことを欲した」（MEGA² I-22-142/143）。

「ひとつの真実にする」とは、ヘーゲルでは「実在が概念に合致」するようにするということである。つまり資本制は、実態としては「自己労働にもとづく個人的な私的所有」という「個人的所有」のプレ資本制形態を、無所有化し、また自由な等価交換の仮象の下で他の多数者の剰余労働を、したがって本来労働者の「個人的所有」に帰すべきものを、横奪していながら、「紳士諸君」はパリ・コミューンに対して、自由な人格の基礎として不可欠の「個人的所有」を廃止しようとする愚挙、暴挙であると非難する。こういう文脈でマルクスは、逆にコミューンこそが「個人的所有」の概念にふさわしく実在的諸関係を変革しようとしたのだ、と書いているのである。

では、歴史的課題としての「個人的所有」とは何であったのか。ヘーゲル風にいえば、「人格は、それの自由の外面的な圏域を自分に与えねばならない」（『法の哲学』第四一節）。その意味での「所有」なしに「自由な個人性」もないのはいうまでもないだろう。ところが「自己労働にもとづく個人的な私的所有」から「資本制的私的所有」への転化過程、つまり労働者を労働の客体的諸条件から「切断（scheiden）」した「資本の本源的蓄積」過程は、マルクスの表現ではまさに資本制的近代の「原罪」（MEW 23-741）にほかならない。「自由の外面的圏城」を喪失した近代労働者の「不幸」というこの歴史の根本問題が、マルクスの「個人的所有再建」論の裏面をなしていることを確認しておかねばならないだろう。

「個人的所有」のプレ資本制形態に関するマルクスの特徴づけを見れば、この「原罪」ないし「不幸」の意味は容易にうかがえよう。仏語版『資本論』（一八七二／七五年）の表現を列挙すれば、「占有者のパーソナルな労働にもとづく所有」、「労働者による、彼の生産活動の手段の私的所有」、「労働者の手の熟練、工夫の才、自由な個人性が磨かれる学校」としての「小経営」、「労働者が自分自身の使用する労働諸条件の自由な所有者であるということ、つまり名人が彼の道具の自由な所有者であるように、農民が彼の耕す土地の、職人が彼の操作する道具の自由な所有者であるということ」、「自分の計算で労働する、独立的な小生産者たちの産業制度」（MEGA² II-7-677/678）などなどということになる。つまり「個人的な私的所有」は、分散性と細分性の枠内ではあれ、①自己労働にもとづく所有、②労働の対象的諸条件に対する主体的コントロール、③人格的自由や「自由な個人性」の対象的諸条件の所有、といった、まさに「ふたたび確立し」「ひとつの真実にする」に〈値する〉解放的〈意味〉をはらんでいた、とマルクスは見ていたのである。

周知のとおり、デューリングはこの三段階図式に関して、それはヘーゲルの「否定の否定」図式の受け売りであって、その結果、マルクスは「高次の統一」としての、「同時に個人的でありかつ社会的である所有という曖昧模糊の世界」にとどまってしまったと非難した（MEW 20-121）。エンゲルスはこれに反論して、「社会的所有に入るのは土地および他の生産手段であり、個人的所有に入るのは生産物、したがって消費対象である」（MEW 20-122）と、マルクスのこの「個人的所有」論を解釈した。「個人的所有」は消費手段、「社会的所有」は生産手段と〈振り分け〉たエンゲルスのこの解釈は、概念把握というより、辻褄合わせというべきであろう（＊3）。エンゲルスのように解釈するのなら、「消費対象」は〈つねに〉、したがって資本制の下でも「個人的所有」であって（＊4）、何もわざわざ「否定の否定」とか「ふたたび確立する」という叙述形式をとる必要もないのである。マルクスにあっては、あくまでもアソシエーションの下での所有形態が、一方では小経営が提起した「個人的所有」問題の実現形態として、かつ他方では資本制が提起している「社会的所有」問題の解決形態として、二重の視座ないし課題意識に支えられつつ、「高次の綜合」として構想されているのである（＊5）。

エンゲルスの〈振り分け〉理解は消費論としても欠陥があるように思われる。『ゴータ綱領批判』では、社会的総生産物の分配は社会的控除分と個人的分配分に区分され、社会的控除分はまた生産更新部分（補塡、追加、予備）と社会的消費部分（行政、学校・医療保健、扶助）に区分されている。まず確認しておかねばならないのは、消費手段がイコール個人的消費手段ではないということである。まずは「共同社会的生産」に対応する「共同社会的消費」があるのであって（MEGA² II-1-103）、この「共同社会的消費」が（生産更新部分を控除したのち）直接に社会的に消費される部分と、個人に分配される部分に分かれるのである。直接社会的な消費のうち、行政部分は社会の発展にともない減少するが、学校や病院など「諸欲求の共同社会的充足（gemeinschaftliche Befriedigung von Bedürfnissen）」（MEW 19-19）の部分は、社会の発展に比例して著しく増大する、ということである。諸個人はアソシエーションの下で「諸欲求の共同社会的充足」を積極的に展開していくのであって、消費手段を私的形態に限定しようとする傾向は、むしろ資本制の論理というべきであろう。したがって、個人的消費手段の所有をもって「個人的所有の再建」を語るのは消費論の枠内でもいささか唐突だといわねばならない。

さて、マルクスの文章をよく読むと、社会的生産手段と社会的消費手段のためのこの社会的控除も、あくまでも〈各個人〉が社会的総労働への「〈彼の〉参与分（Anteil 持ち分）」から控除されたものであり、したがって「〈彼の〉労働の、共同社会的フォンドのための控除」（MEW 19-20）なのである。つまり「社会的所有」領域にも当然、労働交換の論理が介在してくる。あたかも自立的主体と化した「社会」に総生産物の一定部分がアプリオリに留保され、残余のみが交換領域として個人消費にまわされると考えられているのではない。「［社会的控除の形態で］私的個人としての属性における生産者から離れていったものは、社会成員としての属性における彼へと直接または間接に利益となって戻ってくる」（MEW 19-19）のである。こういう交換の論理が基礎にないかぎり、社会的生産や社会的消費は諸個人から不可避的に自立化し、「社会的所有」への諸個人自身によるコントロールは、その論理的基礎を失うだろう。「共同所有」においてもその基礎主体はあくまで諸個人、ただし前記の区分でいえば「社会成員としての属性における」諸個人、なのであって、その論理的根拠は「共同所有」が各個人の「持ち分」からの控除によって、各人への利益の還流を目的にして、自覚的に組織・再生産されるという点にある(＊6)。

たしかにマルクスは、「個人的消費手段以外、何も個々人の所有(Eigentum der einzelnen)に移行できない」(MEW 19-20)とも明記している。この場合の「個々人」の意味は明らかに、先に見た「私的個人としての属性における生産者」のことである。この意味での「個々人の所有」なしには「個人的所有の再建」は(もちろんのこと、生命の再生産すら)不可能であるが、しかしそれは「個人的所有の再建」の不可欠の契機であるというにとどまる。「個人的所有の再建」は(とりあえず「自由の国」における精神的世界獲得を考えないとして)、社会的生産手段、社会的消費手段、個人的消費手段、の全体に対する諸個人の関係をとおして、諸個人が①自己労働にもとづく所有、②労働の客体的諸条件に対する主体的コントロール、③人格的自由や「自由な個人性」の対象的諸条件の所有、を実現しているあり方として了解されねばならない。現実には不可分であるこの全体を分析的に見るかぎりで、個人的消費手段については「私的個人としての属性」において諸個人が所有し、欲求の「私的個人」としての充足をおこなうのであり、社会的消費手段については「アソシエイトした諸個人」としての属性において諸個人が所有し、欲求の「共同社会的」充足をおこなうのであり、社会的生産手段についても「アソシエイトした諸個人」としての属性において諸個人が所有し、共同労働をとおして関係全体を再生産するのである。

「個人的所有」のプレ資本制形態は、『資本論』仏語版の表現では「独立で個人的な労働のコロラリー」(MEGA² II-7-679) なのであるが、これとの対比でいえば、ポスト資本制形態は「彼らの多くの個人的労働諸力を自覚的にひとつの社会的労働力として支出する」(MEW 23-92) 労働のコロラリーなのである。だから諸個人は自分の給付した労働量という「持ち分」から自覚的に控除して、生産手段の共同所有を再組織し、したがってまた「アソシエイトした労働」を再生産することによって、生活全体を再生産しているのである。

「個人的所有再建」問題にはさらに、「人格的 (persönlich パーソナルな) 所有」の回復というモチーフが含まれている。『経済学哲学草稿』でマルクスは、「土地に適用されたアソシエーション」が、大規模農業のメリットと平等原理とを統一するだけではなく、「理性的な仕方で、土地に対する人間の情的 (gemütlich) 関係を確立する」こと、「土地が自由な労働と自由な享受をとおして、ふたたび人間の真の人格的所有となる」ことを論じている (MEGA² I-2-232)。マルクスの考えでは、「封建的所有」では「占有者と土地との親密な (innig) 関係の外観」があった (MEGA² I-2-230) のに対して、土地が金儲けの対象となるにつれ、「所有者の所有物に対するすべての人格的関係がやみ、所有は単に即物的な物質的富となる」(MEGA² I-2-231) のである。つまり「私的所有」ではあっても、もはや「人格的所有」であることをやめている。アソシエーション的所有はこの意味での「人格的所有」の再建形態でもなければならないのである。「個人的所有再建」のこの側面は、もはや労働交換原理にもとづくのではなく、「自己目的」原理にもとづくものであるといえよう。「自由な労働と自由な享受」をとおして、土地や職場や学校や家や家具や日常品や書物などとの「人格的関係」を形成することは、「自由な人格」の不可欠の契機である。

以上、所有論から明らかになったことは、アソシエーションの下で、諸個人は、社会的生産手段、社会的消費手段、個人的消費手段の全体との実践的関係をとおして、①自己労働にもとづく所有、②労働の客体的諸条件に対する主体的コントロール、③「自由な個人」の対象的諸条件の所有、を実現しているということ、社会的所有の個人からの自立化は労働交換原理から抑止されていること、これらの意味でアソシエーションの下で「個人的所有の再建」が構想されていたこと、である。

［4］労働の「活動」への転化——労働論的三段階図式をめぐって

「豊かな個人（Individualität 個人性）は、生産においても消費においても等しく全面的であり、その労働は、だからもはや労働としてではなく、活動（Tätigkeit）そのものとして現象する。」

（『経済学批判要綱』）

次に労働論に移ろう。

「生きた労働が［α］単に個別的（einzeln）な労働としての、［β］あるいは単に内的［無自覚的］ないし単に外的［強制的］にのみ普遍的な労働としての、その直接的性格を揚棄するにしたがって、［γ］諸個人が活動を直接に普遍的な、社会的な活動として措定するにしたがって、生産の対象的契機から、疎外の形態が剝ぎ取られる」（MEGA² II-1-694, ［］内は田畑）。

『要綱』のこの文章も図式化すると、

［α］ 単に個別的な労働

［β］ 単に内的［無自覚的］ないし外的［強制的］にのみ普遍的な労働

［γ］「直接に普遍的な、社会的な活動」

となる。マルクスのアソシエーションは、［α］「多数の細分化され、相互に独立した個別的労働過程」が、［β］「資本」という私的物件的「権力」を介して「結合された社会的労働過程へと転化」（MEW 23-350）させられるという世界史的転化過程を前提している。［γ］「資本」によって外的に「束ね」られた労働者たちが、危機と闘争の中で知的モラル的政治的成長を遂げて、「コンバインドな労働」を「アソシエイトした労働」へと主体的に転換していくプロセスが第三の段階なのである。だからアソシエーションにおける「自由な個人性」は、自営農民や職人の「単に個別的な労働」という意味での「個人性」の地平にとどまることはできない。けれども所有論と同様に、「否定の否定」の構造がここでもはらまれている。なぜなら、マニュファクチャー的分業は「生産的諸衝動と諸素質との一世界［である労働者］を抑圧することによって、彼の細部的熟練を温室的に促進する」からであり、その結果、「特殊な部分諸労働がさまざまな個人のあいだで分配されるだけでなく、個人そのものが分割される」（MEW 23-381）に至るからである。つまり、「本源的蓄積論」で描写された「労働の対象的諸条件」（土地その他の生産手段）からの労働者たちの「分離過程（Scheidungsprozeß）」は、やがて「作業場内分業」の展開による「精神的潜勢諸力」からの労働者たちの「分離過程」へと連続していくからである。

「自立的な農民あるいは手工業者は、ちょうど未開人が戦争のすべての技術を個人的技巧として行使するように、小さな規模においてとはいえ、諸知識、洞見、それに意志を展開していた。しかし今やそれらは作業場の全体にとってのみ必要であるにすぎない。生産の精神的潜勢力が［各人において］一面でだけ拡大するのは、他の多くの面でそれらが消失するからにほかならない。部分労働者が失ったものは、彼らに対抗して資本の中に集積する。この分離過程は単純協業ではじまる……。それ［分離過程］は、科学を自立的な生産潜勢力として労働から分離し、それに資本への奉仕を押しつけるところの、大工業で完了する」(MEW 23-382)。

だから「アソシエイトした労働」は、労働者が彼らの「諸知識、洞見、意志」を、したがってまた「生産的諸衝動と諸素質の一世界」としての諸個人の全体性を、「再建する」という課題を解決する形態として構想されるのである。

「資本」という物件的権力は、物件の私有にもとづいて諸個人を「束ね」て協業（社会的生産）を組織しているという意味では社会的権力であり、しかも諸科学を直接的生産過程に組み込んで「普遍的労働」を組織しているという意味では知的権力でもある。資本制の下では、科学者ないし科学者集団がこの「普遍的労働」の認識面を、技術者ないし技術者集団がその「技術学的応用」面を、そして直接的労働者は機械装置の自動システムに従属しつつ、この「普遍的労働」の直接的労働過程を、それぞれ分業的に担っているのであるが、これら諸要素を「束ね」て現実の生産過程を組織しているのは「資本」という物件的権力であるという意味で、「普遍的社会的労働が自己を具現するのは、労働者においてではなく資本においてである」(MEGA² II-1-573)ということになる。したがって、この二重の意味での権力である「資本」を克服するものとして、「アソシエイトした労働」はそれ自身、二重の性格を持たなければならないだろう。それが「諸個人が活動を直接に[権力の介在なしに]普遍的な、社会的な活動として措定する」というかたちで定式化されているのである。

「物質的生産の労働がこのような[自由な労働という]性格を持ちうるのは、[1]その労働の社会的性格が[自覚的に]措定されていることによってか、[2]それともその労働が科学的性格を持ち、同時に普遍的労働(allgemeine Arbeit)であるということによって、つまり限定されたあり方で身につけられた自然力としての人間の緊張努力(Anstrengung)なのではなく、生産過程においてすべての自然諸力を規制する活動として――単に自然的自生的形態においてではなく――現象するところの、主体としての人間の緊張努力である、ということによってである」(MEGA² II-1-499, [ ]内は田畑)。

それゆえ諸個人は、一方では「社会的労働」に不可欠な「指揮機能」が分業的に固定化されることによる権力の再生産を抑止するだけの自己統治能力を展開するという意味で、「機能の流動」を担う力量を確保しなければならないだけでなく、「普遍的労働」と「直接労働」との分裂、したがってまた科学的技術学的労働と直接的労働との分裂を克服するという意味での「機能の流動」を担う力量も確保しなければならない。マルクスがアソシエーションの下に想定している「社会的個人の展開（Entwicklung des gesellschaftlichen Individuums）」（MEGA² II-1-581/582）はそういう二重の意味を持つだろう。ただしこの「社会的個人の展開」はプロセスとして進むだけだから、逆にいえば二重の分裂は再生産されつつ、漸次的に克服されるものとして、了解されていたであろう。

この克服の論理は次のとおりである。「社会的労働」が自覚的に組織され「普遍的労働」が発達すると、「社会的労働日のうち、物質的生産に必要な部分がそれだけ短縮され、諸個人の、自由な、精神的な、社会的な活動のために獲得された時間部分がそれだけ大きくなる」（MEW 23-552）。これまで大衆の剰余労働の上に特権的に少数者によって独占されてきた「自由時間」が、大衆自身によって領有される。すると大衆規模での「芸術的学問的淘冶」の展開（MEGA² II-1-582）、自己統治能力の展開がなされる。それはまたそれで逆に「普遍的労働」および「自己統治」のいっそうの発展を促す。すると「自由時間」もいっそう拡大され、大衆の「陶冶」がさらに進む。こういう一種の〈好循環〉が想定されていたといえるだろう（＊7）。この〈好循環〉をとおして「諸個人の全面的展開」がなされ、精神労働と肉体労働、指揮労働と直接労働のあいだに「機能の流動」が進行するというわけである。

他方「直接的労働」は、「普遍的労働」の展開にともない、「不可欠ではあれ下位の契機」（MEGA² II-1-577）に価値低下していく。機械制の成立とともに、「直接的労働」はもはや生産過程を「包括する（übergrifen）」契機であることをやめている（MEGA² II-1-572）。さらに労働作業そのものが、労働対象や労働手段とともに、諸科学によって「分析（Analyse 分割）」され（MEGA² II-1-580）て「まったくの抽象に還元され」（MEGA² II-1-581）て機械に取って代わられていく。だからアソシエイトした労働者たちが自分たちの主体性と全体性を回復させる実質的条件は、労働者が「直接的労働」を機械の自動体系により置き換えていく方向で構想される。「直接的労働」の任務は「生産過程に対して［機械装置の］監視者ないし調整者としてかかわる」（MEGA² II-1-581）ことへと限定されていく。このようにして「必要労働時間」が極小化するにしたがい、「労働時間が富の尺度であることをやめる」（MEGA² II-1-581）。つまり、労働交換原理は自己目的原理に徐々に代位していくことになる。その結果、マルクスの展望では、「直接的労働」は「訓練」「実施」「実験科学」「体育」の場として、むしろ人格的意義を新たに保持するに至る（MEGA² II-1-589）のである。

労働過程は、経済学（広義の）や技術学や権利義務のタームで規定され続けねばならない側面を持ち続けるかぎりで、「必然の国」であり続ける。同時に「必然の国」は、みずから創出した「自由の国」（自由時間）との相互作用をとおして、「自由の国」と「抽象的に対立したままではありえない」（MEGA² II-1-589）だろう。労働過程自身が自己実現や自己享受といった人格論的タームで規定さるべき性格をますます色濃くし、「豊かな個人（Individualität 個人性）は、生産においても消費においても等しく全面的であり、その労働は、だからもはや労働としてではなく、活動（Tätigkeit）そのものとして現象する」（MEGA² II-1-241）。このように「労働」の「活動」への転化過程が進み、「必然の国」をベースに「自由の国」への前進が構想されるのである。

要するに労働論的に見れば、一方でマルクスは「自由時間」論を介在させつつ、「諸個人の全面的展開」により指揮労働と直接労働、精神労働と肉体労働の対立を漸次的に克服する可能性を構想し、他方では「社会的」かつ「普遍的」な労働を営む労働組織を諸個人の自覚的連合化としてのアソシエーション形態に転化することによって、社会的権力（諸個人自身の社会的諸力の外化としての）の巨大な展開にともなう「自由な個人性」の解体という今日の事態を克服する可能性を構想している。この展望は、結局のところ近代の巨大な物件的、知的、組織的権力の支配の不可避的進行を確認するだけに終わったヴェーバーの官僚制論と大きな対照をなすものであろう。なぜなら、マルクスはまさに「精神的潜勢諸力」からの労働者の「分離過程」の克服として、未来社会での労働（もはや本来の意味では労働でなく自己目的原理にもとづく「活動」に転化した労働）を構想しているからである。

[5] アソシエーションと「自由な個人性」——人格論的三段階図式をめぐって

「先行する歴史的展開は、展開のこの総体性を、つまりあらかじめ与えられた尺度では測れないような、人間の諸力そのものの展開のこの総体性を、自己目的にしているのではないか。」

（『経済学批判要綱』）

最後に、人格論的視点から人類史を三段階区分した『経済学批判要綱』の次の図式を見てみよう。

「[α]人格的依存諸関係（はじめはまったく自生的な）が最初の社会諸形態であって、そこでは人間の生産性は、単に狭い範囲で、孤立した地点でしか展開しない。[β]物件的依存の上に基礎づけられた人格的独立が第二の大きな形態であって、そこではじめて普遍的な社会的質料代謝［つまり交換］、ユニヴァーサルな(*8)諸関係、全面的な諸欲求、ユニヴァーサルな諸力能が形成される。[γ]諸個人のユニヴァーサルな展開と、彼らの共同社会的な社会的生産性を彼らの社会的力能として服属させることにもとづく、自由な個人性（freie Individualität）が、第三の段階である。第二段階は第三段階の諸条件を創造する」（MEGA² II-1-91,［］内は田畑）。

これを整理すれば次のようになる。

［α］　人格的依存関係
［β］　物件的依存にもとづく人格的独立
［γ］「諸個人のユニヴァーサルな展開と、彼らの共同社会的な社会的生産性を彼らの社会的力能として服属させることにもとづく、自由な個人性」

［α］　人格的依存関係

まず、商品交換が未発達の社会における諸個人の依存関係を、マルクスは「人格的依存関係」として了解する。その特徴をモデル化して整理すれば次のようになろう。

①「諸個人は非自立的で、より大きな共同体に帰属するものとして現象する」（MEGA² II-1-22）。
②諸個人は共同体存在という限界内で自生的に農業を営み、「自然」と「二重に（einfach）関係する」だけである。つまり「［近代のように］労働の主要な客体的条件それ自身が労働の産物として現象するということはなく、それ［客体的条件］は自然として眼前に見いだされ」（MEGA² II-1-389）、いわばまだ自然自身の生産力、生命再生産リズムに包摂されて生活していた。

③それゆえ、「自然に対する神話化する（mythologisierend）関係」（MEGA² II-1-45）が彼らの世界像の特徴である。この「自然偶像崇拝」ないし「自然神化」（MEGA² II-1-322）は、しばしば共同体的一体性の確認儀礼と重なり合っていた。

④「諸個人の諸関係は、［近代に比して］より人格的なものとして現象するが、しかし封建領主と家臣、領主と農奴などとして、カースト成員などとして、あるいは身分帰属者などとして、すなわちひとつの規定性（Bestimmtheit）の中にある諸個人として、相互の関連に入り込むにすぎない」（MEGA² II-1-95）。

⑤そしてこの「規定性は、個人の、他の個人による人格的制限（Beschränkung）として現象する」（MEGA² II-1-96）ので、規範も忠誠、畏怖、権威、孝行など、特定の具体的集団や他の具体的人格によって自分を人格的に制限することの要請として意識される。

⑥「社会的権力」は「諸人格の上に立つ諸人格」という形態で現象する（MEGA² II-1-90）。

⑦諸個人は対自然関係、対他者関係とも、「単に局所的（lokal）連関」（MEGA² II-1-94）を形成しているにすぎず、狭隘な生活世界に生きている。

⑧したがって、「個々の個人は、彼の諸関連の充溢をまだ作り出しておらず、またそれらを彼から独立な社会的権力や関係として自分に対立させてもいないので、［近代と比して］より自足（voll）したものとして現象する」（MEGA² II-1-94）のである。

［β］　物件的依存にもとづく人格的独立

これに対して「物件的依存にもとづく人格的独立」と特徴づけられた近代の諸個人、つまり分業と交換が全面的に発達した社会における諸個人のほうはどうか。

①ここでは「人格的依存」の「共同体」が解体し、むしろ「物件」が「真の共同体」となっている（MEGA² II-1-400）。「普遍者（ein Allgemeines）」（MEGA² II-1-90）としての「交換価値」（とくに貨幣形態）が、血縁、地縁、身分、民族などの狭い人間関係を解体ないし相対化しつつ、諸個人をユニヴァーサルな物件的相互依存の関連の中に組み込んでいる。とりわけ「資本制」は、交換の場所的制限を取り払って地球全体の市場化を進めるだけでなく、「時間による空間の絶滅」（MEGA² II-1-438）を目指して交通手段、コミュニケーション手段を急速に発達させることによって、諸個人のユニヴァーサル化を革命的に促進している。

②「人格的依存」を脱した諸個人は、今や自己目的として、社会関係は、個人のための単なる手段として現象する。諸個人は「物件」の自由で平等な所有・交換主体として「相互に承認しあっている」（MEGA² II-1-167）が、諸個人の行為の現実的「動機（Motiv）」はあくまで「他者との対立において自己自身へと反省した特殊利害、個別利害」なのであって、「相互性」は「その背後で［当該意識には隠れたかたちで］進行する」事態であるにすぎない（MEGA² II-1-168）。したがって「自己目的」としての諸個人という理念は、社会（他者）や自然を「私利」実現の単なる手段に転化する社会的原子論、エゴイズム、功利主義という形態で現象している（MEW 3-394 以下）にすぎない。

③分業の展開により、作業、労働対象、労働手段のみならず欲求そのものまで、より抽象的な諸要素へと自生的ないし自覚的に「差異化（differenzieren）」され、「分析（analysieren）」される（MEGA² II-1-321/580）。交換が社会的「綜合」であって諸個人の「ユニヴァーサルな諸関係」の条

件を（とりあえず「物件的依存」の形態で）形成しているのに対して、分業（Arbeitsteilung 労働の分割）は社会的「分析」であって、諸個人の力能や欲求の「全面性（Allseitigkeit）」の条件を（とりあえずは「細部」への各個人の一面化という形態で）形成しているのである。

④新たな有用的属性を発見するための「全自然［人間的自然と環境的自然］の探査」、「自然科学の頂上までの展開」をとおして、自然像の脱神話化が進み、「それ自体として崇高なもの、それだけで義なるものとして、社会的生産と交換のこのサイクルの外部に現象するものは何ひとつない」（MEGA^2 II-1-322）のである。ただし分業による視野の狭隘化の結果、この「抽象的自然科学的唯物論」は「専門外」での「抽象的イデオロギー的諸表象」によって補完されて現象する（MEW 23-393）。

⑤「交換価値」という「普遍者」は、「手でつかめる個別化された対象」である「貨幣」形態で現象し、その所有者に「社会に対する普遍的支配、諸享受や諸労働の世界に対する普遍的支配を与える」（MEGA^2 II-1-146）から、近代の諸個人は（具体的有用物としての富とは区別された）この「普遍的富」をわがものにしようとする「致富追求」ないし「抽象的享受追求」に取り憑かれている（MEGA^2 II-1-147）。資本はもちろんこの「普遍的富」の無際限な増殖と蓄積を自己目的化して運動しているが、諸個人の労働そのものもこの「普遍的富」の獲得が目的となっているので、「個人の勤勉には限界がなくなる」（MEGA^2 II-1-148）。だから諸個人は欲求構造の分裂を抱えていて、「近代的なもの（das Moderne）は充足されないままであり、あるいはそれが自分に充足したものとして現象する場合は低俗である」（MEGA^2 II-1-392）。しかし、「普遍的富」の無際限な蓄積のための無際限な勤勉という転倒した形態で、近代は「自由の国」の条件である「自由時間」の社会的蓄積を進行

させている。

⑥相互孤立的に分業を営む諸個人には、彼ら自身の社会的諸関係が、物件の持つ神秘な自然的属性として現象している。商品フェティッシュから利子生み（お金が子を生む）資本まで、ひとつの現象を成立させている媒介、過程、構造が当該諸個人から「隠れ」てしまっており、諸個人は「没概念的（begriffslos）」（MEW 26-3-454）な直観主義と没批判的ポジティヴィズムにもとづき日常生活を営んでいる。「隠れ」ている構造は「危機（Krise 恐慌）」という非日常的局面で、諸個人を暴力的に圧倒する「不可避の自然法則」ないし「宿命」として当該諸個人に向かって現象してくる。

⑦労働者は労働の客体的諸条件から「切断」され、人格的個人的所有が解体されて、裸の労働力として現象する。資本という物件的権力が彼らを「束ね」て、「多くの細分化され相互に独立した個別的労働過程をコンバインドな社会的労働過程へ転化」（MEW 23-350）している。したがって、近代の諸個人は彼ら自身の社会的諸力を巨大な社会的権力として外化しており、「表層」の自由にもかかわらず、「組織された権力」への服属の下にある。

⑧「相互に自由に出会い（treffen）合う」という諸個人の人格的独立は、諸個人による普遍的諸規範の内面化が、具体的人格への依存ないし準拠という古い規範に代位することによって可能となった。ところが、「表層」の自由は「深層」の「物件的依存」によりつねに仮象に転化させられるために、「諸個人が諸観念によって支配されている」（MEW 23-96）事態としてこの仮象的自由が意識されている。これは資本にせよ国家にせよ夫の支配にせよ、支配ないし権力が、近代では「自由な契約的合意の結果として現象する」（MEW 25-827）からである。

〔γ〕 自由な個人性

このように整理すると、マルクスのいう「自由な個人性」にも「否定の否定」がかかわっていることが理解できるだろう。たとえば、物件化された形態で近代が生み出した諸個人の「ユニヴァーサルな」諸関係、「全面的な」諸欲求や諸力能という地盤の上で、「人間がつねに生産の目的として現象する」古代人の「崇高さ」(MEGA² II-1-392) を回復させるものとして、「自由な個人性」が構想されている。『資本論』の周知の箇所でマルクスは次のように書いている。

「自由の国は実際、欠如と外的合目的性によって規定された労働が止むところでのみはじまる。自由の国はしたがって、事柄の本性上、本来の物質的生産の領域の彼方に横たわっている。……自由はこの〔必然の国の〕領土の中では次の点にあるだけである。つまり社会化された人間、アソシエイトした生産者たちが、自然との彼らの質料代謝を合理的に規制し、彼らの共同社会的コントロールの下に置いて、もはや盲目的威力としてのそれによって支配されることを止める、ということである。……だがこれも依然、必然の国である。この国の彼方で、自己目的 (Selbstzweck) として広く認められている人間の力の展開 (Kraftentwicklung) が、つまり真の自由の国が、はじまるのであるが、しかしあくまでその土台としてのあの必然の国の上に開花しうるのである。労働日の短縮が根本条件である」(MEW 25-828)。

だから「自由な個人性」も「必然の国」と「自由の国」の二つの国に生き続ける。しかし「自由な個人性」は、「必然の国」をあくまで単に「自由の国」の「土台」ないし「条件」として、「自由の国」こそ「必然の国」の「目的」として位置づけている。このことがまず確認されねばならない。もちろん、二つの国はかならずしも空間的時間的に分離されてあるのではなく、アスペクト（視座）の違いであって、「必然の国」とは、諸個人の対自然対他者関係の総体としての生活世界が「物質的生産の領域」として、したがって経済学的技術学的タームで総括されたものであり、「自由の国」とは「人間の力の展開」の場として、したがって「自己実現」や「自己享受」という人格論的タームで総括されたものである。「自由な個人性」は、この意味で二つの国に生きつつ「自由の国」へと前進し続けているということになる。

まず、「必然の国」の内部では「自由な個人性」はどういうあり方をしているか。彼らは「社会化された人間、アソシエイトした生産者」へと自己変革を遂げることによって、社会的権力として「外化」している彼ら自身の社会的諸力（協業の力、諸科学の力）を彼ら自身に服属させている。また労働交換原理にもとづき、「相互性」の契機として、「向自有」ないし〈目的としての個人〉が原理的に確立している。諸個人はアソシエーション的所有という形態で人格的個人的所有を実現しているだろう。「普遍的労働」を展開して「力の最小の出費で、人間的自然にもっともふさわしく、もっとも適合した諸条件の下で質料代謝を遂行」（MEW 25-828）している。「労働日の短縮」を画期的に推し進め、「自由の国」との〈好循環〉を実現して、精神労働／肉体労働対立や指揮労働／直接労働対立を克服する過程を歩んでいる。このようにして労働自身を自己実現の場に転化する過程、つまり労働を「活動」へ転化する過程、したがってまた「必然の国」を「自由の国」に転化する過程を歩んでいるだろう。

他方、「自由の国」ではどうか。ここでは「人間の力の展開」が「自己目的」として追求されており、またそのようなものとして相互承認されている。『宣言』の表現では「各人の自由な展開が万人の自由な展開の条件であるような、ひとつのアソシエーション」(MEW 4-482) なのである。『要綱』ではさらに強いトーンで次のように書かれている。

「先行する歴史的展開は、展開のこの総体性を、つまりあらかじめ与えられた尺度では測れないような、人間の諸力そのものの展開のこの総体性を、自己目的にしているのではないか。そこでは人間はひとつの規定性において自己を再生産するのではなく、彼の総体性を生産するのではないか。何か生成してしまったものにとどまろうとせず、生成の絶対的運動の中にあるのではないか」(MEGA² II-1-392)。

「自由の国」は、「必然の国」の領土内では、最初は「自由時間」、つまり労働〈からの自由〉として消極的に規定される。しかし、マルクスにとって「自由時間」は単に「余暇時間」であるにとどまらず、同時に「より高次の活動のための時間」であり、「個人の充実した展開のための時間」(MEGA² II-1-589) なのであって、すでに「自由の国」の時間でもある。つまり「自由の国」それ自身は、「自己目的」としての「力」の「展開」という積極的内容を持っている。この国では諸個人は、①「諸力 (Kräfte)」(「諸力能 (Vermögen)」、「諸潜勢力 (Potenzen)」、「諸素質 (Anlagen)」) を、②総体的ないし全面的に (つまり「ひとつの規定性」に固定されずに)、③「展開 (entwickeln)」、「実現 (verwirklichen)」しつつ、④既成性 (「生成してしまったもの」) を不断に超出していくという、⑤「生成の絶対的運動」状態にあるのであって、⑥しかもこの「力の展開」は (何かのための手段ではなく)

それ自身が目的（自己目的）なのである。

ここにマルクスの人間存在論のテロス（目的）面が鮮明に語られているといえるだろう。人間たちは自然的―文化的存在として、対自然対他者の二重の関係性の中で「潜勢諸力」を「展開」していく存在なのである。まずは自然の懐の中で、自生的共同体の成員として、主に自然自身の生産力に依存しつつ生きるが、やがて「社会的労働」と「普遍的労働」の展開というかたちで人間たちは巨大な生産諸力を獲得する。しかしそれは最初は、不断に自己増殖しようとする物件的権力によって諸個人が束ねられるかたちで組織されるにとどまる。ここでは諸個人はあくまで「資本の生産力」の意味で「生産的」であることを強いられる。この物件的権力が生産者たちのアソシエーションに置き換えられたとしても、もちろん人間たちは自然を土台・地盤とする存在、つまり「必然の国」の住人であり続ける以上、物質的生産の領域で「潜勢諸力」を「展開」し続けねばならない。しかしそれが目的なのではない。そういう「土台」の上に「自己目的」としての「力の展開」という意味でプロダクティヴに「生成の絶対運動」を遂げ続ける存在、これがテロス面から見られた人間存在なのである。マルクスにとって「実在的自由（reale Freiheit）」とは、抽象的には、諸個人が「自己実現、主体の対象化」（MEGA^2 II-1-499）をとおして自己享受（自己確証）する、というあり方をしていることである。このようなあり方は具体的にはまったく多様な姿をとりうる。「科学、芸術などの生産」（MEGA^2 II-1-308）をおこなうとか、「ものすごい真剣さと最高に集中した緊張努力」で「作曲」をおこなうとか、フーリエのいう「魅力ある労働」をおこなうとか（MEGA^2 II-1-499）だけではない。「休息」、つまり外的障害に直面しない状態も自己実現であるが、労働も「休息を止めたいという欲求」の実現でありうる（MEGA^2 II-1-499）。「遊び」や「体育」や「談話」が「自己目的」であることはいうまでもないだろう。諸個人相互の交通が「自己目的」でありうることも『経済学哲学草稿』の次の文章が指摘するとおりである。

「しかし同時に、彼らはそのことによってひとつの新しい欲求、仲間関係（Gesellschaft）の欲求をわがものとし、単に手段として現象したものが、目的となっている」（MEGA² I-2-289）。

要するに〈何をおこなうか〉によってではなく、その行為をとおして諸個人が〈どういう価値を実現しているか〉によって、「自由の国」が「必然の国」から分かれるのである。

最初、共同体と自然の中に包摂されていた非自立的諸個人は、次に物件化されつつユニヴァーサルとなった社会的諸力との分裂において、私的個人として現象してくるが、やがて「アソシエイトした諸個人」への転化をとおして、この自立化した社会的諸力を共同のコントロールの下に置き、それを基礎に「自己実現」が唯一の価値であるような「自由の国」へと前進していくだろう。これが「個人」概念を基軸にして見たマルクスの世界史像の骨格であろう。

註

（1）この点に関し、少し長いが、旧東独の異論派哲学者ペーター・ルーベンによる東独社会主義への総括的批判から関連箇所を引用しておこう。ペーター・ルーベン（一九三三年生まれ）はベルリンの科学アカデミー哲学研究所で内在的ML主義批判グループを形成し、一九八一年、党からの除名と公刊禁止処分を受けた哲学者である。彼はまた、論文「普遍的労働としての科学」(一九七六年執筆、二年後パール・ルーゲンシュタイン社から出版された彼の論文集『弁証法と哲学の労働』にも所収)で、マルクスに依拠しながら「反映論」的認識論を克服しようとした哲学者として知られている。H・P・クリューガーの評価では、「ルーベンは東ドイツの哲学でマルクス再受容の重要な触媒の役割を演じた。それは七〇年代に西側でL・アルチュセールが演じた役割に比較可能であろう」とされる(「東ドイツ哲学の回顧」『フランクフルター・ルントシャウ』一九九一年二月二三日号)。そのルーベンが『ドイツ哲学雑誌』一九九一年一月号に「東ドイツとその哲学者たち――判決のための一前提」を書き、東ドイツ哲学の歴史的総括を試みている。たいへん包括的な総括であるが、そこで彼は「東ドイツ哲学を揚棄するためには理性的マルクス批判が不可欠である」として、以下に引用するような理論的総括視点を提示しているのである。

「マルクスの人間的解放の見地が[東ドイツという]国民的に編成されたゲマインヴェーゼン[共同体]の下への諸個人の服従に終わったことについて、マルクスに責任をなすりつけるべきではなかろう。諸人格の自由のない「人間の解放」などまったく考えてもいなかったことは、彼の諸テクストで明らかだ。にもかかわらず確認さるべきは、彼が無所有の賃労働者たちの中にあるゲマインシャフト性をロマンティックに美化しながら、この労働者たちを、「人間的解放」を実現する歴史的使命を帯びたアクターと同一視したということだ。私の考えでは、この同一視にはゲマインシャフトとゲゼルシャフトの混同がかかわっており、この混同は商業、貨幣、利潤に対する同じくロマンティックな告発にもとづいている」。

「若きマルクスは同時代の国民経済学の研究にもとづき、次のようにノートしている。「交換はイコール類活動、類精神であり、この類活動、類精神[ルーベンは「ミル評注」をMEW版で読んでおり、「類精神(Gattungsgeist)」となっているが、これは新メガでは「類享受(Gattungsgenuß)」と判読され、訂正されている]の現実的意識的な真の定在はゲゼルシャフト的活動、ゲゼルシャフト的享受である」と。私はこの定式を依然として有効なものと考え、それを、市場を介して実現する交換は、われわれが「ゲゼルシャフト」と呼ぶ人間相互の結合様式を基礎づける、という意味に理解する。ところがマルクスにとっては同じ文脈で、「交換や商業の形式の下で」理解されるゲゼルシャフトはゲゼリッヒ[社交的]な交通の疎外された形式であり、「疎外の形式の下での」人間的ゲマインヴェーゼンの現前にすぎないことが、明白なのだ。このことは、一面で、ゲゼルシャフトとゲマインシャフトとが概念的に正確に区別されていないことを意味し、他面で、人間たちの「真のゲマインヴェーゼン」の確立による人間的解放が交換を超越すること、したがって疎外されざるゲゼルシャフト性をゲマインシャフトの中に表象していることを意味する。このような見方は、交換それ自体が疑わしいという前提の下でのみ理解できるものである」。

「商業が、揚棄された略奪として、実際に歴史的に登場したことは争う余地がない。同じく商人たちが、相応の条件があれば実際に略奪への回帰をおこなったことも否めない。しかしそのことが、実現したゲゼルシャフト性あるいはゾツィアリテートとしての商業の規定を尽くしているのか。私の考えでは、発展理論的観点のもとで承認さるべきは、交換が単に授受のおこないであるのみでなく、遅くとも資本制的生産様式の生成にともない、価値において有利な生産物やサーヴィスの選別の媒体であり、したがって進化の条件でもあった、ということだ。勝っている生産諸力は、交換においては価値ある生産物やサーヴィスを介して現象し、したがって特別利潤へとつうじているのであるが、この特別利潤は素朴な見方には、騙して甘い汁を吸う結果であるように見えるのである。このような見方が民衆の偏見の力を獲得すれば、交換一般に反対して動員がかけられ、それが勝利した場合には、交換をゲマインシャフト内部の分配で取り換える以外のチャンスはないことになる。それによってたしかに貧富の対立は小さくなるが、しかし生産者たちのイノヴェーション的潜勢力は挫かれるのだ」。

「近代の共産主義運動がその政治的潜勢力をまさに「貨幣の支配」や「利潤経済」に反対する労働者たちの諸部分の動員から獲得したということは、今や疑いえないほど確かなことである。その運動はこのような仕方で、その運動が支配するゲマインシャフトの中で、中央で調整された割り当て制に代えるために、交換の中に現象するゲゼルシャフト性を解体することによって、社会問題を解決しようとした。この運動はしたがって、貨幣、利子、利得に反対する民衆の偏見を今世紀に改めて実践的に押しとおし、それによってまさに今、外国の投資家たちの出動によって揚棄されることになっている結果を産んだのである」。

ルーベンが提起している問題は多岐にわたる。ルーベンのこの理論的総括視点について、ひとまず指摘しておきたいことは、「交換」一般をその特定の歴史的形態と区別して把握しようとするマルクスの議論に、ルーベンは深入りを避けているということである。①「商業」ないし「市場」を「人間たちのゲゼリッヒな交通」の「疎外された形態」と見るマルクスの論点の是非の問題と、②ソ連東欧社会主義が「商業」ないし「市場」を揚棄しようとした歴史的形態の評価の問題とは、もちろん混同されてはならない。前者は原理論の問題である。マルクスには「資本」のみならず、「商品」「貨幣」「国家」「宗教」「権力」を「疎外」ないし「外化」の形態ととらえる原理的観点がある。「フェティシズム論」「物象化論」「イデオロギー論」「ブルジョワ社会の唯物論」など批判理論としてのマルクス理論の核心的な観点がそれにかかわっている。それらは〈原理上〉揚棄される〈べき〉あり方なのである。これに対し、後者は過程論ないし歴史論の問題である。もちろん原理論と過程論とは相互媒介性において把握されねばならないが、具体性のレヴェルがまったく異なっている。過程論のレヴェルでは、これら「疎外」諸形態の存立の歴史的必然性、歴史的正当性をマルクスも認めるであろうし、これら諸形態が有するまったく不均等な時間（生成・再生産・消滅のリズム）も認めるであろう。たとえば「国家」や「宗教」の「廃止」という考え方に彼はあからさまに反対している。かといって、それらを「疎外態」と見る原理的視点を放棄したわけでももちろんない。彼が「商品関係」の揚棄を〈実践的方策として〉は一度も提起して〈いない〉ことも、彼が関与した各種の綱領を見れば明らかだ。つまり、アソシエーションという人間たちの「ゲゼリッヒな交通」の新しい形態の歴史的展開過程として真にその名に値する「市場」の揚棄であったのか、という観点から総括するのか。それとも「ゲゼリッヒな交通」または「ゲゼルシャフト」は「市場を介して実現する交換」を基礎にして〈しか〉存在しえない以上、「市場」の揚棄は「ゲゼルシャフト」そのものの揚棄以外ではありえなかったがゆえに、マルクスの原理的誤りにもとづいて「国家集権型社会主義」は誤ったと見るのか。ここには大きな落差が存在するであろう。

(2) 初版（一八六七年）のこの箇所は、第二版（一八七二年）で、イタリックスをなくすなど若干の技術的訂正がなされたほか、内容にかかわるものとしては第五命題の「事実上すでに生産手段の社会的利用にもとづく資本制的私的所有」が「事実上すでに社会的生産経営にもとづく資本制的私的所有」に変更された（MEGA² II-6-683）。仏語版（一八七二／七五年）では、第一命題が「資本制的生産様式に照応する資本制的領有は、独立的で個人的な労働の系［コロラリー］にほかならない私的所有の第一の否定である」と改められ、第四命題も「それは労働者の私的所有を再建しないが、しかし資本制の獲得物、つまり協業および土地を含むすべての生産手段の共同占有にもとづく彼の個人的所有を再建する」に改められるなど多くの改訂がなされた（MEGA² II-7-679）。「共同所有（Gemeineigentum）」が「共同占有（possession commune）」に、つまり Gemeinbesitz に改められたが、第五命題の「社会的所有」は propriété social のままである。現行版の基礎となったエンゲルスによる第三版（一八八三年）は仏語版を部分的に取り入れ、第一命題は「資本制的生産様式から生じる資本制的領有様式、したがって資本制的所有は……」となり、第四命題は「これは私的所有をふたたび確立しないが、しかし資本制時代の獲得物、つまり協業と土地および労働自身によって生産された生産手段の、共同占有にもとづく個人的所有をふたたび確立する」となった。第五命題の「社会的所有」はそのままである（MEGA² II-8-713）。

（3）「個体的所有と社会的所有を対立概念と思うのはまったくの誤謬である。いわんや社会主義社会では生産手段は共有で生活手段は私有だとみなすのは、無概念的思考の絶頂である」（平田清明『市民社会と社会主義』岩波書店、一九六九年、一一九頁）。そもそもエンゲルスの『反デューリング』第三編「社会主義」の「理論的概説」全体が、「自由な個人性」の確立というマルクスのモチーフをまったく含んでいないことに注意しておかねばならない。なお「否定の否定」に関する『アンチ・デューリング』の理解をマルクスのそれと単純に同一視することも控えるべきであろう。私の理解では、マルクスが三段階図式を駆使するのは、目的論的歴史主義を表現するのではなく、特定の関心（問題意識）を持って〈現在〉に生きる諸個人に向かって、〈過去〉と〈未来〉が現象してくる（〈過去〉は〈現在〉の生成の先行する制約条件として、〈未来〉は実践的に構想される可能性として）、と見る批判主義を前提している。つまり、「否定の否定」は歴史の自己運動としてではなく、特定の関心を持って現在を生きる諸個人による実践的綜合の構想として了解されねばならない。マルクスはしばしば「自然必然」による「否定」を語るが、これはいうまでもなく、社会的諸力が諸個人のコントロールをまぬがれ、逆に諸個人を転倒させる威力として暴力的に貫かれるあり方を表す彼のレトリックである。しかしマルクスにおいても、これは「否定の否定」の単なる否定的（解体的）契機を表現するだけである。「恐慌（Krise 危機）は諸前提を超えよという一般的指示（Hinweisen）であり、新たな歴史的姿態を受容せよとの強要（Drängen）である」（MEGA² II-1-152）。危機的事態を「指示」や「強要」と〈了解〉できるのは、諸個人が「否定の否定」を肯定的契機（新たな歴史的姿態）で構想しているからであることを忘れてはならない。

（4）マルクスは『要綱』で、「皮相なわかりきった考え」として「生産は普遍性、分配と交換は特殊性、消費は個別性である」、「消費においてこれらの生産物は享受の対象、個人的領有（individuelle Aneignung）の対象となる」（MEGA² II-1-26）と書いている。マルクスが「再建」を語ったのはこのような意味でないのは明らかだろう。

（5）それゆえ、たとえば『要綱』のいわゆる「資本制生産に先行する諸形態」でマルクスは、主要な生産手段である土地所有の「ゲルマン的形態」について、それは農地の「個人的所有」と、これを補完する狩猟・牧草・採木用の「入会地（Folksland）」からなっていたが、後者は「個人的所有者」から分離した都市や国家などの「共同体」が所有したのではなく、「個人的所有者たちの現実に共同的な所有（wirklich gemeinsames Eigentum der individuellen Eigentümer）」であった（MEGA² II-1-389）と書いているが、アソシエーション的所有はこれとも相違するのである。「ゲルマン的形態」では生産手段の「個人的所有」と「共同的所有」とは空間的に並立しているのであるが、アソシエーションの下での所有形態は、あくまで二つの視座ないし課題意識を持って構想されたひとつの所有形態が問題なのである。

（6）ここで社会的所有への諸個人の民主的コントロールの論理的基礎が労働の交換にあるというのは、もちろん「初期局面」を労働交換モデルで純化すればという前提の上での話である。労働の交換システムは、「諸個人をただ労働者としてのみ考察し、諸個人の中にそれ以上の何も見ず、他のいっさいの側面を無視する」（MEW 19-21）という抽象ないし理想化にもとづいている。このモデルで純化しても、行政部分は労働の交換のシステムではなく、労働の交換を規範化し保証するシステムである。労働交換モデルで構想される「初期局面」と「自己目的」（としての諸個人の展開）モデルで構想される「高次局面」とは漸次的成熟過程であるから、「共産制社会」における社会的所有のコントロールの論理的基礎が労働の交換のみに〈還元〉

されることはない。

(7) アソシエーションの下でも、「必要労働時間」の短縮が大衆規模での「自由時間」の拡大に転化するためには、大衆自身が「自由時間」を領有するために労働交換原理にもとづいて闘争することが前提になるだけではなく、労働交換によって充足される「社会的に必要［必然的］な欲求」の拡大が生産性の上昇を下まわることが前提になる。また、「自由時間」が「労働過程」と〈好循環〉するというマルクスの認識には、「自由時間」を単に労働のための準備時間ないし休息時間と見ず、「より高次の活動のための時間」(MEGA² II-1-589)と見るマルクスの人間観が前提とされていることに注目しておく必要がある。人格論的三段階図式で見るとおり、人間は「必然の国」(物質的生活の再生産)の住人であるだけでなく、「自由の国」(「自己目的と認められる(gelten)人間的な力の展開」MEW 25-828)の住人でもある。

(8) マルクスはallgemeinとuniversellを使い分ける場合があるが、その場合には前者は個々の事物や現象に共通するものの抽象としての普遍を表し、後者は空間的経験的に現実的な普遍性、いわば世界性を表す(MEGA² II-1-10および149参照)。

補　論

マルクス再読の試み

「マルクスはラファルグにいいました．「もし，それがマルクス主義であるならば，私はマルクス主義者ではない」と．」

（ベルンシュタイン宛てのエンゲルスの手紙）

章扉写真：1870 年のマルクス

本書は著者によるマルクス再読作業の一環である。しかし、その全体像を概括的に示す条件は、残念ながら今のところない。幸い、『稲妻』紙の依頼で一九九三年一月から一年間、一二回連載で同紙に「マルクスからの再出発」と題して執筆した。以下にこの連載分を補論としてそのまま再録（順序のみ変更）して、その代わりとしたい。これらは各回読み切りで書かれたので、まったく断片的であり、ラフ・スケッチにとどまる。各節の末尾に適宜、比較的詳細に論じた筆者の論文名を記載しておいたので、あわせてご検討いただければ幸いである。

[1]「マルクス主義」はいつ成立したか

そもそも「マルクス主義」はいったいいつはじまったのか。一八五〇年代に共産主義者同盟が分裂したころには、マルクス派は「マルクス党（Partei Marx）」とか「マルクシアーナーたち（Marxianern）」とか「マルクス一派（Marxsche Sekte）」と自称・他称されていたようで、エンゲルスも「われわれの党」を「マルクス党」と書いたりしている（MEW 28-581）。しかし「マルクス主義」という言い方はまだない。

マルクスがヨーロッパ全体で勇名をはせるのは一八六四年創立の「国際労働者アソシエーション」での指導的役割、とくにパリ・コミューン擁護の論陣（一八七一年）によってであった。このころには主著『資本論』第一巻（一八六七年）も世に出ている。「マルクス主義」という呼称は、おそらくこの一八七〇年前後にマルクス以外の人々によりはじめられたと推測される。

第一インターナショナル内部でマルクスらに激烈な闘いを挑んだバクーニンは、一八七三年の『国家と無政府』で、マルクスをはじめ、すでに故人であったラッサール、さらにリープクネヒト、エンゲルス、ベーベルらを「die Marxisten（マルクス主義者たち）」と一括して攻撃している（MEW 18-626 以下）。その本質は「国家共産主義」、「学者の独裁」、「汎ゲルマン主義」、それにマルクス個人の憎悪心と陰謀癖にある、と。

しかし、他称でなく「マルクス主義者」を自称する集団もこのころ各国に輩出してくる。一八七〇年代末以降、フランスでゲード派は「マルクス主義者」を名乗った。マルクスはこれにいろいろ不満を持ち、「私が知っているのは私がマルクス主義者でないということだけだ」（MEW 22-69）とか「もし、それがマルクス主義であるならば、私はマルクス主義者ではない」（MEW 35-388）と、まわりに漏らしたといわれている。

ロシアの女性革命家ザスーリッチが一八八一年にマルクスに宛てた手紙で、「あなたの弟子つまり〈マルクス主義者たち〉を自称する」人々が、ロシアの村落共同体の没落の必然性を主張している点について意見を求めてきたおりも、マルクスは返事の下書きで「あなたのいうロシアの〈マルクス主義者たち〉は私にはまったく未知の人です」（MEW 19-397）と書いている。

マルクス（没一八八三年）生前のこれら諸事実から、マルクス自身と「マルクス主義」を明確に区別しなければならないことが了解されよう。彼が「マルクス主義者たち」に違和感を感じ続けたという事実は、決して「〈真の〉マルクス主義」を「マルクス主義者たち」が〈歪めた〉ということではない。一八五〇年代の「マルクス党」はマルクス自身の活動に直接支えられた小世界であった。今や「マルクス主義者たち」はヨーロッパ各国のそれぞれの現実を生きつつ、マルクスのあれこれの言明を指針・旗印として、自国内で一定の政治的思想的ポジションを占めはじめているのである。彼の思想が普遍化するということは、彼の生きた思考、生きた活動からそれが離れるということでもあり、受容されるということは、解釈され、取捨選択されるということでもある。この意味において「マルクス主義」は一八七〇年代前後にはじまったと私は考える。

晩年のエンゲルスは、「マルクス主義」という呼称をしばしば肯定的に用いた(たとえばMEW 36-509)だけでなく、つねにマルクスの名を押し立てつつ、その体系的で通俗的な叙述を心がけた。とくに『反デューリング』(一八七七/七八年)は「マルクス党」から「マルクス主義」への移行という歴史的課題にもっともよくこたえ、「マルクス主義」の原型となった。「第二バイオリン」のエンゲルスが「第一のマルクス主義者」になったわけである。

さて、われわれが「マルクスからの再出発」を主張するからといって、われわれが、自分をマルクス「そのもの」に同一化する神秘主義をこの期におよんで唱えているのではもちろんない。われわれはあくまで「世界という書物」を読むのであり、マルクス風にいえば「われわれの眼前で演じられている階級闘争の隠された意味をもっとも上手に解読する」(MEW 32-671)ことを目指すのである。そのためにこそ「マルクス主義」の諸形態と自覚的に区別して、マルクス「そのもの」との再対話を呼びかけたいのである。

［2］　マルクスとイギリス革命

マルクスは、経済的進化の典型をイギリスに、政治闘争の典型をフランスに見て、理論構築したという解釈図式は、ボルシェビキによるマルクス受容の根幹をなした。この解釈図式で〈隠れて〉しまった問題も深刻だ。十分勉強できていないが、若干の問題意識を書いてみたい。

マルクスは何度かにわたり、権力に至る「平和的な道」に言及している。

「われわれは、さまざまな制度、習俗、伝統が考慮されるべきことを知っており、アメリカ、イギリス、そしてあなた方の国の諸制度を私がよく知っていれば、さらにオランダを加えることができるかもしれませんが、労働者たちが〈平和的な道を通って〉彼らの目標に到達しうる国があることも否定しません。たとえそのことが正しくても、大陸のほとんどの国々では、われわれの革命のテコが暴力であるに違いないということもまた、承認されなければなりません」（アムステルダム演説）。

一八七二年にマルクスが引こうとした〈この線〉は、一八九五年に老エンゲルスが「奇襲の時代、無自覚な大衆の先頭に立つ自覚的少数者によって遂行された諸革命の時代は過ぎ去った」、「プロレタリアートはきびしく粘り強い闘争で一陣地から一陣地へと徐々に進行しなければならない」（『フランスにおける階級闘争』への序文）と自己批判的に語りつつ引こうとした〈線〉に連続し、グラムシが一九三〇年代に獄中で「機動戦は一九一七年に東方に適用されて輝かしい勝利を収め、一方、陣地戦は西方で唯一可能な形態であった。……東方では国家がすべてであり、市民社会は幼稚でゼラチン状のものであった。ところが西方では……国家が動揺するとすぐに市民社会の頑強な構造が姿を現した」と西欧革命の敗北を総括しようとした際に引こうとした〈線〉に連続しているだろう。

われわれはむしろ、マルクスが引いた〈この線〉が何であったのかを、マルクス自身の自覚を超えて〈理論的に〉規定し、逆にマルクスの生涯と活動と著作そのものにも〈この線〉を引いてみる必要がある。それによって資本制の中心部と周辺部へのマルクス主義の歴史的分裂という、その後の事態を概念把握できるのではないか。

マルクスは「工場立法」という形態で労資の長期の闘争がひとつの新たな均衡に達したイギリスを、「資本の成人期」(MEW 23-287) と特徴づけている。巨視的に見れば、マルクスの「二つの革命モデル」の背後には、①資本制の進化、とくに大工業による「労働の実質的包摂」、農民から労働者への人口構成移動、②近代国家の完成度、とくに政治的自由と普通選挙による労働者の政治的包摂、③「市民社会」の構造化の程度、とくに「アソシエーションの自由」の確立や言論界の定着や国民教育の普及、④民族や宗教や残存権力による部分社会を国民的同質性へと転化している程度、等における〈不均等〉があった。

第一モデルから第二モデルへの移行は、イギリスでは一九世紀の一八五〇年代に、フランスでは第三共和制定着の一八七〇年代後半(マルクスの最晩年)にあっただろう。帝国議会開設(一八七一年)以降のドイツは、部分的に第二モデルの特徴をもったが、基本的には第一モデルでマルクスは見た。

第一モデルでは、反乱型の民主主義革命から出発し、国家権力による上からの強制的社会改造を目指す運動と、教義信奉者による実験としての「教義的社会主義」の運動が、基本形態であった。第二モデルでは、労働組合の全国組織化、労働者政党と議会選挙、改良闘争と多数者革命、部分システムとしての協同組合などが基本形態であった。陣地戦と「制度化」とは背中合わせだから、第二モデルでは革命派は改良主義や国民主義との緊張関係をはらみ続けねばならない。

レーニンは、独占段階でマルクスの「平和革命」モデルは無効化したと見た（『背教者カウツキー』一九一八年）。ベルンシュタインはマルクスを過度に「ブランキスト」化した。イギリスでの資本と労働の対抗の進化過程叙述（『資本論』）、イギリス労働運動に支えられた「国際労働者アソシエーション」の改良綱領、イギリス議会に関する膨大な新聞記事、ミルなど改良派社会主義との理論的対立、これらを少しまとめて勉強したいと思っている。

（田畑稔「社会民主主義とマルクス再読」『進歩と改革』一九九二年九月号、参照）

［3］「批判」というスタイル

われわれによって「観念素材」として選択的に受容されたマルクスの思想は、〈われわれにおいて〉自分たちの理論と実践のためのひとつの「道具」として機能しているだけではない。異端として生きている自分を支えるわれわれの「信念」（包括的価値体系）としても、また逆に内なる異端や外なる異端を抑圧するわれわれの「公認イデオロギー」としても機能している。マルクスの思想が〈われわれにおいて〉果たしているこのような諸機能の具体的な意味は、われわれ自身が政治的文化的過程の中で占めている位置から把握されねばならない。

さて、マルクスからマルクス主義への移行に際して、たとえば『反デューリング』で（レーニンの『カール・マルクス』でも）語られ〈なかった〉こと、その最たるものは〈「批判」というマルクスのスタイル〉であった。マルクスは、「すべての時代に通用する出来合いの真理を唱える」「教義的（doktorinär）」スタイル（MEW 1-344）に、〈批判というスタイル〉を終生自覚的に対置し続けた史上希有の批判思想家であった。マルクス主義が教条主義の代名詞になったとすれば、それは葬式仏教を〈家業〉で営む僧侶が、「人生苦なり」と家も世間もすてた釈迦を奉じるに似た思想の運命といえよう。

マルクスは早くも『博士論文』（一八四〇年）への注で、「哲学の実践」が「批判」にほかならないことを確認し（MEW 40-326）、『独仏年誌』（一八四四年刊）掲載の公開書簡では「批判哲学」の構想を提示している（MEW 1-346）。主著『資本論』の副題が示すとおり、彼のライフ・ワークは「経済学批判」であった。それだけではない。『ヘーゲル法哲学批判序説』（一八四四年刊）、『聖家族または批判的批判の批判』（一八四五年刊）、『ドイチェ・イデオロギー――最新のドイツ哲学の批判』（一八四五／四六年執筆）というふうに、彼の著作のほとんどは「批判」と題されている。フライリッヒラートへの書簡（一八六〇年二月）では「君は詩人だが僕は批判者（Kritiker）だ」と書き（MEW 30-490）、最晩年にも自分の思想を「唯物論的批判的社会主義」（MEW 34-302）とか「批判的唯物論的社会主義」（MEW 19-229）と特徴づけた。「プロレタリア革命は不断に自分自身を批判し……すでに成し遂げられたと〈思える〉ものに立ち戻っては新たにやり直さねばならない」（MEW 8-118）とも考えた。

クリティークはギリシャ語のクリネイン（切断、決断、判定する）からくる。日常的反復性が切断される生死の境が危機（クライシスまたはクリティカル・モーメント）である。クリティークとは、つねにすでに情況の内部に定位しているわれわれが日常的反復性の自生的切断に直面して、この危機を自覚的にとらえ返し、自覚的に切断しようとする、われわれの行為である。だからこそマルクスにとって「批判」とは、「現実的な、それゆえ現在の社会の内部で生活し、苦しみ、苦悩と喜びを分かち合っている人間主体の本質活動」（MEW 2-169）なのである。

マルクスの批判は、①批判対象面で現実への批判と理論への批判、②批判尺度面で認識的倒錯批判と規範的倒錯批判、③内在性の度合い面で概念把握的批判と論争的破壊的批判、④批判の手段面で理論による批判と「武器の批判」など、一連のテーマをともなっているが、いずれの場合も、批判は①内在面、②概念把握面、③揚棄面の三契機からなるといえよう。とくにここで強調したいのは、批判の持つ内在的で現象学的な性格である。批判者はつねにすでに情況内在的であるにとどまらず、自覚的に「現存する現実の固有の諸形態」に「結びつき」つつ、その「諸形態」自身の「べし」として「真の現実を展開」しようとする（MEW 1-345）姿勢を取り続ける。マルクスは「これら石化した状態にそれ特有のメロディーを歌って聞かせることによって無理にも踊りを踊らせる」（MEW 1-381）という面白い言い方もする。つまり、現存する直接なものとそのつどつねに「結びつき」つつ、それを概念把握する努力をとおして、また共同闘争をとおして、直接的意識に対して仮象、倒錯、疎外、矛盾があらわになる過程を対話的に促し、また直接的意識に対して未来の地平（解放の可能性）が開示してくる過程を対話的に促すのである。だから教義は古くなるが、批判はつねに新しいのだ。

［4］ マルクス意識論の復権を

意識論の再構築は、アソシエーション型社会へ向かって長期のヘゲモニー闘争を構築していかなければならない今日の左翼にとって、最重要課題のひとつであろう。

周知のとおり、後期エンゲルス、レーニンの系譜で「マルクス主義哲学」は「意識＝反映説」を取ってきた。哲学の今日的水準で見れば、「意識＝反映説」は素人論議扱いされているというのが実情であろう。

この説には早くから多くの異論が出されてきた。しかし国家論についてと同様（後掲第7節参照）、端初規定への反省が十分にはともなわず、「反映」だけではなく創造〈も〉、言語構造〈も〉、価値意識〈も〉、コミュニケーション〈も〉、深層意識〈も〉などという枚挙や補足の枠を越えることができず、したがって意識論の〈理論としての〉固有の次元を提示することに成功していない。この点でもマルクス再読が重要な意味を持っていると思う。

マルクスが主題的に意識を論じた箇所は二カ所ある。

「人間は自分の生活活動そのものを自分の意欲や意識の対象とする。人間は意識的生活活動を持つ。……まさに人間は類的存在者であるがゆえにのみ、人間は意識的存在者であり、つまり自分自身の生活が自分にとって対象なのである」（『経済学哲学草稿』）。

マルクスにとって意識とは、「自分自身の生活が自分にとって対象である」ような人間たちの生活（存在）のあり方なのである。

もうひとつは『ドイチェ・イデオロギー』である。廣松版のおかげで、われわれはマルクス意識論の一般規定をそこから抽出できるようになった。

「言語は意識と同様、《交通》他の人間たちとの交通への欲求【と必要】からはじめて生じる。【《私を取り囲むものに対する私の関係が私の意識である》ある関係が現存するところには、その関係は私に対して現存する。動物は《対自的にはしない》何に対しても〝関係行為せ〟ず、一般に〝関係行為し〟ない。動物に対しては他のものへの動物の関係は関係としては現存しない。意識はしたがって最初からすでに社会的産物であり、一般に人間が現存するかぎりはそうであり続ける」（【】内は後の挿入、《》内は削除分、傍線部はマルクス、それ以外はエンゲルス筆跡）。

この文章は三層になっていて、エンゲルスの地の文、それへの彼の加筆、さらにそれへのマルクスの加筆である。詳論は省くが、ここでも、「自分を取り囲むものに対する自分の関係が自分に対して関係として現存する」という人間たちの生活（存在）のあり方が意識なのである。

意識論の領域でのマルクスからの再出発はどうあるべきか。第一に、意識の端初規定（意識に〈固有〉の前提とそこからまさに意識が分節化する〈固有〉の規定性を明示すること）を、意識の言語構造や生理構造や表層深層構造や行動制御構造（価値判定や意志）や認識構造やイデオロギー構造といった意識の展開された諸規定から明確に区別すること。

第二に、意識に〈固有〉の前提は、人間たちの生活活動、つまり「彼らを取り囲むもの（他の人間や環境的自然）に対する彼らの関係」なのであって、物質一般でも、自然一般でも、脳でもない。神経生理学の今日的発展のために生理学的唯物論は盛んであるが、マルクスでは意識は、自然―文化的で個人―社会的な存在としての人間たちの生活のあり方なのであって、単に個体システムとしての脳の属性としてあるのではない。

第三に、固有の前提から意識が分節化する固有の規定は、「生活活動や生活関係そのものを〈対象とする〉」という点にある。それは単に知覚や認識の「対象とする」だけでなく、価値判定や意志の「対象とする」、構想力の「対象とする」など、意識の全領域を広く含むものである。

第四に、「生活が意識を規定する」という『ドイチェ・イデオロギー』のテーゼは、一定の意識のあり方（つまり生活を対象にする一定の仕方）は、意識の〈対象〉としての一定の生活と、意識の〈主体〉の一定の生活という二重の意味で、固有の前提としての生活のあり方によって制約されていることを示している。

（田畑稔「マルクス意識論の一般規定」『札幌唯物論』第三五号、一九九〇年、参照）

［5］マルクスと「市民社会の唯物論」

マルクスは社会的意識諸形態を、①諸個人の（相互間および対自然の）生活諸関係の総体としての一定の「社会」を、②その社会の内部で生活する諸個人自身が、③彼らの占める一定の「社会的位置」「生活位置」〈から〉、④認識・価値判定・構想・意志の〈対象にする〉形態（意識する形態）、として概念把握しようとした。同時にマルクスは、この社会的意識諸形態そのものを、⑤「精神的生産」「思想の生産と分配」という生産論的視点でとらえる。⑥それらは単に〈ある〉のでなく、自生的・集合的に、あるいは自覚的・個人的に〈生産される〉。⑦それゆえ社会的意識諸形態の内在把握のためには「思想の生産」の主体、素材、手段、関係、様式への反省が必要となる。⑧今、素材面で見ると「思想の生産」は実在的素材である現実の生活世界のほかに「観念素材」として先行諸形態（近代哲学はギリシャ哲学、近代革命はローマ共和制、近代天皇制は古代天皇制、等）を持つために、⑨「思想の生産」は先行形態の再生産の側面を持ち、固有の時間（再生産リズム）を持つ。⑩あたかも思想の「自己発展」過程であるかのごとき仮象がそこから生じる。観念素材は〈単なる一契機〉にすぎない。ところが当該意識においては、この連続性こそが真理の超歴史性、永遠性、自己発展性を誇示するものとして現象する。つまりマルクスの観点から見れば、この超歴史性こそイデオロギー諸形態がはらむ転倒構造の一典型なのである。

だから、超歴史的な「哲学の根本問題」への態度決定から「唯物論」を把握しようとするのは方法的に逆転しているのである。「唯物論」もまた、まずはあくまで「資本論体系」に即しつつ、〈現に〉われわれが生きる生活諸関係の中で概念把握されねばならない。先行諸形態（たとえばエピクロス）は単にそのための観念素材という契機のひとつとして位置づけられねばならない。私は、われわれが〈現に〉入り込んでいる物質的生活諸関係から、今日の支配的意識形態としての「唯物論」を展開しようとするマルクスの次のような諸論点を、われわれの唯物論再研究の出発点に置くべきだと考える。

①「物件的依存の上に基礎づけられた人格的独立」という基本的存在構造。
②交換価値という「普遍者」にもとづく「物件の共同体」（商品世界）が、人格的依存にもとづく狭い前近代的共同体を解体し、平等で自由な交換者（「人間」）という規範が身分秩序に代位していること。
③「人格的に独立」した個人には、私的利害が自己目的として、社会的諸関係がそのための単なる手段として現象する（効用説、エゴイズム）。
④自生的に分業を営む相互孤立的諸個人には、人と人との社会関係が物件相互の関係として、人格の物件化が物件の人格化として現象する（商品フェティッシュから利子生み資本まで）。
⑤「個別化された普遍的富」としての貨幣と無際限の致富欲。人間が生産の目的ではなく物質的富が人間の目的に。価値増殖を自己目的化する資本。
⑥諸科学の直接的生産過程への編入と「普遍的労働」の展開。分業および科学による労働対象、労働手段、労働行為の「分析」と「抽象化」。
⑦労働の客体的条件を、もっぱら「非身体的自然として直接眼前に見いだし」、それと「一重にしか関係しない」前近代の前反省的な労働様式は、「自然に対する神話化的関係」とともに克服される（神話化的自然主義から力学的化学的自然像への転換）。
⑧資本の文明化作用。越境性。
⑨専門外でのイデオロギー的転倒を随伴する「抽象的自然科学的唯物論」（分業的に制度化された自然科学者）。
⑩労働者たちの粗野な唯物論。エレメンタールな生活の危機と文化的形式の抽象的否定。

⑪自動機械の運動への労働者の服属。

［6］マルクス「唯物論」の二重構造

エンゲルスが晩年の論文『フォイエルバッハ論』（一八八六年）で「哲学の根本問題」という超歴史的視点を導入して、哲学者を「唯物論」と「観念論」の「二大陣営」に分けて以来、「唯物論と観念論の対立と闘争」は「マルクス主義哲学」の哲学理解の根幹に置かれてきた。私は石井伸男らとともにこの一〇年ほど、マルクス「唯物論」への自覚的回帰を主張してきたが、その問題意識のひとつがマルクス「唯物論」の二重構造ということである。

「唯物論」についてのマルクスの用語法をたどると、二系列が浮かび上がってくる。第一の系列は、いうまでもなく「新しい唯物論」とか「実践的唯物論者」とか「批判的唯物論的社会主義」といったマルクス自身の立場を特徴づけるもの。もうひとつは、「市民社会の唯物論」とか「抽象的唯物論」とか「市民社会の立場に立つ古い唯物論」とか「抽象的自然科学的唯物論」とか「日常市民の唯物論」とかの系列で、この系列は「物件化」「物象化」の概念に直接連続している。つまり、われわれが現にそこで生活している「近代市民社会」における諸個人の意識と行動の支配的な様式を、マルクスは「唯物論」として概念把握しようとしているのである。

「国家の観念論の完成はしかし同時に市民社会の唯物論の完成であった」（MEW 1-369）というテーゼが示すとおり、近代市民社会における人々の意識や行動は、「唯物論」を基本にしつつ、国家やモラルや宗教の「観念論」「精神主義」で分裂的にそれを補完するような「抽象的反省的対立」

(MEW 1-233) をはらんでいるのである。

マルクスは、「市民社会」に生きる諸個人の意識や行動のこのような「唯物論的」様式を、衣食住を中心にした「物質的生活」を彼らが再生産している様式をベースにおいて、反省・批判し、変革しようとする。この反省と批判の立場が第一系列の「唯物論」の地平なのである。

マルクス「唯物論」の二重構造の抹消は、私の考えでは以下の点で致命的な欠陥を持っていた。第一に、「唯物論」であれ「観念論」であれ、哲学的意識形態をわれわれが現に営んでいる生活諸関係や日常的意識諸形態との関係において限定せず、超歴史的な「哲学の根本問題」への態度決定(これが政治的党派性として重用された)によって限定するという非マルクス的視点を導入してしまった。

第二に、マルクスの思想が「唯物論」への〈批判〉を本質的契機として成立していることを抹消してしまった。そのために、今日の思想文化対立に介入する戦略的ポジションを誤って設定してしまった。市場競争や受験競争、金権利益誘導政治の当該意識形態としての「唯物論」。制度化された大量の科学者たちの「抽象的自然科学的唯物論」。「市民社会の精神」に転落した伝統宗教、新宗教、新々宗教の「救いがたい唯物論」。広告で欲求を操作され、「物」の購買所持でしか「自己」を表現できない消費人間。「物件」化された性の氾濫等々。これらをマルクスはまさに「市民社会の唯物論」として概念把握した。エンゲルスは、これらのもとに「唯物論」を理解するのは「俗人の偏見」だという整理の仕方に陥ってしまった。なぜなら「哲学」は超歴史的だからというのである。

第三に、マルクスのいう「物質的」を、力学的や神経生理学の「物質」(性質を担う主体としての)と混同させた。マルクスの「物質概念」は「物質的生活」にほかならず、それは自然的/文化的、自生的／自覚的、個人的／社会的に営まれる人間たちのベーシックな生活領域である。その領域の再生産の様式が社会的過程、政治的過程、イデオロギー的過程を、したがってまた解放闘争の過程をベーシックに「制約」していると考えるのである。だからマルクスの「唯物論」は「制約Bedingungen（条件）」の「唯物論」であって、「物質的生活」が自己目的化する「目的の唯物論」ではない。マルクスの目標は「自由な生産者たちのアソシエーション」をベースに「自由の国」へと人類が前進することである。

（田畑稔「マルクス唯物論の二重構造」『情況』一九九一年九月号、参照）

［7］マルクス国家論の端初規定

加藤哲郎は大藪龍介の『国家と民主主義』を書評しつつ、「自分のポスト・マルクス主義はもう一歩先に進みつつある」と書いている。その主たる含意は、大藪がいまだ「労働者国家」を前提としているのに対し、加藤が「階級的矛盾の存在を前提したとしても、民族矛盾〈や〉性差の矛盾、自然・人間関係〈も〉国家と民主主義のあり方を規定する」と考えるからである（『月刊フォーラム』一九九二年一一月号）。この〈や〉や〈も〉について、もう少し問題を掘り下げる必要を感じる。加藤にかぎらず、従来、「支配機能」だけでなく「公的機能」〈も〉、「政治社会」だけでなく「市民社会」〈も〉、「階級関係」だけでなく「官民関係」〈も〉、「政治機能」だけでなく「経済機能」〈も〉と議論されてきた。そこには国家論の端初規定の再読、再措定という作業が問われていたのではないか。

マルクス国家論は、とりあえず原理論レヴェルに限定していえば、三つの論理次元〈時間的前後関係ではない〉を持っていると考えられるべきである。つまり、①総括国家規定（端初規定）、②分業国家規定、③階級国家規定、である。②や③と区別して①が論じられねばならない。

国家の端初規定とは、国家に〈固有の〉前提を明らかにし、その前提から国家が分節化する〈まさにその〉結節を限定することによって、国家領域に〈固有の〉地盤を明示するものでなければならない。

『経済学批判要綱』中の執筆プランには「3．国家の形態での市民社会の総括」とあるが、すでに『ドイチェ・イデオロギー』にも「国家は……ある時代の全市民社会が自分を総括する形態である」、「アンネンコフへの手紙」（一八四六年末）には「国家、つまり社会の公的総括」、『哲学の貧困』（一八四七年）には「政治権力とは市民社会における敵対性の公的総括である」とある。

これら「市民社会の総括形態」としての国家規定の含意は、まずは国家に〈固有の〉前提を、われわれが〈現に〉日常的相互行為的に形成している生活諸関係の総体としての「市民社会」に置いた上で、国家・政治領域が〈まさにそこで〉分節してくる〈固有の〉規定性を、社会が「自己を総括する」過程、形態、様式の中に見る、ということである。「市民社会」は、それを構成する諸個人諸集団の無数の部分的相互行為の総和として、さまざまな自生的有機的連関をなしているだけでなく、自覚的全体的に「自己を総括」しもする。「市民社会」のあり方がこの自己総括の形態や過程のあり方を制約するのである。

端初規定に立ち返ることによって何が明らかになるか。まず、国家に〈固有の〉前提は「近代市民社会」であって、単に〈その〉「経済構造」だけではないということである。「市民社会」は独自の一契機として「社会的編成」を有している。家族、民族、都市と農村、産業組織、そして階級というふうに重層的縦横的に編成された「社会」がその「総括形態」としての国家や政治過程を分節化するのである。

第二に、グラムシの「市民社会」とは、「総括」過程に参与する契機と見られた〈かぎりでの〉マルクス「市民社会」であるということになる。つまり「市民社会」は単に総括〈される〉客体ないし内容としてだけではなく、合意形成にかかわって、総括〈する〉主体としても（ただし支配する諸階級のヘゲモニーの下に）、政治過程に組み込まれているのだ。

第三に、国家はただちに非経済的であるという含意を持たない。社会と国家の関係は総括関係である。「総括的」経済機能、「総括的」経済組織の面を国家は展開する。この経済国家の側面はマルクス国家論の動揺なのではまったくなく、むしろ逆に「もっとも有意義な」（W・レーリッヒ『マルクスと唯物論的国家論』一九八〇年）側面ですらあるのだ。

第四に、いわゆる「上部構造」国家とは、市民社会のあり方、とりわけ社会の経済構造のあり方が、この社会の「自己総括」形態を分節化し、「自己総括」過程のあり方を制約するという、この制約関係を、イメージ的非概念的に表現したものにすぎない。

（田畑稔「マルクス国家論の端初規定」『現代と展望』第三五号、一九九三年夏、参照）

［8］ 人類史の中のアソシエーション

マルクスはあちこちで「古い市民社会に代わってひとつのアソシエーションが出現する」（MEW

4-482）という主旨の認識を示している。彼は、人間社会が類型上、①「共同体（Gemeinwesen）」にはじまり、②「市民社会（die bürgerliche Gesellschaft）」の展開を経て、③「アソシエーション（Assoziation）」へと成層的に推移すると見ていたのではなかろうか。「アソシエーション」を人類史の中に位置づけてみると、一九世紀以降本格展開する「社会主義」ないし「共産主義」の〈意味〉がより明確になるように思われる。

「市民社会」は、商品交換をベースに徐々に「共同体」に取って代わった。同時に「共同体」は近代家族や地域コミュニティー等のかたちで再生産され続ける。「アソシエーション」も「市民社会」の内部に「ゲゼルシャフト的結合体」（テンニース）として生起してくる。

たとえばマルクスはこう書いている。

「水の節約的共同利用が無条件に必要であるということは、西方ではたとえばフランドルやイタリアのように私的経営体をヴォランタリー・アソシエーションへと促したのであるが、ヴォランタリー・アソシエーションを生むにはあまりに文明が低く、領域が広すぎた東方では、政府という集中させる権力の介入を必要とした」（MEW 9-129）。

つまり、①特定の共通目的のために、②自由意志にもとづき、③自由な諸個人が、④力（活動や財）を結合するかたちで、⑤社会を生産するのである。では、この社会類型は現在、人類社会のどこまでをとらえているのか。今、資本制のセンターに限定して考えてみよう。マルクスによるルソー『社会契約論』抜き書きが示すとおり、「国家」も、形態上はもはや「共同体」の上に立つ「共同体」としてではなく、諸個人の人身と財を守る「目的」で「契約」にもとづき結成された「アソシエーション」として構成されている。社会組織が持つ「官僚制」（ヴェーバー）への傾斜に対抗して「官僚制の内部および外部におけるヴォランタリー・アソシエーションの多様で多次元的領域における運動」（佐藤慶幸）もある。アソシエーション論は「市民社会」と未来社会とのいわゆる「継承性」問題にも有効な視点となろう。問題は生産組織である。

マルクスは「株式会社」を「直接アソシエイトした諸個人の資本」と見て注目した。これはテンニースのいう「資産のアソシエーション」である。各人は資産の増殖を「目的」に、財と活動を「結合」する。結合された資産は個人としてのアソシエに属するのではなく、統一的人格を形成する〈かぎりでの〉アソシエに属する。彼らは委任契約にもとづき代表に財の管理と運用を委ねるが、「総会」をつうじて代表をコントロールする。各アソシエの究極の目的は収益の分配である。

しかし、このアソシエーションには明確な限界がある。何よりも直接生産者たちはこのアソシエーションの外部に排除されている。生産者たちは「自由な交換者」であって人格的には従属しないが、労働力を譲渡したものとして「資産のアソシエーション」に物件的に従属しており、その指揮監督下に置かれる。第二にこのアソシエーションの「目的」が社会的生産の組織化から資産の増殖へと純化されており、「寄生」が目的になっている。資本制をとらえたこのアソシエーション形態は、同時に資本が生産的機能から大きく撤退する形態でもある。

つまり現行の生産組織は、マルクスがいうとおりアソシエーションによる「専制」であって、「資産のアソシエーション」は「自由な生産者たちのアソシエーション」なのではない。アソシエーション形態は生産組織をまだとらえていないのである。過渡形態としての「協同組合」をやっと部分システムとして作り上げた段階なのである。

［9］「幽霊」としてのコミュニズム

『ルイ・ボナパルトのブリュメール一八日』に顕著に見られるが、マルクスは政治闘争の叙述に際して、演劇との類似を強く意識していた。表舞台への諸勢力の登場と舞台裏への退場、舞台の前景から後景へ、後景から前景への交替移動、過去の英雄のマスクをかぶる登場人物たち、劇的効果の競争、序幕・第一幕・第二幕・幕間・終幕といった幕構成、悲劇の喜劇としての再演（パロディー）などである。ところで『共産党宣言』の次の冒頭の一句も大いに演劇的であると見てよいだろう。

「ひとつの幽霊がヨーロッパを徘徊している。コミュニズムという幽霊が。古いヨーロッパのすべての権力が、法王とツァール、メッテルニッヒとギゾー、フランスの急進派とドイツの警官たちが、この幽霊の聖なる退治のために同盟した」。

『ハムレット』をただちに連想するのだが、冒頭の「幽霊」出現は、それをめぐって悲劇的闘争がなされる「事柄」を暗示し、観客を一挙にドラマ展開へ引き込むのである。マルクスの同時代人のL・シュタインも「共産主義という不気味で恐るべき幽霊」の出現を語り、「それが現実だなど誰も信じたくないが、しかもその存在を誰もが認め恐怖している」と書いている（『今日のフランスにおける社会主義と共産主義』一八四二年）。いったい、歴史において「幽霊」の冒頭登場は何を意味するのか。

ヘーゲルの「現実性」概念は、マルクスの歴史存在論を理解する上で鍵になるもののひとつだと私は考えているが、それは、①単に内的なものから外的実在へと移行すべき〈当のもの〉である「事柄」、②最初は所与の「前提」として現れ、「事柄」との相関において「条件」として現れる「直接的実在」、③「事柄」の実在化、「実在」の事柄化を実現する行為としての「活動」、という不可分の三契機からなっている（『論理学』の「現実性」の箇所参照）。マルクスが『経済学批判』序言で「時代の課題」といっているのは、じつはこの「事柄」にほかならない。

この「事柄」は、最初に歴史過程に登場するとき、〈希望〉に結びついてユートピアとしてイメージされるが、〈不気味さ〉に結びつくと「幽霊」の登場としてイメージされるのである。死者霊の場合、復讐や祟《たた》りの恐怖が問題になるが、『宣言』の場合はお化け、妖怪の類いだろう。従来の経験を超絶した正体不明の、誘い込まれてしまいそうな恐怖体験である。不気味さのあまり、その体験の実体を冷静に確かめることができず、自分自身の恐怖のイメージがそのまま外的実在として実体化されるのだ。

さて「幽霊」が出て一五〇年になる。ソ連東欧社会主義の崩壊とともに「幽霊」は消えたのか。「事柄」としてのコミュニズムは海の向こうにあるのではなく、われわれ自身の生活諸関係の中にはらまれているのだから、「事柄そのもの」を冷静に直視する力が多数の人々に形成されないかぎり、「幽霊」としてのコミュニズムも消えないのである。「幽霊」は自分のイメージの実体化なのだから、雨戸を閉めてもお岩さんは現れる。

マルクスが自覚した「事柄」のひとつは、資本が「多くの細分化され相互に独立した個別的労働過程をコンバインドな社会的労働過程へと転化」してしまったということだ（『資本論』）。資本という権力は、このような社会的な諸力の組織化の上に成立している。早い話、たとえば松下電器は三万人、富士銀行〔現みずほ銀行の前身のひとつ〕は二万人にもなる。こういう巨大な人々を組織し動かす経営権力の正当性が深刻に問われている。バブルの責任、一〇〇万の中間管理職の誠首、政治腐敗への加担、情報操作とないに等しい「塀の中の民主主義」など、ある意味で企業は戦後最大のモラル危機に陥っている。トップの浪花節的引責辞任や、まやかしの商法改正でお茶を濁そうとしているが、じつはそこに〈事柄としては〉コミュニズム（「自由で平等な生産者たちのアソシエーション」）が迫っているのだ。現代はソ連の崩壊だけの時代ではない。政治的民主主義を確保するためには、「自治企業」としての企業の再組織化がもはや不可欠であるという有力な〈非共産主義的〉理論（ダール『経済デモクラシー序説』三嶺書房、一九八八年）が存在する時代でもあるのだ。

〔10〕「自由時間」論と文化へゲモニー

『経済学批判要綱』の新訳（新メガ版）が出た。「マルクス再読」に弾みをつけようと、大阪哲学学校で五回の講座をもった。難解なマルクスの中でもとびきり難解な草稿。それだけに不思議な魅力を秘めている。なかでも、新版で「固定資本と社会の生産力の発展」という見出しが付された箇所（旧版原頁 582~602）は、われわれ読者がマルクスの未来社会構想の現場に立ち会っているような印象深い箇所である。

マルクスがそこで提起しているのは次の諸点である。①道具から機械体系への移行により、生きた労働が労働過程を包括することをやめ、労働者たちは機械体系に従属した一分肢に転じる。②知識や熟達の社会的蓄積（したがって「普遍的社会的労働」としての諸科学）は直接的労働に対立して固定資本の属性として資本に吸収されている。③資本は諸科学の成果を無償で社会から獲得するが、他方、科学の直接的生産過程への適用がしだいに科学自身の動機となり、「発見がビジネスとなる」。④直接的労働の比重は量的に減少するだけでなく、質的にも、「普遍的科学的労働」やその「技術学的適用」、「結合された労働の社会的生産力」に比して、「不可欠だが下位の契機」となる。

「過程する矛盾」としての資本制生産のこれらの傾向は、未来社会への前進の歴史的条件という視点から、次のように受け止められる。①直接労働が富の主要源泉であることをやめるならば、その度合いに応じて、労働時間は富の尺度であることをやめ、交換価値は使用価値の尺度であることをやめるだろう。②大衆の剰余労働が富の発展の主要条件であることをやめるならば、交換価値の上に成立している生産システムの存立条件も崩壊し、物質的生産は「欠如性と対立性の形式を剝ぎ取られる」だろう。③社会の必要労働がミニマムにまで短縮されれば、自由時間は諸個人の芸術的学問的などの形成条件となるだろう。④全面的に発達した「社会的個人」の形成によって、労働時間と自由時間との抽象的対立も克服され、労働そのものが人格的自由の実現という意味を持つに至るだろう。というわけである。

ここで問われている問題の第一は、個別的労働から結合労働への移行であって、資本が物件的に「束ね」ることにより、資本の権力として現象している「社会的生産諸力」を「労働者アソシエーション」が自覚的に再組織化するという課題である。

第二の問題は、資本が諸科学を直接的生産過程へと引き入れる結果として成立する、「直接的労働」と「普遍的科学的労働」への労働の分裂の問題である。諸科学が公的機関で組織されるかぎりは前記の「無償」モデルがあてはまるだろう。「ビジネス」としての「科学」という前記のモデルも注目される。これは創造的知識による特別剰余価値の支配という意味を持つだろう。しかし今日の事態を見ると、知識人労働者の大量生成という第三のモデル（マルクスは『剰余価値学説史』で少し触れている）が注目されねばならない。「全面的に発達した社会的個人」への前進を運動視点で見れば、この知識人労働者と直接労働者との提携の条件が注目されるべきだろう。

第三の問題は、「物質的生産」領域と非物質的領域との相互関係である。欲求をコンスタントと仮定すれば必要労働時間の短縮はただちに自由時間の拡大を意味するが、マルクスも強調するとおり、欲求自身が歴史的に変化する。今日、物質的欲求自身も高度化し、過剰消費や記号の消費への転化傾向を示すし、とりわけ非物質的人格的欲求（サーヴィス、情報、文化、教育、レジャー、性など）がますます商品（物件）形態で充足される。つまり、資本制は自分の「物件化」されたあり方を、むしろ非物質領域にまで拡大することによって、「物件化」形態を再生産しようとしてくる。科学の直接的生産過程への組み入れや自由時間論をとおしてマルクスが提起している問題は、資本制の成熟とともに、いわゆる「生活の質」など文化へゲモニーをめぐる闘いの比重が大きくなるということではなかろうか。


（田畑稔「自由時間と文化ヘゲモニー」『進歩と改革』一九九三年一〇月号、参照）

[11] 商品／資本関係と外部性

「マルクスは古くなった」と二言目にはいわれる。われわれとてマルクスを祖述しさえすればよいなどとは考えていない。ではわれわれが、ネグリ風にいえば「マルクスを超えるマルクス」として、マルクスとの間に思想や理論としての連続性ないしアイデンティティーを今日的に主張する根拠はどこにあるのだろうか。マルクスとの別れ方と同様、彼との連続性の了解の仕方もさまざまだろう。私自身は、商品／資本関係を「覆いかぶさる（übergreifend）」契機と見つつ近代社会を全体把握し、「自由な諸個人のアソシエーション」へとこれを転化させようとする意志を、彼と共有する点において、連続性を確認する。

商品／資本関係は近代社会の唯一絶対のシステムではない。図8に示すとおり、それは前提および条件としての外部性諸領域との不断の相互関係の中で展開している。外部性を内部化しつつ、みずから変容を遂げると同時に、外部性も商品／資本関係に内部化されて変容を遂げ、しかも依然、外部性として再生産されていく。「マルクスを超えるマルクス」はこういうダイナミズムにはらまれる危機とともに進まねばならない。

商品／資本関係の前資本制社会との相互関係の問題は、マルクス自身が直面したものであり（小谷汪之『共同体と近代』青木書店、一九八二年、など）、挫折したもののボルシェビキ革命が実践的に回答を与えようとし、今日なお資本主義的近代化に対するオールタナティヴの探求として直面しているものである（望月清司「第三世界から提起された新世界史論争」一九八二年、など）。

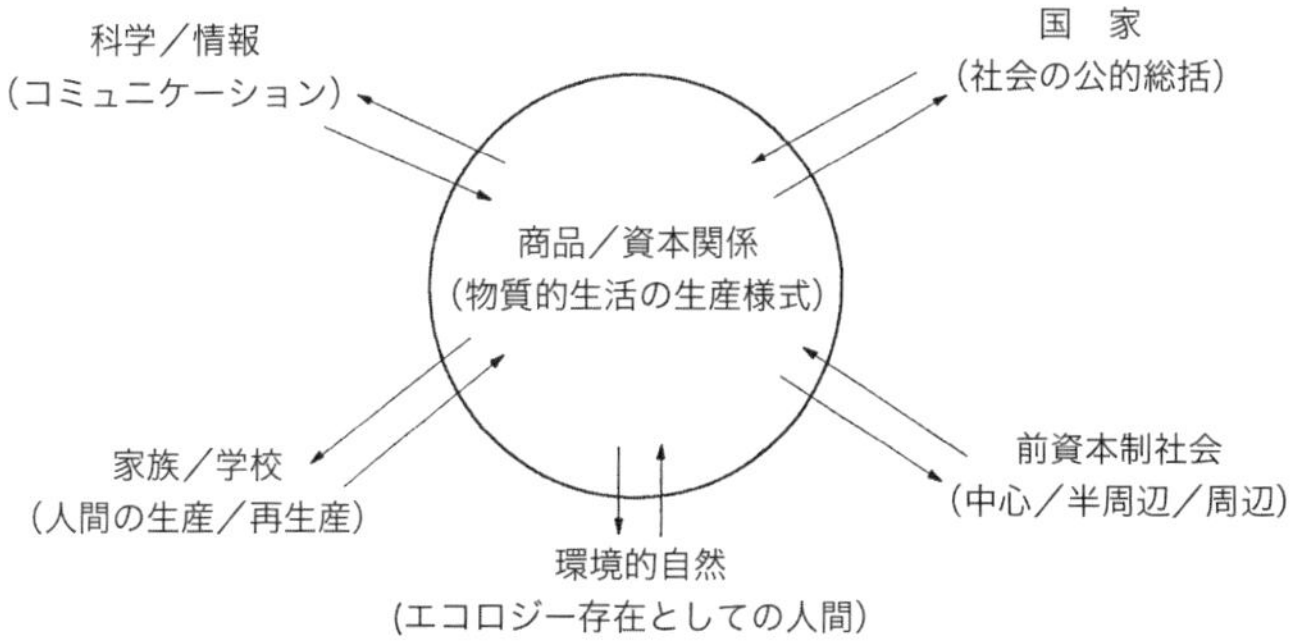

図８　商品／資本関係

商品／資本関係の国家との関係の問題は、ポスト・ケインズ主義の問題（ボワイエ『レギュラシオン理論』原著一九八六年、など）、あるいは「富の支配」による政治的民主主義の危機の問題（ダール『経済デモクラシー序説』原著一九八五年、など）として提起されている。

商品／資本関係のエコロジーとの相互関係については、マルクスのリービッヒ受容が注目されるが、時代の制約で直接の展開を欠く。だが、マルクスの自然概念の再読をとおしてエコロジー論を資本制との関連で今日的に展開する優れた試みも多い（服部健二「マルクスとエコロジー」、季報『唯物論研究』第二四号、一九八七年、など）。

家族／学校との相互関係ではマルクス主義フェミニズムが注目される（上野千鶴子『家父長制と資本制』岩波書店、一九九〇年、など）。また、マルクスの人格理論の再発掘も教育運動との関係で重要だろう（芝田進午『人間性と人格の理論』青木書店、一九六一年、など）。

最後に、ポスト・モダン論の中心にある情報化についてはどうか。ハーバーマスの大著『コミュニケーション的行為の理論』が出たのが一九八一年である。マルクスの生産様式論との対比で『情報様式論』（マーク・ポスター、原著一九九〇年）が書かれ、物質的生産中心のマルクスは古いともいわれる。けれども情報／コミュニケーション領域と商品／資本関係との相互関係はポスト・モダン論者がいうよりはるかに深刻に絡み合っている。マルクス解釈としては科学的認識を「普遍的労働」視点で見るマルクスの見地の復権が不可欠だろう。マルクスの側に立ったコミュニケーション論の展開の試みとしてはドイツのH・P・クリューガー（『コミュニケーション的理性批判』原著一九九〇年）、日本では尾関周二（『遊びと生活の哲学』大月書店、一九九二年）などがある。

〔12〕マルクスの稜線

連載最終回となった。この十数年、私は自己批判の意味を込めて「世界という書物」とマルクスを平行的に再読する作業を続けてきた。この連載では、そのうち「マルクス再読」部分のあらましを紹介してきた。政治機関紙の貴重な紙面を文献詮索的な議論が占めたかたちになって、かえって読者や編集部に迷惑をかけたのではと思う。連載を終えるにあたって、左翼横断的研究運動に携わる者の一人として若干の抱負を述べておきたい。

私は「マルクスを超える」という課題設定に反対するものではない。むしろ真に「マルクスを超える」ことの必要性と困難性を痛感しているといえばよいだろう。マルクス死後一一〇年が経過した現代に生きるわれわれが、ただ新しい現象に直面しているというだけで、理論的格闘も実践的格闘もなしに「マルクスを超えて」いると思うのは愚かしい。そういう自己欺瞞には、（新旧スターリニズムとは形態こそ違え）理論に対するニヒリズムが隠されていると思う。

マルクスを真に「超える」には、まず「超える」べき〈マルクスの稜線〉が見えていなければならない。ところが、われわれがこれまで〈マルクスの稜線〉と見ていたものが、じつはエンゲルスやレーニンやスターリンの稜線であったことに、われわれはまだまだ気づき方が足りない。ほかでもない、われわれ自身の「マルクス主義」という「雲」が〈マルクスの稜線〉を見えなくしているのだ。

先日、ドイツのｄｔｖ出版社から出ている図解の哲学史『哲学アトラス』を買ってみて驚いた。この本は一昨年に出たばかりなのに、マルクスの部分はいまだにエンゲルスとレーニンの図式で概説している。この本が特別なのかもしれないが、現代のドイツですら「概説マルクス」主義は今日のマルクス研究の水準とは無関係なかたちで、「伝統的」マルクス像を読者大衆に提供しているのかもしれない。

日本でもソヴェト・マルクス主義の圧倒的影響下に展開されてきた実践的組織的マルクス主義と、「アカデミズム」に傾斜したマルクス研究との間の乖離は、とくに一九六〇年代以降、きわめて大きくなっているように思える。現代的地平での「マルクス再獲得」のためには、実践サイドと研究者サイドの双方からの自覚的努力が必要だろう。

その際、「マルクス再獲得」を、何か「マルクス主義教科書」の改訂版を出す作業、したがって別種の特権的一枚岩的マルクス解釈を作り上げる作業と解してはならないだろう。古典や現代の理論的成果からマルクスを特権化して孤立させたり、マルクスの中に当面の課題に対する直接の処方箋を求めるという意味であってもいけない。各人各集団がマルクスを再読しマルクスと対話しつつ、現代を概念把握し実践的課題を理論的に解明する方向で、不断に「マルクスを超える」ような、そういうマルクス研究のスタイルが必要だろう。そのようなかたちで新しい左翼政治文化の中にぜひマルクスを定着させねばならないと思う。

私は党派を超え、研究者と活動家の枠を超えた協同作業で「マルクス・カテゴリーエン」（マルクス基本概念集）のようなものをつくることができればと思っている。まだ単なる抱負の段階だが、友人には個人的に意見を聞いたりしている。〔増補新版補記：この構想は『マルクス・カテゴリー事典』（青木書店、一九九八年）というかたちで実現した。〕今日的課題に緊張した関心を持ちつつ、マルクスのあれこれの基本概念をオリジナルな視点で再研究し、注目すべき成果を上げている人はけっこう多い。マルクスという思想の巨人を扱うには、急いで統一像を結ぼうとせず、カテゴリー集のようにいろいろなメスをマルクスに入れてみるほうが有効だ。またマルクス・コンメンタールのような作品論よりもカテゴリー集のほうが、理論の現代的課題との緊張関係の中でマルクスと対話するのに適していると思う。

アリストテレスの言葉でこの連載を終えることにしたい。

「学び直すのは初めから学ぶのに劣らぬ仕事である」（『政治学』）。

増補第1章

マルクス・アソシエーション論と訳語問題

平民新聞
本紙は日本社會主義の中央機關なり
創立一週年紀念號
共産黨宣言和譯序
共産黨宣言英譯序
電話本局三二六二番

「要するに吾人は階級と階級争闘とよりなれる旧紳士社会を廃し，各人自由に発達すれば万人また従って自由に発達するがごとき，協同社会を以ってせんとするなり.」
（堺枯川・幸徳秋水訳『共産党宣言』）

章扉写真：『平民新聞』第53号，1904(明治37)年11月13日
（出典）労働運動史研究会編『明治社会主義史料集 別冊 週刊平民新聞』427頁.

[1] アソシエーション日本語訳の経緯(＊1)

association は初期社会主義やマルクスの基本概念である。「協同」「連合」「協会」などと訳されるが、定訳はまだない。概念としての統一性を確保しようと、カタカナ表記する傾向が強くなっている。ただその場合も、英仏どちらを中心に社会主義運動史を見るかにより、「アソシエーション」と「アソシアシオン」の違いが残ってくる。association の訳語をめぐる最大の問題はマルクスの思想の受容にかかわるものである。

◉——原語の意味

associatio (ラ) は socius (仲間の、仲間) に接頭語 ad- (toward) と動詞化の語尾 -are、さらに名詞化の語尾 -tio が付いたもので、本来は「仲間になること」を意味し、派生的に「仲間になった状態」を表す。ただし仲間といっても、socius のもとになる sociare (ラ) は「結ぶ」という意味で、漢字「仲間 (仲間)」のような「うち／そと」イメージとは異なる。

association は、近代以降、欧米でさまざまな領域の専門用語として用いられ、別々のチャンネルで日本語訳された。法・権利論では「結社 (の自由)」、認識論では「(観念) 連合」、心理学では「連想 (心理学)」、生態学では「(植物) 群集」、生理学では「連合 (野)」、化学では「(分子の) 会合」、天文学では「(恒星)連携集団」と訳され、社会学では「アソシエーション」とカタカナ表記している。概して言えば、associationはどの領域でも、要素間の自然的本源的必然的固定的結合形態と区別して、派生的歴史的偶然的一時的な結合形態、比較的に要素の自立性を抱え込んだ柔軟な結合形態を表現している。

マルクスのAssoziationは、影響史的に見るとルソーや英仏の初期社会主義に結びつく。しかし彼のAssoziationは彼の思想の全体構成にかかわる独自な綜合として了解されねばならない。「ルソー・ノート」(一八四三年)では、合意により社会を生産する行為としての、また社会の生産以降も諸個人が自由であり続ける社会形態としてのassociationに注目している。『ドイチェ・イデオロギー』(一八四五/四六年)では「諸個人の連合化」論として彼のAssoziation論の原型ができあがり、階級形成に至る連合化と「階級個人」を超えて「個人が個人として参画する」連合化の二つの局面が区別される。『哲学の貧困』(一八四七年)では労働者が危機の中で「相互にアソシエイトしあう」自発的闘争の局面から未来社会としてのassociationに至る連続性が想定され、『共産党宣言』(一八四八年)の結語は「各人の自由な展開が万人の自由な展開の条件であるような、ひとつのAssociationが出現する」となっている。『イギリスのインド支配』(一八五三年)においては、水の共同利用の必要が「西方」では「自発的アソシエーション」を促し、「東方」では「政府という集中させる権力の介入」を促したと、東西対比もおこなっている。一八六〇年代には協同組合を積極評価し、『資本論』第三部草稿(一八六三年執筆)では「アソシエイトした労働」「アソシエイトした生産様式」「アソシエイトした知性」「アソシエイトした生産者たち」が未来社会を特徴づけることになる。また私的所有や私的交換と区別して、アソシエーションのもとでの「個人的所有」や「自由な交換」も語られる。『フランスの内乱』（一八七一年）では「可能な共産主義」が「連合した協同組合諸団体が共同のプランにもとづき全国的生産を調整する」システムとして構想されるのである。

マルクスのAssoziationは未来志向的社会類型である。それは、①全体への服属を特徴とする自生的共同体、②物件化（物象化）を特徴とする商品交換社会、③協業の力の外化形態である権力社会といった他の社会類型と対抗的に構想されるものである。自由意志、共同の目的、社会を生産する行為、財と力の結合、協同労働、自治、「自由な個人性」の実現が、その中心的指標となろう。協同組合や労働組合や労働者教育協会や国際労働者アソシエーションなどは、彼にとってAssoziationの特定の歴史的形態であり、Assoziation過程はそれら諸形態を介して進むのである。

◉――翻訳語の意味

社会主義の文献でassociationが翻訳されるのは早くない。日本で最初にassociationが翻訳されたのは、おそらく「結社（の自由）」や「（観念）連合」としてであろう。西周の講義録『百学連環』（一八七〇（明治三）年より講義）には「結社の権」が語られている。『哲学字彙』の一八八一（明治一四）年版はassociationに、心理学で「聯合」、世態学（社会学）で「投合」をあて、一八八四年の増補版では「会同」「結社」が付け加えられ、一九一二年の『英独仏和哲学字彙』では「投合」が消え、「会社」「団体」が付加されているだけなのである。

『共産党宣言』の日本初訳は堺枯川と幸徳秋水によるもので、『平民新聞』第五三号（一九〇四（明治三七）年一一月一三日）に創刊一周年を記念して掲載された。これはエンゲルス監修のもとでサミュエル・ムーアがおこなった英語訳（一八八八年）からの重訳である。じつは『共産党宣言』には分詞形容詞形（assoziiert）を含めAssoziationが五カ所も出てくる。マルクスたちの加入以前の義人同盟（共産主義者同盟に改称する前のドイツ人労働者共産主義組織）では「財貨共同体」が中心概念であったので、Assoziationのクローズ・アップはマルクスらの同盟加入と一体であった。

この五カ所について堺・幸徳の訳はどうであったか。「［中世］コミューンにおいて武装し自己自身を管理する諸Assoziation」は「中世都市の武装せる自治団体」と訳されている。つまり「団体」である。ところが、「のみならず時々の決起に備えて持続的な諸Assoziationを設立しさえする」は「しこうしてまたかくのごとき時々の反抗のために、あらかじめその糧食を準備すべく永久の組合を設け」と訳されている。つまり「組合」である。また、「産業の進歩は……競争による労働者たちの孤立に代わって、Assoziationによる彼らの革命的連合化を置く」は「競争に基づける労働者の孤立を改めて、協力に基づける無意識の団結に至らしむ」となっている。つまり「協力」という訳語になっている。「すべての生産がアソシエイトした（assoziirt）諸個人の手に集中すると、公的権力はその政治的性格を失う」は「一切の生産が全国民大協同の手に集中せらるるに至れば」と訳されている。つまり「協同」である。ただし、エンゲルス監修、ムーア訳の英語版では「アソシエイトした諸個人」が抹消され、「国民全体の巨大なassociation」と、まったく別の意味に改められている。これはエンゲルスとムーアの致命的改訳である。最後に、「階級と階級諸対立をともなう古い市民社会に代わって、各人の自由な展開が万人の自由な展開の条件であるような、ひとつのアソシエーションが出現する」は「要するに吾人は階級と階級争闘とよりなれる旧紳士社会を廃し、各人自由に発達すれば万人また従って自由に発達するがごとき、協同社会を以ってせんとするなり」となっている。ここでは「協同社会」となっているが、この訳でも個人の自由が万人の自由の「条件」であるという面が抹消されている。概括的に見ると、association は五カ所とも異なる訳語があてられ、概念としての統一は消えているということ、エンゲルス・ムーア訳にも、堺・幸徳訳にも、個人性の強調を弱める方向で改訳誤訳している箇所が見られるということが確認できる。

現在の邦訳『共産党宣言』でも、前記五カ所が岩波文庫の大内兵衛・向坂逸郎訳（一九五一年）では「組合」「組合」「結合」「結合された」「協力体」、大月版マルエン全集の村田陽一訳（一九六〇年）では「組合」「結社」「結社」「結合社会をつくった」「結合社会」と不統一であり、水田洋訳（講談社学術文庫、一九七二年）が「諸連合体」「結社」「連合」「連合した」「連合体」と、ほぼ訳語を統一している。

『資本論』第三部の訳はどうか。高畠素之の最初の訳（一九二三（大正一二）年、大鐙閣）、高畠の改訳（一九二八（昭和三）年、改造社）、長谷部文雄訳（青木書店、一九五三年）、向坂逸郎訳（岩波文庫、一九七〇年）、大月版マルエン全集（一九六八年）を当たってみよう。「assoziirt な生産者たち」「assoziirt な知性」「assoziirt な生産様式」「意識的計画的 Assoziation」について、高畠初訳では「協合的生産者」「協合的智力」「協同的生産方法」「意識的且つ計画的なる協合」、高畠改訳では「結合した生産者たち」「共合的な理性」「組合的生産方法」「意識的且つ計画的な協力体」、長谷部訳では「結合した生産者たち」「協同的理性」「組合的生産様式」「意識的かつ計画的な組合」、向坂訳では「結合された生産者」「連合理性」「結合生産様式」「意識的計画的な協力体」、大月全集版では「結合した生産者たち」「結合された理性」「結合生産様式」「意識的な計画的な結合体」となっている。これらを比較すると、高畠初訳がほぼ「協合」で、大月版が「結合（体）」で訳語を統一しているものの、他のものは訳語の統一さえない。また大月版は kombinirt にも「結合した」という訳を与えており、結合形態の特殊性がまったく抹消されているのである。

在野のマルクス研究家、廣西元信の『資本論の誤訳』(青友社、一九六六年)は、この訳語問題を「官許御用学者」的偏見が左翼アカデミズムにも浸透している事例として取り上げた。「利潤分配性株式会社」をマルクスの最終的到達点として見るべきだという廣西の主張の実質面は、議論の枠組みを狭く取りすぎていて、にわかに同意しかねるが、訳語問題の提起はきわめて先駆的であった。廣西自身は、集権的な「統合体」、無政府的な「会議体」と区別して、association に「連合」「連合体」「連合的」という訳語を与えている。廣西によれば、従来の諸訳がてんでばらばらな訳語をつけてきたこと、まして「上からの統括・支配」を意味する Kombination と「横の提携・連合」である Assoziation を区別できず「結合」という訳を平気であてているのは、「官許御用学者」的偏見のために Assoziation の核心的意味が自覚されていなかったからである。そこに廣西は「明治イデオロギーの体質上の問題」を見てとる。

白川静『字通』(平凡社、一九九六年)によれば、「統」は糸を房のように束ねることで外的統括のイメージが強いのに対して、「聯(連)」は左右に貫くかたちで物を連ねる横のイメージ、「協」は力や鋤を三つ合わせる力の結合イメージが強い。その他、「共」は二〇人が左右の手を共にすること、「結」は紐を結ぶこと、「同」は盃(盃で盟約する集まり)、「合」は器に深く蓋をしたかたち(一致すること)、「会」も蓋のある器のかたち(蓋と器のようにぴったり合うこと)、「組」は組み紐の原イメージがあるらしい。また、「社会」は社日の村の集まりとして、「結社」は同志が集まって団体をつくることとして、中国で古くから用いられてきたそうである。こういった語源的反省は決め手にはならないが、われわれに訳語のもつ原イメージの吟味を迫るものである。

大月版マルクス・エンゲルス全集では、Assoziationにじつに二〇以上のばらばらな訳語があてられている。これはマルクスの中心概念であるAssoziationにこれまで光が当たってこなかったことを象徴的に示している。廣西の指摘するとおり、KombinationとAssoziationの致命的な無差別訳も残っている。これらの背景には「明治イデオロギーの体質」のみならず、ロシア革命や中国革命がきわめて国家集権的システムを生んだこと、マルクス主義の名のもとで非アソシエーション型の一種の抑圧社会が正当化されたこと、マルクス死後に西欧社会主義運動もマルクスの言う「国家社会主義」の方向へとシフトしたこと、晩年のエンゲルスが「アソシエイトした諸個人」が曖昧化する方向でマルクスのテクストに加筆したこと、などがあったのである。

◉——初期社会主義 associationの翻訳

最後に、初期社会主義におけるassociationの日本語訳について、補足的に若干の事実確認だけしておこう。石川三四郎は一九三〇年にプルードン『労働者階級の政治的能力』(原著一八六五年、世界大思想全集第一六巻、春秋社)の翻訳で、「組合」という訳語をあてている。たとえば第二編第一三章のタイトルは「相互主義における組合に就いて」とある。

田中正人はフーリエの『産業的協同社会的新世界』(原著一八二九年、世界の名著続八巻、中央公論社、一九七五年)の注で、フーリエはassociationの語がオーエンらにより濫用されているのでsocietaireを用いようとしたとし、訳語にはともに「協同社会」をあてている。田中によれば、『新世界』の素材となった『家庭的農業的協同社会概論』(初版一八二二年)でもassociationが用いられている。

野地洋行は、バザールほか『サン-シモン主義宣言』(木鐸社、一九八二年)で、associationに「協同」と「協同社会」をあてている。前者は協同化の運動であり、後者は協同化された社会状態であり、人類は「普遍的協同」へと進歩すると見られていた。

河野健二編『資料フランス初期社会主義』(平凡社、一九七九年)は、例外を除きassociationを「協同」「協同組合」「協同組織」「生産協同組織」「協同社会」などと訳し分けつつ、アソシアシオンとルビを振っている。都築忠七編『資料イギリス初期社会主義』(平凡社、一九七五年)を見るかぎり、イギリスの運動ではassociationは「協会」と訳され、広い意味で用いられたが、経済的アソシエーションについてはco-operativeが用いられ「協同組合」と訳されている。

[2] マルクスのアソシエーション論(*2)

A「革命的プロレタリアたちの共同社会へは、諸個人は諸個人として参画する。諸個人のコントロールの下に、〈諸個人の自由な展開と運動〉の諸条件を与えるのは、まさに諸個人の連合化なのである」(『ドイチェ・イデオロギー』H-124/126)。

B「諸階級と階級諸対立をともなう古い市民社会に代わって、各人の自由な展開が万人の自由な展開の条件であるような、ひとつのアソシエーションが出現する」(『共産党宣言』MEW 4-482)。

C「その[協同組合運動の]偉大な功績は、資本の下への労働の従属という、現在の窮民化させる専制的システムが、自由で平等な生産者たちのアソシエーションという、共和制的で共済的なシステムによって取って代えられうるということを、実践的に示した点にある」(『暫定総評議会代議員への個々の問題に関する通達』MEW 16-195)。

D「生産手段の国民的集中は、協同の合理的プランにもとづき意識的に活動する、自由で対等な生産者たちの諸アソシエーションからなる一社会の自然的基礎となるだろう」(『土地の国民化について』MEW 18-62)。

E「資本制的株式諸企業は、協同組合諸工場と同様、資本制的生産様式からアソシエイトした生産様式への移行形態とみなしうる」(『資本論』第三部、MEW 25-456)。

◉——アソシエーション論的転回へ

「ソ連型社会主義」の歴史的崩壊を受けて、社会主義・共産主義についてさまざまな総括と再生の試みがなされているが、その中心のひとつに〈アソシエーション論的転回〉がある。この視点からのマルクス再読作業も進められている。たとえば、マルクスは未来社会を「ひとつのアソシエーション」とか「諸アソシエーションからなる一社会」などと特徴づけているが、大月版マルクス・エンゲルス全集には、Assoziation にじつに二〇もの訳語があてられ、事実上、マルクスのアソシエーションが〈概念としては〉抹消され続けてきた事態が明らかとなった。分詞形容詞形の assoziiert (アソシエイトした)も「アソシエイトした生産様式」「アソシエイトした労働」「アソシエイトした知性」といった具合に、マルクスでは核心的な意味を担っていることも明らかになった。

◉――「諸個人の連合化」としての共産主義

アソシエーションとは、一般的には、諸個人が共同の目的を実現するために、自由意志にもとづき、力や財を結合するかたちで、社会を生産する〈行為〉を意味し、またその行為によって生産された社会を意味する。マルクスがアソシエーションに最初に注目したのは、おそらくルソー『社会契約論』をとおしてであろう。ルソーはそこで政治体を「アソシアシオンの一形態」として構成しようとしている。マルクスはこれから詳細な抜粋をおこない、『ヘーゲル国法論批判』でも、「真の民主制」では政治体が「人間の自由な生産物」であり「社会化された人間」そのものである、と特徴づけている（MEW 1-231）。産業組織だけでなく、政治体もアソシエーションの一形態として構成しようとする、ルソーやマルクスのこの志向にも注目しておかねばならない。

マルクスのアソシエーション論の原像は、『ドイチェ・イデオロギー』の「諸個人の連合化（Vereinigung）」論で成立する。「諸個人の連合化」論は自立化／服属視点と個人性生成視点の二つの視点から展開される（テクストA）。つまりそれは、一方では社会的権力として諸個人から自立化した諸個人自身の社会的諸力を、諸個人のコントロールの下に服属させることが唯一可能な社会形態であり、他方では「諸個人としての諸個人の交通」「トータルな諸個人への諸個人の展開」がその下ではじめて可能となる社会形態なのである。未来の社会形態としての「諸個人の連合化」はしたがって、単に「共同性の高次復活」といった抽象次元にとどまってはならず、個人性の本格展開と共同社会性の自覚的組織化という二つの要請を実践的に綜合する〈形態〉として了解されるべきである。

『ドイチェ・イデオロギー』では、「諸個人の連合化」は、すでに市民社会において分業と交換の自生的システムの上に〈自覚的に〉組織される闘争と支配のシステムとして現出する。市民社会の内部では「連合化」は敵対関係を抱えつつ進行するので、①「対抗的連合化」からはじまり、②「組織化された権力」に至り、③支配される階級をも外見上包摂する「幻想的ゲマインシャフト」へと展開する。敵対性の上に立つ「幻想的ゲマインシャフト」こそが市民階級の「連合化」の歴史的到達点＝限界なのであって、プロレタリアの「連合化」はこの地平を超えて前進するものとして構想されているのである。

◉——アソシエーションと移行諸形態

過程論的アソシエーション。アソシエーションは単なる目的地ではなく、市民社会の内部で開始される労働者たちのアソシエーション過程なのであり、その延長上に未来社会が構想された。マルクスは「労働者アソシエーション」を労働組合や協同組合のような「産業的アソシエーション」とチャーティズムや労働者政党のような「政治的アソシエーション」に分けている（MEW 6-555）。大工業が人間たちを「寄せ集め」、競争が彼らを分裂させるが、共同の利害が「相互にアソシエイトしあう」（MEW 4-180）よう促す。「部分的提携」から「持続的提携」へ、地域的労働組合から全国的労働組合へ、産業的アソシエーションから政治的アソシエーションへと、アソシエーション過程が進展する。しかし、この過程は「労働者自身の間の競争によって一瞬ごとに粉砕される」（MEW 4-471）。つまりマルクスは、現実のアソシエーション過程がアソシエーション化の力と脱アソシエーション化の力の両力からなると考える。脱アソシエーション化の力としては、競争のほかに、指揮機能の独占や過渡期の権力行使も含まれるであろうが、マルクスはバクーニンのように両力の原理主義的二元対置を拒み、否定をはらみつつ歴史的に前進する過程論的アソシエーション論に立っていたと言えるだろう。

協同組合。協同組合は産業組織としての労働者アソシエーションである。『共産党宣言』を含む一八四〇年代のマルクスは協同組合の積極的位置づけに欠けており、過渡期の経済方策も、いわゆる中間組織を欠いたきわめて国家集権的なものである。しかし少なくとも一八六〇年代以降は、イギリスでの経験などを踏まえて、協同組合は「資本制的生産様式からアソシエイトした生産様式への移行形態」との高い評価を与えられる（テクストE）。「資本と労働の対立がその内部ではすでに揚棄されている」（MEW 25-456）こと、「監督労働の敵対的性格が消失している」（MEW 25-401）こと、「信用システムが、協同組合企業の大なり小なり全国的規模での漸次的拡大のための手段を提供している」（MEW 25-456）こと、といった基本評価が提出される。

経済の総社会的調整。資本制市場システムを前提にした部分システムとしての協同組合から、その延長線上に、「社会的生産を自由で協同組合的な労働の調和ある一大システムに転換する」（MEW 16-195）とか、「連合した協同組合諸団体が共同のプランにもとづいて全国的生産を調整し、かくてそれを諸団体自身のコントロールの下に置く」（MEW 17-343）などと表現される総社会的調整システムが展望される。もちろん、これについては実践的構想を語る条件がマルクスにはなく、論争的文脈で若干の特徴づけが残されているだけである。そのうちとくに注目されるのは、マルクスが「アソシエイトした知性」（MEW 25-267）によって「プラン」を基礎づけようとしていることである。

コミューン。地域的自治組織としてのコミューンに対する評価も、一八五〇年代はじめまでと、パリ・コミューンの経験以降で大きな変化が見られる。「国民的統合（national unity）」を語る場合も「すべての地方的イニシアティヴの自発的アソシエーション」（MEW 17-564）という面が強調される。これは「連合した協同組合諸団体」により「全国的（国民的）生産を調整する」という経済の構想（MEW 17-343）にも符合している。だから「土地の国民化」をマルクスが語る場合（テクストD）も「国民的統合」の〈形態〉こそが問題なのであり、ただちに「国家的所有」と同一視することはできない。

アソシエーションと「権力」。「資本による労働の実質的包摂」という観点から見ると、資本制は、人類史上、「個別的労働過程をコンバインドな社会的労働過程へと転化」させる形態であった。この「社会的諸力」が諸個人自身の結合された諸力としてでなく、彼らを束ねる資本家の「権力」として現象するのである（MEW 23-351）。マルクスは、資本によって束ねられた労働者たちが危機と闘争の中で自己統治能力を展開して、単なるコンバインドな労働をアソシエイトした労働に主体的に転換していく過程が、近代の共産主義や社会主義の運動の内実をなすと考えた。マルクスの想定とは異なり、ロシアなど後進地域では国家という公権力が「労働の社会的生産力」の組織化を担った。スターリン主導で「コンバインドな社会的労働過程」への転化が強行されたが、事実上、それ自体が社会主義とみなされ、単なるコンバインドな労働をアソシエイトした労働に労働者自身が主体的に転換していくという本来の内実は展開できなかった。

アソシエーションと「自由な交換」。マルクスは「生産手段の共同の領有とコントロールの基礎の上にアソシエイトしている諸個人の自由な交換」（MEGA² II-1-92）を語った。「私的交換」と区別される「自由な交換」の意味で、未来社会は、少なくとも初期局面は交換社会である。生産物は交換されないが、質的には「ひとつの形態の労働」が「他の形態の労働」と交換され、量的には「同じ量の労働」が相互交換される（MEW 19-20）。これが初期局面における正義論や規範論の基礎をなすのである。「自由な交換」の「相互性（Wechselseitigkeit）」はその契機として「自己目的存在（Sein-für-sich）」を含んでおり（MEGA² II-1-167）、〈目的としての個人〉が「自由な個人性」の展開を基礎づけている点も注目される。

◉——アソシエーションと「個人的所有」

「個人的所有の再建」論（MEW 23-791）は早くから注目されてきたが、アソシエーション論の展開をとおしてはじめてその全体的な位置づけが可能となった。それは社会的生産手段、社会的消費手段、個人的消費手段の全体に対する諸個人の実践的関係をとおして、諸個人が①自己労働にもとづく所有、②労働の客体的諸条件に対する主体的コントロール、③人格的自由の対象的諸条件の所有、を実現しているあり方にほかならない。その場合、共同所有の基礎主体も、あくまで個人（アソシエイトした諸個人）であることが注意されねばならない。共同所有も各人の「持ち分」からの「控除」によって、各人への利益の還流を目的に自覚的に組織され、再生産されるのである（MEW 19-20）。

アソシエーションと「労働の活動への転化」。資本は社会的生産を組織する社会的権力であると同時に、諸科学を直接的生産過程に組み込んだ知的権力である。だから「アソシエイトした労働」は、一方では「指揮機能」の分業的固定化を克服し、他方で「普遍的労働」（諸科学）と「直接的労働」の分裂を克服するために、「労働の転換、機能の流動」を、つまり「社会的諸機能」を自分の「次々交替する諸機能」として遂行しうるような諸個人のあり方を要請している（MEW 23-512）。そして「自由時間」の拡大と「普遍的労働」の発達の一種の〈好循環〉が想定されて、労働の揚棄が展望される（MEGA² II-1-241）。

アソシエーションと「自由な個人性」。人格論的には「諸個人のユニヴァーサルな展開と、彼らの共同社会的な社会的生産性を彼らの社会的力能として服属させることにもとづく自由な個人性」（MEGA² II-1-91）というあり方が想定される。「自由な個人性」も、「必然の国」と「自由の国」の二つの国に生き続ける。「必然の国」では「アソシエイトした生産者」へと自己変革を遂げている。「目的としての個人」も「個人的所有」も確立している。「必然の国」のこのような展開を基礎にして、「人間の力の展開」が「自己目的」であるような「自由の国」へと人間たちは前進するだろう。これが『共産党宣言』にいう「各人の自由な展開が万人の自由な展開の条件であるような、ひとつのアソシエーション」（テクストB）という解放の基本構想にほかならない。

註

（1）第1節は石塚正英・柴田隆行監修『哲学・思想翻訳語事典』（論創社、二〇〇三年）の「協同」項目として執筆したものである。ただし、『事典』では頁数の関係で省略せざるをえなかった箇所も復元した。

（2）第2節は『マルクス・カテゴリー事典』（青木書店、一九九八年）の「アソシエーション」項目として執筆したものである。

増補第2章

『共産党宣言』とアソシエーション論的転回

「第10問　もっとも完全な共産主義の核心は何か.」
ヴァイトリング：「共産主義の核心はすべてが共同的である点にある.」「自由な展開などは，今の社会のトップたちによってさえ，われわれに承認されるだろうから，共産主義の核心などではありえないだろう.」
シャッパー：「[自由な] 展開の諸基礎は万人にとって共同的でなければならないが，享受は共同的にはおこなわれないと私は信じている．というのは，そうなればまさに兵営の中の兵隊たちのようになってしまうからだ.」
（ロンドン共産主義労働者教育協会での討論）

章扉写真：W. ヴァイトリングと K. シャッパー
（出典） *Der Bund der Kommunisten. Dokumente und Materialien*, Dietz Verlag, Berlin, 1983.

二〇世紀にいわゆる「ソ連型社会主義」の失敗と挫折を体験したあとで、なお、われわれが一九世紀半ばの『共産党宣言』を読む理由はどこにあるのだろうか。共産主義は商品―資本関係を告発し続けてきた。しかし、もし共産主義がポジティヴに生み出したものが「ソ連型社会主義」にとどまるとすれば、共産主義は、たかだか（つまりそれにともなった抑圧や迫害やテロルや退行といった黙視しえない諸事実をとりあえず措くとしても）、底辺や周辺や批判的知識人小集団によるネガティヴな告発・反乱運動の一形態にとどまるものであり、その点で歴史的に大きな意義は認められるにせよ、商品―資本関係やそれを基盤とする近代市民社会を揚棄するほどのポジティヴなポテンシャルをもった運動ではなかった、ということになろう。このような総括への異議は、机上の議論ではなく、歴史の地盤で実践的にしか提出できない性格のものであろう。

われわれは、いったいマルクスにおいて共産主義とはポジティヴに何であったのかを、まずは問い直さねばならない。そういう目でマルクスを再読すると、クローズ・アップされてくるのが「アソシエーション」の概念である。われわれはマルクス・アソシエーション論を軸心にすえて、いわば〈アソシエーション論的転回〉を遂行する方向で、われわれ自身が現に生きている生活諸関係の現場へと「マルクスを超える」という課題に直面していると言えないだろうか。

〔1〕『共産党宣言』の中のアソシエーション

『共産党宣言』の作成過程に直接つながる文書としては、

(1) 一八四七年六月二日から九日までおこなわれた共産主義者同盟第一回ロンドン会議で（マルクス派のエンゲルスやヴィルヘルム・ヴォルフも加わって）作成決定された『共産主義者の信条告白・草案』

(2) ヘスがパリ地区でのこの草案討議のために提出した改善草案

(3) パリ地区指導部会議でヘス草案を退けたのちにエンゲルスが一八四七年の一〇／一一月にまとめた草案（『共産主義の諸原則』）

があげられよう。ヘス草案もかなり重要な意味を持ったのではないかと推測されるが、残念ながら発見されていない。『信条告白』と『諸原則』と『宣言』を外面比較すると、『信条告白』には「財貨共同体（Gütergemeinschaft）」が七回、「連合化（Vereinigung）」が三回、「アソシエーション（Assoziation）」は〇回、『諸原則』には「財貨共同体」が「いわゆる財貨共同体」という表現で一回、「連合化」が一回、「アソシエーション」が三回、『宣言』には「財貨共同体」は〇回、「連合化」が九回、「アソシエーション」が分詞形容詞形を含め五回、用いられている。「財貨共同体」という表現の消失と「アソシエーション」の反比例的クローズ・アップが、マルクスやエンゲルスの義人同盟・共産主義者同盟への参加と強く関連している事情がわかるであろう(*1)。

では、『共産党宣言』中でアソシエーションはどういう位置づけを得ているのだろうか。五つの用例を具体的に当たってみよう。

A「ブルジョワジーのこのような〔経済的〕発展諸段階の各々は、それに照応する政治的進歩をともなっていた。[1]封建領主の支配下での抑圧された身分、[2]コミューン〔自治都市〕において武装し自己自身を管理する諸アソシエーション——あるところでは自立都市共和国、あるところでは君主制下の納税義務をもつ第三身分——、[3]次にマニュファクチャー時代には身分制的君主制ないし絶対君主制の下での貴族に対抗する均衡力、つまり巨大君主制一般の主要な基礎、[4]最後にブルジョワジーは大工業と世界市場の形成以来、近代代議制国家の下で排他的な政治支配を勝ち取った」(〔 〕内は田畑)。

現行テクストのもとになったエンゲルスによる一八九〇年ドイツ語版では、残念なことに「自己自身を管理する諸アソシエーション」の「諸アソシエーション」が単数形に代えられてしまっている。この点の復元作業も大事である。マルクスには中世自治都市と近代労働組合を「組織化のセンター」という意味である種の平行現象とみなす注目すべき観点が見られるが、ブルジョワジーについては連合化過程が、「対抗的連合化」にはじまり、「組織された権力」へ、さらに「幻想的共同社会」(つまり支配されるものをも外見上包摂する共同社会、グラムシでいうヘゲモニーの段階)へと推移すると考えていたと見られる(『ドイチェ・イデオロギー』)。それは敵対性を地盤にした連合化過程の歴史的帰結・限界であると了解されよう。

B「個別労働者と個別ブルジョワの間の抗争がますます二つの階級間の抗争という性格を持つようになる。労働者たちはそれにともない、ブルジョワに対抗して諸提携（Koalitionen）を形成しはじめる。彼らは彼らの労賃を主張するために会合する（zusammentreten）。のみならず、時々の決起に備えて持続的な諸アソシエーションを設立しさえする。……時折は労働者たちは勝利するが、しかしそれは一時のものにすぎない。彼らの諸闘争の本来の成果は、直接の成功ではなく、ますます広く蔓延する労働者たちの連合化（Vereinigung）にある」。

これが〈自発的闘争と未来社会の連続性としてのアソシエーション〉という、とくに『哲学の貧困』に顕著に見られるマルクスのテーマである。労働者たちの自発的アソシエーション過程を歴史的前提として受け止め、ともに闘いつつ、自覚化（原理的深化と普遍的文脈での意味づけと実践的普遍化）を促すかたちで未来社会への前進を目指す、これがマルクスの活動の批判的（教義的でない）スタイルである。

C「産業の進歩——ブルジョワジーは自由意志をもたず抗うこともできないかたちでそれを担うのだが——は、競争による労働者たちの孤立に代わって、アソシエーションによる労働者の革命的連合化を置く」。

これは『資本論』にいう「資本による労働の実質的包摂」にかかわるテーマであって、資本は個別労働者を束ねて「社会的生産諸力」を展開する。資本によって束ねられた労働者たちが危機と闘争の中で自己統治能力を展開し、単なるコンバインドな労働をアソシエイトした労働に主体的に転換していく過程として、近代の共産主義が意味づけられていくのである。

D「発展の経過の中で階級諸区別が消滅し、すべての生産がアソシエイトした（assoziiert）諸個人の手に集中すると、公的権力はその政治的性格を失う。……プロレタリアートがブルジョワジーとの闘争において必然的に階級へと連合し（vereinen）、革命をとおして自己を支配する階級たらしめ、支配する階級として権力的に古い生産諸関係を揚棄するとき、プロレタリアートはこれらの生産諸関係とともに階級対立や階級一般の生存諸条件を、したがって階級としてのプロレタリアート自身の支配を揚棄する」。

このテクストで注目すべきは、階級形成に〈向かう〉アソシエーションと階級を〈超える〉アソシエーションの区別である。アソシエーション過程は階級形成への「連合化」から出発するが、目標は階級を超え、したがって「階級個人」を超え、「個人が個人として参画する」アソシエーションへと展開することにある。だから「アソシエイトしあった諸個人」という『宣言』のこの表現に注目しておく必要がある。共産主義を「階級個人」を超える「自由な個人性」の生成史として把握するというマルクスのこのモチーフは、若干の例外を除いて、従来、あまりにも顧みられることが少なかった。

E「諸階級と階級諸対立をともなう古い市民社会に代わって、各人の自由な展開が万人の自由な展開の条件であるような、ひとつのアソシエーションが出現する」。

この有名な結語的文章の意味について、以前に廣松渉と話したことがあるが、よくわからないなぁという感想を述べ合ったにとどまった。形式論で見れば、万人が各人の集合である以上、「各人の自由な展開」は「万人の自由な展開」に含まれるからである。おそらくポイントは、「万人の自由な展開」を無条件的無限定的に語るだけでは、万人を口実に「各人の自由な展開」が抑圧される危険性があると推測されるので、「各人の自由な展開」を「条件」として明示的に示した上で、その上に成立するような「万人の自由な展開」でなければ未来のアソシエーションにふさわしくない、とする点にあると思われる。この解釈は『宣言』生成史で交わされた「もっとも完全な共産主義の核心は何か」をめぐる論争（一八四五年二月から一八四六年一月にかけてのロンドン共産主義労働者教育協会での討論の「第一〇問」をめぐり、主にシャッパーらとヴァイトリングの間で論争された）を想定してのことである。

「もっとも完全な共産主義の核心は何か」という「第一〇問」に、ヴァイトリングは「私が自分のためになすことは、他者のためにも良きこと、可能なことでなければならない」、「人が自分のために望むことは、万人のためでもなければならない」という格率こそがそれを表すと主張した。ここでは「万人のため」が「条件」で、それを満たす場合にのみ「自分のため」が許される社会として共産主義がイメージされている。シャッパーは、オーエンやカベやヴァイトリングの構想するシステムは「あまりに兵隊向き」だと指摘し、人間の本性が労働にあり、本性を歪める私的所有が排除された社会では労働は強制でなく喜びとなるのだから、共産主義の核心は「各人が自分を自由に展開できる」点にあると言うべきだと反対している。ヴァイトリングは、「共産主義の核心はすべてが共同的（gemeinschaftlich）である点にある。「自由な展開」にはこのことが含まれていない。共同的であることがすべての事柄をとらえるのだ」、「自由な展開などは、今の社会のトップたちにとってさえ、われわれに承認されるだろうから、共産主義の核心などではありえないだろう」と反論、シャッパーは「［自由な］展開の諸基礎は万人にとって共同的でなければならないが、享受は共同的にはおこなわれないと私は信じている。というのは、そうなればまさに兵営の中の兵隊たちのようになってしまうからだ」と再反論している（*Der Bund der Kommunisten. Dokumente und Materialien*, Bd.1, S.233~235）。

おそらくこの論争を受けて、『信条告白』第二問「共産主義者たちの目的は何か」は、「草案」では次のように答えられている。「社会の各成員が自分の諸素質や諸力の総体を完全に自由に、そしてそれによりこの社会の基礎諸条件を損なうことなしに、展開し、働かすことができるように、社会を整備することだ」。

この文脈でマルクスの前掲テクストEを解釈すると、マルクスが「自由な個人性」の生成史として共産主義を把握していたこと、未来社会を共同性一般の実現といった無限定なものとして考えるのではなく、個人性生成視点と共同性を結合する〈形態〉こそがアソシエーション形態にほかならないと考えていたことが、より強く印象づけられるだろう。

このように『共産党宣言』にはマルクスのアソシエーション論の骨格が提示されているのである

が、協同組合論の積極的位置づけに欠けているということ、またそのことが大きな理由のひとつとなって、過渡期の実践的方策がきわめて濃厚に国家集権的色彩を持っているということ、こういった『宣言』の段階の根本的限界も強調しておく必要がある。詳細は本書第3章ならびに大藪龍介『マルクス社会主義像の転換』(御茶の水書房、一九九七年)などを参照いただくとして、『宣言』をあたかもマルクス共産主義論の完成された作品のように読む読み方にはまったく賛成できないことを強調しておきたい。

[2] アソシエーション論的転回のためのマルクスからの「いくつかの基本的足場」

本書『マルクスとアソシエーション』初版(一九九四年)には、マルクス研究者や活動家からたいへん多くの反響、賛否が寄せられた。感謝するとともに、議論の前進のために、この機会に問題提起した当事者としてとりあえず三点、コメントしておきたい。

第一は、マルクス解釈としての妥当性の問題である。これについては大谷禎之介の「社会主義とはどのような社会か」(『経済志林』第六三巻第三号、一九九五年)や大藪龍介の『マルクス社会主義像の転換』(前掲)など、基本的には同方向の一連の基礎的マルクス再研究も刊行され、アソシエーションをキー・ワードとしたマルクス再研究・再解釈の方向が決して一過的恣意的なものでないこと、少なくとも「ポスト・ソヴェト・マルクス主義」の有力なマルクス解釈の一方向であることは、十分明らかになったと思われる。世界のマルクス研究者の評価は、欧語での外国への紹介がまだできていないので不明だが、今後努力したい。

第二は、予想どおり思想史研究者から多く寄せられたコメントで、オーエンやプルードンやバクーニンやミルやサンジカリズムなどとの関係（とくにマルクスの不徹底や「サン－シモン主義的限界」）を私が論じていないことについてである。この点について逆に強調しておきたいことは、私はマルクス・アソシエーション論をマルクスに独自な綜合として全体叙述しようと試みたのであって、思想史家によく見られる影響史的比較論的方法は意図的に避けているということである。後者の方法を無意味と言うつもりはないが、外面性はまぬがれないだろう。思想家論の核心は当該思想家による独自な綜合の形態規定性において把握されねばならないというのが私の方法的立場である。端的に言えば、マルクス・アソシエーション論をプルードンなどとの対比で（不徹底、権威主義的などなどと）特徴づけるのではなく、時代との実践的連関およびマルクス理論の全体構成との相関において特徴づけようとしているのであって、それによって従来の影響史的比較論的マルクス論が見落としていた多くのものに光を当てることができたと自負している。

第三は、活動家たちから多く提出されたコメントで、今日の条件下での実践的方策が提示されていないとか、単なる文献詮索、机上の論議であるとか、逆に新たな社会主義システムの（机上の）新構想が語られていない、などといった点についてである。私は拙著冒頭で、「あくまで思想史的研究」であり、「直接、今日のわれわれにとっての実践的方策を扱うものではない」こと、今日的方策を論じるのは「現在の著者の力にあまる」ことを認めた上で、その有効性の範囲を「かなり根本的な〈マルクス像の変革〉を企て」、「そのことによって、〈アソシエーション論的転回〉とでも表現すべき、われわれの再出発の方向づけのために、いくつかの基本的足場を提示しようと試みる」点に限定している。われわれが現に入り込んでいる生活諸関係に自覚的明示的に定位することなしに、われわれにとっての実践的方策や移行諸形態を論じることはできない。マルクス再読から直接それをおこなうべしというマルクスへの過大な期待は、ドグマティズムの倒錯である。しかし、われわれは素手で現実に立ち向かうわけではない。世界という書物を読み、マルクスを読みながら、われわれの実践を方向づけるいくつかの基本諸概念、基本諸命題、基本諸目標をもって、現実に立ち向かうわけである。この基本諸概念、基本諸命題、基本諸目標は、実践の検証を経て不断に再構成され、ヴァージョン・アップされねばならない。そういうものとして〈アソシエーション論的転回〉のための「いくつかの基本的足場」をマルクスに依拠して提示しようとしたのである。

われわれが〈アソシエーション論的転回〉のためにマルクスからくみ取ることができると思われる「基本的足場」としては、以下のものが列挙できるだろう。

①商品―資本諸関係による解体的諸作用を確認して自足せず、未来社会を構築するプロダクティヴな実践を対抗させるというポジティヴな尺度で自分たちの思想と行動を不断に吟味すること。

②アソシエーション過程を、「権力過程 vs.アソシエーション過程」と「物件化（物象化）過程 vs.アソシエーション過程」の両面からなるものと把握すること。「権力過程 vs.アソシエーション過程」の面は、資本という物件的権力の実体には個別労働を束ねて社会的生産諸力を展開するという歴史的正当化理由があるということを認めた上で、資本により束ねられた労働者たちが、危機と闘争をとおして自己統治能力を展開し、単なる combined な労働を associated な労働へと主体的に転換させていく過程として了解されるだろう。「物件化過程 vs.アソシエーション過程」の面は、商品―資本諸関係が人と人との関係を物件化することをとおして諸個人をユニヴァーサルな連関へと組み込ん

だという歴史的正当化理由を認めた上で、相互行為の体系のこのような極度の物件化や没規範化にはらまれる深い危機（恐慌、エコロジー危機、官僚制など）の体験、それとの闘争の体験をとおして、アソシエーション間協議、諸アソシエーションのアソシエーション、ネットワーク体系へとこれを転換させていく過程として了解されるだろう。

③われわれは〈過程論的アソシエーション論〉に立つということ。この場合、〈過程論的〉の意味は、第一に、現実のアソシエーション過程を脱アソシエーション過程（競争、代行、諸アソシエーションの相互孤立、物件化、権力行使など）と再アソシエーション過程の両力を含む実践的歴史過程と見るということ。第二に、〈原理主義的アソシエーション論〉のようにアソシエーション過程と権力過程、物件化過程を二元論ないし二者択一論で見ないということ。第三に、システムの存続を認めた上でシステムの弱点をアソシエーションで補完すべしと主張する〈補足論的アソシエーション論〉や、システムは如何ともしがたいので周辺部にこそアソシエーションを構築しようとする〈周辺論的アソシエーション論〉をプロセスの契機として組み込むが、それらに還元はされないということである。

④アソシエーション内自己統治文化とアソシエーション間自己統治文化を、したがってまたアソシエーション内脱アソシエーション過程とアソシエーション間脱アソシエーション過程を、不可分の相互関係において見るということ。これは個別的努力にとどまる協同組合運動へのマルクスの警告の、私なりのアレンジである。

⑤アソシエーション過程は、きわめて多様な形態、レヴェル、主体を包括しているということ。イギリスで労働者たちがはじめて「アソシエーション（結社）の自由」を獲得したのがたかだか一

八二四年であって、マルクスの時代にはこの多様性を語る条件は乏しかったが、それでも労働組合や協同組合などの「産業的アソシエーション」とチャーティズム運動や政党などの「政治的アソシエーション」の区別がマルクスに見られるし、「労働者教育協会」などの文化的アソシエーションの実践もあった。「国際労働者アソシエーション」という国際組織にもみずから携わった。経済の総社会的調整形態についても、少なくとも一八六〇年代以降は「連合した協同組合諸団体が共同のプランにもとづいて全国的生産を調整する」(『フランスの内乱』)というプルーラルな基本イメージをもっていた。アソシエーションとは諸個人が自由意志にもとづき財や力を結合するかたちで社会を生産する行為およびその結果として生産された社会を指す以上、多様性は社会のアソシエーション形態と不可分である。

⑥アソシエーションと「政治体(corps politique)」の相互関係。過程論的視点に立てば、アソシエーション論はただちに反国家反政治という立場には結びつかない。「政治体」を「アソシアシオンの一形態」として構成しようとしたルソー『社会契約論』の初期マルクスへの影響も注目される。封建的分散性の打破という課題設定から国家集権的過渡期論を展開する『共産党宣言』(一八四八年)と、国家の耐えがたい肥大化という現状認識からコミューン連合国家を展開する『フランスの内乱』(一八七一年)との差異がとくに注目されるべきだろう。諸コミューンの自覚的ユニオンないしアソシエーションとして、national unity のあり方を構想する視点が提示されるのである。

⑦自発的闘争と未来社会との連続性としてのアソシエーション。現に存在するアソシエーション諸過程を実践的に担い、それらと自覚的に結合しつつ、普遍化とラディカル化(原理的深化)を目指す。また逆に、基本諸概念、諸命題、諸目標の実践的検証とヴァージョン・アップを目指す。こ

れは教義的社会主義とマルクスの批判的社会主義の、スタイルにおけるきわだった差異である。

⑧アソシエーション視点からの「ソ連型社会主義」の理論的総括。周辺部革命と「歴史的順序の変更」（レーニン）の結果、資本という私的権力が個別労働者を束ねて社会的生産諸力を展開するという形態をとらず、社会主義を標榜する国家権力が労働者を束ねて産業国家への移行を強行する形をとった。また、自由な商品交換という物件化過程は経済の官僚統制という官僚制形態に置き換わった。それらがあたかも「社会主義」であるかの理論的歪曲も生じはじめ、アソシエーション過程の前進というマルクス的課題は、ある時期以降、理論的に回避され、実践的に抑圧されたのである。

［3］ 現代のアソシエーション実践の諸形態

では、われわれが現に入り込んでいる生活諸関係に自覚的に定位しつつ、現に実践されているアソシエーション諸形態と結合し、その原理的深化と普遍化を目指すかたちで移行諸過程を促す、というマルクス的視点で、現在のわれわれの情況を見ればどうなるのだろうか。いささか「力にあまる」課題であるが、自分なりに綴ってみよう。

①まず、イギリス政治学者P・ハーストの「アソシエイティヴ・デモクラシー」の構想から見てみよう（捧堅二「政治的多元主義とアソシエーション」、季報『唯物論研究』第六一号、一九九七年、参照）。ハーストはアルチュセール派のマルクス主義者であったが、一九九四年に出た『アソシエイティヴ・デモクラシー』では、前記の区分で見ればどちらかというと〈補足論的アソシエーション論〉

の立場に立っている。しかし、〈アソシエーション論的転回〉のリアリティーを判断する上で、彼の理論からわれわれは大きな示唆を得られるだろう。一九世紀中庸から二〇世紀の戦争と冷戦の時代まで、集権国家（限界なき主権国家）が突出してきた。しかしポスト冷戦期に入り、肥大化した主権国家は社会の多元化に適応できず、機能不全に陥っている。そこにハーストは現代国家の危機の原因を見、またアソシエーション主義が甦る諸条件の成熟を見るのである。「社会的アフェアーズの編成は可能なかぎり、国家から民主主義的で自己統治的なアソシエーションへと移されるべきである」、「自発的自治的なアソシエーションが漸次的かつ累進的に、経済的社会的アフェアーズの民主主義的統治の一次的手段になる」。彼は多元的国家論に立って、ガヴァナンス（統治）の国家による独占から分割への流れが避けがたいことを確認し、国家は公的諸機能を市民社会の諸アソシエーションへと委譲するべきであり、国家的公共性とは異なる市民的公共性を幅広く展開する機が熟していると見る。だから「アソシエイティヴ・デモクラシー」は新自由主義に対抗するだけではなく、市民の自発的自治的なアソシエーションの位置づけを欠いたまま（市民を国家や自治体による公的サーヴィスの受給者の位置に押しとどめたまま）、結果として公的セクターを肥大化させてきた旧来の社会民主主義への批判でもある。

②協同組合運動について見てみよう（丸山茂樹「生活者の未来と協同組合運動」、白井厚監修『協同組合の基本的価値』家の光協会、一九九〇年、ほか丸山の諸論考参照）。現在、日本では農業協同組合や消費者生協（一九九六年で組合員一六四五万、役職員一〇万、小売りシェアー二・七パーセント）のほか、ワーカーズ・コレクティヴ（三五〇〇団体、九〇〇〇人）や労働者協同組合（一四二団体、六〇〇〇人）など財やサーヴィスの生産をおこなう比較的小規模な新しい形態の協同組合運動も多様なあり方で展開

され、協同組合運動の有効性を消費部門に限定したウエッブ夫妻などへの系統的な理論的批判もなされている。いわゆる「ソ連型社会主義」の崩壊があり、協同組合への一般的関心が高まった。しかし協同組合運動自身は、バブルの影響もあり、目的としての生活（非営利）、自己統治による運営、社会運動と自己変革、といった原点が曖昧となり、丸山の表現では一種の「思想の危機」にある。日常生活を営む主体かつ総体としての「生活者」の自覚的定立ぬきに新しい質をもった協同組合運動は不可能であると見られている。市場原理との対抗上、協同組合運動にとって協同組合間の、あるいは社会諸運動間のネットワーク的サポートが、本質的意味を持っており、ワーカーズ・コレクティヴや労働者協同組合などの存在もそれらにサポートされている。その観点から「協同組合地域社会」（レイドロー）の実践的構想も提起されており、現行の協同組合はそのための助産師となりつつ、自己変革をするべきだと丸山は主張している。

③株式会社について。現在の資本制下では生産流通組織は株式会社という基本形態を取っており、株式会社は現行システムの牙城である。それはテンニースの言う「資産のアソシエーション」、つまり物件的支配を目的としたアソシエーションである。労働契約はアソシエーション契約ではない。コーポレート・ガヴァナンスは生産者の自治としてでなく、生産者に対する寡頭支配ないし専制支配として編成されている。ダール『経済デモクラシー序説』（原著一九八五年）のように、非マルクス主義者でさえ、この寡頭支配ないし専制支配の大規模集団が政治的民主主義をつねに脅かし空洞化させているので、企業市民の自治としてコーポレート・ガヴァナンスを再編することが不可欠である、という認識を示している。これはまさに二一世紀的課題であろう。しかし現実は、ドイツの共同決定やアメリカやスウェーデンの労働者による過半の株式所有などといった中間的形態が見ら

れるだけである。協同セクター（組合間協議による総社会的調整を含め）を主、私的セクター（市場調整を含め）を従とするシステムへと、社会の経済システムを転換させるためには、現行株式会社の根本的変革は不可欠であるが、今のところ労働組合や消費者グループや地域住民組織や社会諸運動などの周辺的諸アソシエーションによって経営権力をチェックする運動が中心となるように思われる。

④労働組合とコミュニティー・ユニオン。総じて言えば、基幹産業の労働組合については脱アソシエーション過程がさまざまな形態で深刻化しているが、底辺の労働者（外国人労働者を含む）の危機に発するアソシエーションも小規模で地域密着型のコミュニティー・ユニオンなどの形態で広く実践されており、労働組合運動が総体として無意味化したとみる見方は、単純に過ぎるだろう。ただ、労働者は同時に消費者、地域住民、市民、女性、趣味人、信仰者などとして、さまざまなアソシエーションに参画しつつあり、労働組合の独自の意味・目標が改めて問われていることも確認しておかねばならない。

⑤地域民主主義と自治連邦制構想（白川真澄『脱国家の政治学』社会評論社、一九九八年、参照）。白川は「分権化」の動向に運動者の側から介入する論理を提出しようとしており、とくに地域の自己決定には外交・安全保障の分権化も含まれるべきだという主張は注目される。ただ、地域民主主義が社会経済的実体をともなうものであるためには、前述した「協同組合地域社会」論のような経済的アソシエーション視点の展開も不可欠になるのではないか。

⑥NPO、NGOとヴォランティア。これらの動向を、ポスト冷戦期における主権国家＝国民国家の機能不全に由来するものとして、原理的に位置づける必要があろう。事実、NPOもNGOも

一定の実効性を発揮しており、たとえばＮＧＯは国際的意志決定に対する世界市民的アソシエーションによるチェック機能を発揮しつつある。システムの側はこれらの運動を法的に認知する代わりに、旧来の枠組みの中に収めようと、さまざまなチェック、選別を加えようとしている。運動当事者たちがアソシエーション論的転回を原理において把握することが、新しい力関係を形成する不可欠の条件であると言えよう。

⑦「セルフ・ヘルプ・グループ」について。現在、身体性（食、住、眠、性、病、死など）の場、緊張の経済性の場、対面コミュニケーションの場、家族と地域社会と子供社会の場、原初的人格形成史の場としての日常生活世界が、商品―資本関係のダイナミックな運動に飲み込まれて、危機の諸症状を呈している。アルコール中毒患者やその家族など、精神的モラル的経済的破局に直面している大量の諸個人を公的福祉受給者として救済するほど福祉制度は整っていないし、官僚的限界もある。専門家の助言や援助のもとでおこなわれている「セルフ・ヘルプ・グループ」（いわば共同苦悩のアソシエーション）がきわめて大きな支えになっていることも、強調しておかねばならないだろう（拙論「日常生活世界とアソシエーション」、季報『唯物論研究』第六一号、一九九七年、参照）。

⑧最後に、政党ないし政治グループについて。アソシエーション論的転回を積極的に受け止める政治グループも多くみられる。ここでは「ワーカーズ」グループのケースを紹介しておこう。このグループは数年間におよぶアソシエーション討論を重ね、一九九八年一月に「アソシエーション社会＝私たちのめざす共同社会」という第一次基本文書を「新しい労働者党をめざす全国協議会」名で発表している（『ワーカーズ』第八四号、一九九八年一月一日）。「ワーカーズ」は自分たちのアイデンティティーの危機を直視し、主体的立脚点の再構築をマルクス・アソシエーション論に依拠して追

求している。そのこともあって今のところ、未来社会像の先行確認の段階であり、実践的方策や移行諸形態については今後第二次研究計画でおこなうとのことである。文書作成に際しても、特定の指導者による原案提示、若干の検討で決定という左翼の通例の手法と決別し、各項目を分担し、全員が検討して決定するとか、内部討議の過程を外部にも公表するなど、自分たちの組織のあり方についても新しい実践が試みられている（第八三号、「新しい社会主義像の確立に向けた意見」署名「広」）。阿部文明は、これまでアソシエーション論は研究者のあいだだけで論じられていた、「ささやかとはいえ労働者党を目指す潮流が政治目標（さらに組織論や運動論）に結びつけて全面的にそれをとりあげたことは評価されてよいのではないでしょうか」（第八五号、「アソシエーション社会への道(1)」）と書いている。実践局面への移行が提起されているのである。

［4］アソシエーション論の思想的裾野

アソシエーション論的転回が実り豊かであるためには、それが狭い意味での実践にとどまらない、広い思想的射程、広い思想的裾野をもたねばならないだろう。そこで最後にこの点について若干の点描をしておきたい。

①自己意識の鏡像モデルと「相互承認」の主―奴―弁証法モデルについて。ルソーは諸個人の「アソシアシオン契約」には「生存様式を変えなければ人類は滅亡する」という危機的事態が先行すると考えた。ヘーゲルも暴力論、共死体験、支配論、労働論、陶冶論などを、「相互承認」論の

プロセスに組み込んでいる。先に確認したとおり、マルクスのアソシエーション論も権力過程、物件化過程、闘争、競争、脱アソシエーション過程をともないながら過程論的に構想されている。アソシエーション論は人間の醜い側面を無視しているとか、きれいごとにすぎるとよく言われるが、そういう人は、おそらくキリスト教的博愛主義のようなイメージでアソシエーションを了解しているのだろう。少し一般化すると、「愛」といった「本質」が人間諸個人に「内住」しているので、同類他者を鏡に協同主観性・共同利害を相互確認すると、アソシエーションに至るといったスタティックな構成で理解しているのではないか。

②アソシエーション論とコミュニケーション論について。ハーバーマスは、マルクスには労働論はあるが相互行為論やコミュニケーション的行為論が欠けていると断定している。こういう断定は、アソシエーション概念に光が当たっていなかったハーバーマス世代のマルクスの読み方の限界を、むしろ端的に示していると言うべきだろう（この点については、尾関周二「コミュニケーション」『マルクス・カテゴリー事典』青木書店、一九九八年、参照）。逆に言えば、アソシエーション論的転回をとおして、ハーバーマスをはじめとするコミュニケーション論の成果を、マルクス思想の中に批判的に包摂する道が開けると思われるのである。

③アソシエーションとネットワーク組織。アソシエーションは共同意志や共有や共同行為の体系をともなうので、ネットワーク組織に還元されない。しかしアソシエーション内にも、アソシエーション間にもネットワーク組織が組み込まれていることが不可欠であろう。たとえばネップ転換の時期におこなわれた「分派の禁止」措置は、成員個々人が自由に相互にコミュニケーションを取り合うこと（ネットワーク）を禁じ、集権化した中央を介してしか成員相互が結びつけなくした点で

致命的措置であった。アソシエーション間においてはネットワーク組織は二重の意味をもつ。第一に、諸アソシエーションのアソシエーション（上位アソシエーション）の肥大化を抑止するためには単位アソシエーション間のネットワークが不可欠である。第二に、商品交換という物件化されたネットワーク組織（『資本論』価値形態論の第二形態はまさにネットワーク組織の物件化形態にほかならない）を漸次主体的ネットワークに置き換えていくという課題がある。

④アソシエーションと日常生活世界について。日常生活世界の危機から「共同苦悩のアソシエーション」としての各種の「セルフ・ヘルプ・グループ」が不断に産み出されている。この事態を把握するためには、世界を自然世界（とくに生態学的世界）と「近代世界システム」と日常生活世界の三層からなるものとしてとらえ（世界の三層構造）、「近代世界システム」のダイナミックな運動が「限界を超えて」自然世界を変容させた結果としての地球環境危機と同様、「限界を超えて」日常生活世界を変容させた結果としての生活世界の危機が追跡される必要がある。資本制企業や世界市場や国民国家といった「近代世界システム」を構成する基本諸要素をアソシエーション諸関係でどう置き換えるかといった問題に還元できないような多くのアソシエーション領域を、それによって理論的射程に入れることができるように思われる。

⑤アソシエーションと諸個人（個人性）。まずは個人があって彼らが社会関係に入るといった個人観（ロビンソン物語）は克服されねばならない。つねにすでに社会／個人なのであり、一定の社会のあり方／一定の個人のあり方なのである。共産主義を「自由な個人」の生成史として位置づけるということは、アソシエーションという社会形態／自由な個人性という個人形態を目指すということであろう。共同体／非自立的個人でも、物件化された社会関係／人格的独立でもない、あるい

は過渡期社会／階級個人でもない、新しい社会／個人のあり方を実践するということであろう。

⑥アソシエーション論と認識論。組織論としての認識論というと奇妙に聞こえるが、認識能力を諸個人に「内住」するアプリオリな能力であるといった抽象を超えて、認識過程を歴史化していくと、反証可能性に開かれた「学者共同体」の存在や、脱アソシエーション化の結果としての権威主義（リーダーの知的権威への服属）などが問題となろう。日常的認識についても諸個人はアソシエーションへの参加をとおして世界認識を飛躍的に拡大し、またセクト化をとおして経験的認識へ開かれた認識能力を喪失する。心的障害における世界像の歪みも共同苦悩的コミュニケーションをとおしてはじめて克服できる。

［5］共同作業の呼びかけ

以上、アソシエーション論的転回を現代的地平で遂行する諸条件について綴ってみた。もとよりこれらは結論めいたものではなく、多様性を積極的に位置づけた、今後の共同作業のための呼びかけという性格のものである。アソシエーションの実践的具体化・拡大と思想的深化・統合の同時進行という歴史運動固有のダイナミズムを形成するにはほど遠い地点にあるが、私にとっては『共産党宣言』一五〇周年を記念するひとつの仕方であると思われるのである。

註

（1）　ちなみに、一八四五年二月から一八四六年一月にかけてのロンドン共産主義労働者教育協会での討論（参加シャッパー、ヴァイトリング、H・バウアー、クリーゲなど）の記録文書（*Der Bund der Kommunisten. Dokumente und Materialien*, Bd.1, S.214~238）にも「財貨共同体」が四回、「連合化」が二回出てくるのに、「アソシエーション」は〇回である。さらにさかのぼって、シャッパーには一八三八年に書いた「財貨共同体」と題する論文草稿があるが（*ibid.*, S.98~107）、そこにも「アソシエーション」は出てこない。

増補第3章

再読されるマルクス

Marx und Philosophie
マルクスと哲学
Nochmaliges Marx Lesen als Methode
方法としてのマルクス再読
田畑　稔［著］
〈もう一度〉マルクスを読む試み
21世紀の現実に対する思想の通路をラディカルに再敷設するために――
哲学に対するマルクスの関係を系統立てて読み解くなかで、「マルクス主義哲学」
の鎧を取り除き、彼の思想が持つ現代的意味と未来へとつなぐ途を考察する。
前著『マルクスとアソシエーション』に続く、渾身の原典再読作業
新泉社

「〈もう一度〉マルクスを読むというのは，言うまでもなく，「ソ連型社会主義体制」の生成と展開と大崩壊という 20 世紀の歴史の現実をふまえて，〈もう一度〉という意味である．あたかも何事もなかったかのように，マルクスを読むことではない．正反対なのである．」（田畑稔『マルクスと哲学』）

章扉写真：田畑稔『マルクスと哲学――方法としてのマルクス再読』（新泉社，2004年）

[1] マルクス再読

マルクス再読をはじめてもう三〇年になる。初読と再読の中間には歴史的時間が流れており、人格史的時間も流れている。再読は内外の活動家や研究者によって歴史的対話の中で遂行されており、「再読されるマルクス」は「一枚岩」とは程遠く、むしろ「モザイク」風のものであるが、ひとつの思想史的現象として括ることを不能にするほど分散的でもない。この現象の意味は今のところ不定である。崩壊過程の一段階かもしれない。生きた思想から単なる古典研究への移行過程かもしれない。私が志向しているように、新しい思想への中間過程なのかもしれない。おそらくそれらが同時進行中なのだろう。

ある者をマルクスとの決別へと促し、別の者をマルクス再読へと促したものは何だったのか。それぞれの実存にかかわる問題が介在する以上、単純には答えられない。三〇年前の私の場合、所属していた小さな政治グループを離脱し、インディペンデントに生きる決意をした。このとき私は、マルクスとの決別へと向かわずその再読へと向かった。その理由を今から反省すると、次の点が大きかったように思える。つまり日本ではインディペンデントなマルクス研究が一九六〇年代末にやっと緒に就いたばかりで、少し遅れてこれに参入した私には、「マルクス研究はまだまだこれからである」という実感があったということである。

読書は対話とは違う。マルクスの側から読者の解釈への同意も異議もない。マルクスが執筆時に身を置いた情況や背景世界はすでに消失しており、直接には物質化されたテクスト群だけがある。しかも、「マルクス主義」の諸形態という読者の内と外にある歴史的バリアが、読者とマルクスとを遮っている。ここから出発して、マルクスの個々のテクストと彼にかかわるドキュメント全体を循環しつつ、また彼の著作と(直接的には不在の)彼が生きた情況や背景世界とを循環しつつ、マルクス「それ自体」に迫り直すという要請が立ってくる。

しかし、これは再読行為の一方のベクトルにすぎない。われわれは二一世紀の深刻な現実に直面しており、自生的また自覚的に、個人的また共同的に解放論的構想力も活発に働き続けている。諸運動も経験の蓄積や実践的対話の蓄積の中で深化し続けている。これら運動の歴史的自己了解を促すという文脈で、マルクス再読行為もまた、大きく動機づけられている。この再読のベクトルは、マルクスの全体像の復元の方向ではなく、マルクスと、現在の解放論的歴史運動の諸条件の全体の間を循環しつつ、現在の諸運動にも妥当なマルクスの意味を自覚化するという方向である。

[2]「加上」諸形態

再読行為は、「マルクス主義」という歴史的バリアを自覚化する行為と一体的に遂行されている。大阪の町人思想家、富永仲基(1715–1746)の表現を借りると、オリジナル・マルクスに次々と「加上」されて、原型は直接にはほとんど見えなくなっていた。マルクスの受容といっても、受容そのものがマルクスとは異なる特定の歴史的情況下で現に生き、現に闘う人々の主体的行為である以上、「加上」なき純粋受容などありえない。だから「加上」諸形態が無意味だということではまったくない。そういう主張には歴史的センスが欠けている。むしろ「加上」諸形態が知的モラル的政治的エネルギーを消尽し、抑圧力に転化したとき、原点回帰の運動が生じるのである。しかしこの運動の意味は、原点との神秘的一体性の確認にあるのではなく、自分たちが現に生きている歴史的情況との間に生き生きとした思想的水路を再敷設することにある。

「マルクス主義」という呼称がはじまったのは一八七〇年代である。バクーニン『国家と無政府』(一八七三年)はマルクス、ラサール、エンゲルス、リープクネヒトらを「マルクス主義者たち」としてその「国家共産主義」「学者の独裁」傾向を攻撃し、フランス(ゲード派)やロシアには「マルクス主義者」を自称する集団も現れてくる。マルクスはこういう呼称に冷淡であったが、晩年のエンゲルスは「マルクス主義」を肯定的に用いはじめている。彼は「われわれの見解」(MEW 21-263)を概括的、通俗的に叙述することを心がけ、マルクスとエンゲルスの一体性を前提とした「マルクス主義」という最初の「加上」形態が成立したのである。

エンゲルスによる「加上」のうち、私がとくに追跡したのは「哲学の根本問題」の導入である(*1)。エンゲルスは一八八六年、マルクスの死の三年後に『フォイエルバッハ論』を書いた。デンマークの学者C・N・シュタルケの『ルートゥヴィッヒ・フォイエルバッハ』のドイツ語版(一八八五年)が刊行された機会に、それを論評しつつ、「われわれ(マルクスとエンゲルス)の見解」、ヘーゲルやフォイエルバッハや哲学一般に対するその関係を、平易に叙述することがこの論文の目的であった。このとき、新カント派的問題意識を背景に持つ「哲学の根本問題」が、新カント派からフォイエルバッハを弁護しようとしたシュタルケをとおして、エンゲルスに流れ込んだのである。

シュタルケは「序論」で近代哲学の「根本問題」を論じている。デカルト、スピノザ、ライプニッツではまだ現実的なものは理性的なものであるという理性的観念論の確信が維持されていた。しかしロック、ヒューム、カントをとおして、人間の経験や認識についての反省が進み、思考と存在の分裂が自覚されてくる。このようにして「思考と存在の関係に関する問題」がカント以降の哲学の根本課題となった。シュタルケは、中期フォイエルバッハの「人間の哲学」(一八四〇年代前半)は依然、二元論にとどまっていたが、後期フォイエルバッハの「産出的自然」の「形而上学」こそ、フィヒテもシェリングもヘーゲルも解決できなかった「思考と存在の関係に関する問題」に解決を与えたと整理しているのである。

エンゲルスは「思考と存在の関係の問題」を「哲学の根本問題」として受け入れつつも、第一に、シュタルケの「根本問題」の近代哲学史的な枠組みを外してしまい、「すべての哲学の大きな根本問題」「全哲学の最高の問題」に置き換えている。第二に、この「根本問題」はすべての宗教と同様、「その根を未開状態の狭隘で無知な諸表象の中にもっている」と、宗教=空想=観念論という通俗的啓蒙で片付く問題と見ようとしている。第三に、この「根本問題」は二つの「側面」に分けられた。第一の「側面」は、自然と精神のいずれを根源的と見るかの「根源性」問題で、この点ですべての哲学は唯物論と観念論の「二大陣営」に分岐する。これがその後、階級闘争に対応する「哲学の党派性」として「マルクス主義哲学」で宣揚されたのである。第二の「側面」は、現象と物自体の認識批判的二元論の克服の問題であって、ここでも「動物の体内で産出される化学物質は有機化学がそれを析出するまではかかる物自体であった」(MEW 21-276)と、実証科学的知見で容易に解決可能のものと描いている。このとき、エンゲルスは「物自体」を「未知な現象」と混同してしまっているのであるが、これもその後の混乱の原因となった。

万一、マルクスが同じことをやっていれば、膨大なノートを作り、長い時間をかけて、結局は草稿や断片しか残せなかったろう。晩年のエンゲルスは、平易な叙述をとおしてマルクスを、社会民主主義に移行しつつあった当時の社会主義者や労働者にもアクセス可能な存在にしようと努力した半面、マルクスのような批判対象への緊張した徹底内在が欠けたまま、表面的で疑似的な解決を多々残した面も否定できない。

［3］「国家哲学でもある党哲学」

「加上」諸形態のうち、もっとも深刻であったのは「国家哲学でもある党哲学」であった。私がとくに注目したのは「哲学の生態」として見た東ドイツ哲学であった(*2)。

たしかに、「党哲学」としての「マルクス主義哲学」も、哲学的解放論の哲学的指導部弁護論への変質、政治的行動組織の世界観的セクトへの退行、哲学の内包的深化なき外延的拡大志向、といったさまざまな問題を抱えている。だが、その歴史的存在理由そのものを否定することはできない。哲学的真理の国家独占を「党哲学」が担うということは、これとはまったく別の事柄である。それは極端な国家集権主義と一党支配の致命的欠陥を集中的に表現するものであった。だが、一般論で済ましてはならない。哲学の国家独占といっても、党や国家のリーダーたちと諸哲学者の協働的行為の結果以外ではないのだ。その生態が暴かれねばならない。一九九四年にドイツで出た『内側から見た東ドイツ哲学』（N・カプフェラー編、ダルムシュタット）という証言集が、「国家哲学でもある党哲学」の生態を垣間見させてくれる。

たとえばG・ヘルツベルクは次のように証言している。彼は哲学者になろうとした。しかし、国家と党が自立的思考に対して根本不信や猜疑を持っている中で、この目標に達するには「大いなる戦術的熟達を必要とした」。哲学科進学時、文献入手時、出版時、教授ポスト就任時など、もし反抗して追放され、沈黙するか異論派になりたくなければ、身を屈し、「灰色のねずみ」になることを迫られる。「凡庸」「安全思考」「ヒエラルヒー的思考」「忠誠度の優位」「公共的討論の欠如」「公式見解の合唱と個人研究室での真理探究という哲学的二重生活」などがその特徴となる。

つまり東ドイツの哲学者たちの場合、「ブルジョワ哲学」や「修正主義」の図式的批判はいくらやっていても、自分たちが現に入り込んでいる生活諸関係自身の批判的吟味という、そもそもの思想の拠点が空洞であったということだ。一見体系的に叙述された哲学的見解と、この哲学的見解が生産・再生産・流通されたリアルな社会的諸条件、つまり哲学者たちの生態との間の、このあまりにも大きな乖離には驚きを禁じえない。

哲学者を評価するとき、われわれは彼が「何を」語っているかだけで判断しがちである。しかし哲学の現実形態にこだわるなら、それに劣らず、語っている当の者がそもそも「何者か」が、この者の入り込んでいる生活諸関係に即して、また知的生産の生産諸関係や流通様式に即して、問われねばならない。これは「国家哲学でもある党哲学」から学ぶべき深刻な教訓である。だが他人事でもない。「大学哲学」、「党哲学」、「エンターテインメント哲学」、そしてクローチェやグラムシの語る「全員哲学」など、哲学のすべての現実形態についても、きびしい自己吟味が必要だろう。

［4］哲学に対するマルクスの関係

では「マルクス主義哲学」というバリアを剥いだとき、何が見えてくるか。私は、「哲学に対するマルクスの関係」を初期から晩年まで追跡してみた(＊3)。「哲学」がマルクスにおいて持った意味は、彼の人生の諸段階において大きく変化した。これは、①「意志としての哲学」、②哲学とプロレタリアートの歴史的ブロック、③「イデオロギー」としての哲学、④批判的概念把握の出自としての哲学、とモデル化できるだろう。

①社会変革への志は、正義や理念が実在諸関係を律する「べき」だという強い信念に裏打ちされたものでなければならない。実在の非理性不正義を問題にせず、哲学の抽象性こそ問題だという立場に立ってしまうと、実在秩序の名で哲学的理性を批判する保守主義に終わる。そこで理性主義哲学は、啓蒙という「焼き尽くす炎」となって「哲学の〈外〉への転回」(MEW Eg.1-330)を敢行しなければならない。これが、博士論文(執筆一八四一年春まで)第四章注2と『ライン新聞』論説「ケルン新聞第一七九号社説」(一八四二年)に見られる「意志としての哲学」である。

②しかし、新聞編集者として「哲学の〈外〉への転回」を敢行したとき、「物質的利害」が抵抗するだろうし、その前に哲学は困惑することにもなる(MEW 1-130)。そこでむしろ実在そのものの内部に理念を担う勢力を見いだし、この実在勢力と哲学が結びつくことの必要性が自覚されてくる(MEW 1-391)。しかしこのとき、理性主義哲学はみずからの掲げる原理の抽象性を自覚せざるをえない。そこで理性だけでなく「人間」という身体を持ち生活する綜合的な存在が、変革の原理

として自覚されてくるのである。これが『ヘーゲル法哲学批判序説』(一八四三／四四年)に見られる哲学とプロレタリアートの歴史的ブロックという観点である。

③ところが、変革的実践が単なる文筆の世界を超えて組織的に遂行されはじめると、「現実に実存する、活動している人間たち」、「彼らの現前の生活諸条件」、「彼らの所与の社会的諸連関」(H-20)、そしてまた現状に代わるべき〈具体的〉否定形態の構想へと向かう関心が、哲学には根本的に欠落していることが自覚されてくる。哲学の根本関心は、個体に「内住する(inwohnend)」本質や普遍を自覚し、みずから普遍そのものとして語ろうとすることに向けられるからである。こうして哲学自身のイデオロギー的倒錯が自覚されてくる。この時期の手紙交換には、「共産主義からの哲学の篩い分け(Sichtigung)」(MEGA² III-1-513)という表現も散見する。これが『フォイエルバッハ・テーゼ』や『ドイチェ・イデオロギー』第一部(一八四五／四六年)に見られる「イデオロギーとしての哲学」である。

もちろん、単なる哲学批判に終始するだけでは哲学の内部にとどまる。マルクスは後年、この時期に「哲学的良心の清算」(MEW 13-10)をおこなったと回想しているが、「哲学的良心の清算」は、現にわれわれが入り込んでいる生活諸関係の歴史的総体に関する「現実的でポジティヴな学」(H-33)の展開としてポジティヴに遂行されねばならない。

④けれども、哲学的思弁に反対して「ポジティヴな」学的認識を進めると、日常意識や俗流意識やポジティヴィズムに対する批判が避けられない。批判のベクトルは逆方向に向かう。生活当事者には、またこれに無批判に追随するポジティヴィストには、転倒した事態こそが「自然」な事態であり、表層の現象形態こそが本質そのものとして「見える」のだ。そこで社会的存在の存在論をめ

ぐる批判の闘いとなる。その闘いの中で、「批判的概念把握」の出自としての哲学、とりわけヘーゲルが彫琢した弁証法の積極性も自覚されるのである。これが『資本論』第一巻第二版後記(一八七三年)にうかがわれる観点である。

しかし哲学に戻ったのではない。晩年には、自分の思想がヨーロッパの社会主義者たちに受容されるに応じて、自分の経験的理論研究の学的成果が「最大の長所が超歴史的であるという点にあるような、普遍的な歴史哲学的理論の万能の合い鍵」(MEGA² I-25-116/117)として「歴史哲学」化される危険が自覚され、これらを峻拒するのである(ザスーリッチへの手紙下書き、一八八一年、など)。「マルクス主義」の「歴史哲学」化は、すでに最晩年のマルクス自身が強く憂慮するところであった。

マルクスの矛盾をはらんだ思想行程のこの転変史の全体、この個性的プロセスの全体こそが、マルクスにおける哲学の意味なのであり、哲学に対するマルクスの関係なのである。この転変史の中に〈マルクスの〉思想行程としての連続性もまた確認されねばならない。われわれは、彼の情況的実践の推移から、ある特定の局面を切り離して、哲学に対するマルクスの「真の」または「最終の」関係を特定するというアプローチは取らない。第一、第二モデルを含めて四つのモデルのそれぞれが、少なくない現代的意味を持っていると思われるが、当該意識としてのマルクスに内在するかぎりは、第三モデル以降、彼が哲学の外部にポジションを取り続けたということは、ごまかし抜きに確認しておかねばならない。

［5］意識論の端初規定

「加上」諸形態からマルクス「自体〈へ〉」目を向けかえる場合、基本概念の端初規定の確認が核心的課題となる。なぜなら「加上」諸形態は、マルクスの言明のあれこれを「適宜」組み込んでいるのであって、問題はそれらをどういう端初規定から展開するのかという点での、根本的無自覚にあるからだ。私は「意識論」と「国家論」についてこの作業を試みた。このうち、意識論の端初規定を最初に論じたのは、一九八九年の「マルクスの意識論」（季報『唯物論研究』第三三／三四号）である。

意識論で「党哲学」の基本に置かれたのはレーニンの『唯物論と経験批判論』（一九〇八年）である。そこでは「物質」と「意識」と「独立」と「反映」の四カテゴリーが相互限定的に定義された。〈物質は意識から独立で意識に反映されるものである〉。〈意識は独立な物質の反映である〉。レーニンのこの議論は、単純化すると、二〇世紀初頭の現代物理学論争に一七世紀、一八世紀の反映論的知覚論で立ち向かおうとしたものである。だが、レーニンの政治的権威のために〈意識は独立な物質の反映である〉という意識＝反映説が重くのしかかってしまった。端的に言って、マルクスの意識論とはまったく無関係の世界へ迷い込んだ感があった。

私はマルクスの意識論の端初規定の抽出を主に三つのテクストからおこなった。第一は、いわゆる『経済学哲学草稿』（一八四四年）第一草稿の「疎外された労働」のある箇所（MEGA² I-2-240）からで、定式化すると、〈意識とは、自分を自分の生活活動から区別し、自分の生活活動自身を対象とする人間たちのあり方である〉となる。第二は、『ドイチェ・イデオロギー』第一部（一八四五／四六年）の最古層と推定されているある箇所（H-28）で、定式化すると、〈意識とは、自分を取り囲んでいるものに対する自分の関係が自分自身に対して関係として現存するという人間のあり方である〉となる。これを抽出した箇所はよく注意すると三層からなっていて、第一層はエンゲルス筆跡の地の文、第二層はエンゲルス加筆分、第三層は第二層へのマルクス加筆分である。この箇所は主題的熟考の表現なので自覚度はきわめて高い。第三は、『資本論』第一巻初版（一八六七年）の自生的実践→当該意識→学的反省意識という三段階的構成を論じた箇所（MEGA² II-5-46）で、定式化すると、〈意識とは、人間たちの他者との実践的関係が関係として彼らに向かって定在しているあり方である〉となる。

これら三つの定式などからマルクス意識論の特徴を敷衍すると、次のようになろう。すなわち、意識は無前提な何かでなく、つねにすでに一定の生活活動（対象との実践的諸関係）を前提にしている。その意味でマルクスは生活活動の実在論に立っている。意識の対象もふたたび生活活動であるが、意識の前提のすべてが意識の対象になるわけではなく、意識は地平性をもつ。人間たちは通常、意識的生活活動をおこなっているが、その意味は、生活活動そのものを「対象とし〈つつ〉」、生活活動をおこなっているということである。また、意識は個別主観的でかつ共同主観的であるという二重性をもつ。

あくまで総体としての意識が総体としての生活活動を「対象とする」のであるが、対象としての生活活動は、活動主体―活動対象―活動そのものに分節化していくし、意識つまり「対象とする」あり方のほうも、認識の「対象とする」、価値判定の「対象とする」、構想力の「対象とする」、意志の「対象とする」、などに分節化してくる。この分節化は、本来ならば統一的なものの諸契機にすぎないものが自立化する可能性をはらんでおり、客観主義、主観主義、認知主義、主意主義など、意識のあり方をめぐる一面化がそこから生じる可能性をはらんでいる。

意識の端初規定と意識の特殊諸規定とは明確に区別されるべきである。意識には、それぞれの文脈で超越論的構造、生理構造、言語構造、行為制御構造、イデオロギー構造、深層／表層構造、パーソナリティー構造など、部分的に重なり合うさまざまな特殊構造が確認されている。このうち、マルクスが多少主題的に扱っているのは意識のイデオロギー構造だけで、他は断片しか残されていないが、これら特殊諸構造と区別して意識の端初規定が立てられるべきだということの意味は、つねに人間たちの生活活動との関係を前提に置いて意識の特殊諸構造をとらえるという要請を立てることにほかならない。

たとえば、生理学的唯物論は意識の端初規定と意識の生理構造の混同をはらんでいる。「人間たちが意識する（人間たちが自分の生活活動を対象とする）」と「脳が意識する」という基本命題を対比するとただちに明らかなように、生理学的唯物論は、意識の端初規定や他の特殊諸構造をまったく視野に入れず、もっぱら生理構造との関係だけで意識をとらえようとする一面性に陥っているのである。

人間たちは自分の生活活動を言語的形式で「対象とする」のであるが、意識の言語構造でマルクスが断片的に指摘しているのは、意識の「類」対象性の問題、意識の「交通性」の問題、そして意識の「自立化」の問題などである。意識のイデオロギー構造についても断片的な指摘にとどまっているが、ここで鍵になるのは、人間たちが自分たちの社会的生活活動を「対象にする」とき、この社会的生活活動そのものの内部の特定の「彼らの実践的生活位置〈から〉」（H-72）「世界の中で彼らが占める位置」（MEGA¹ I-VI-129）〈から〉「対象としている」という、生活諸関係による意識の二重の制約関係である。社会的生活諸活動は意識の対象として意識内容を制約するだけでなく、意識主体自身がつねにすでにその中の特定の生活位置を占めつつ、そこを視座としてしか社会的生活諸活動を「対象とする」ことができないのである。生活活動は意識の対象である前に意識の前提である。この区別がここで生きてくる。

意識のイデオロギー（観念学）的構造は、この二重の制約の視点から、一定の意識が自生的集合的に、個別的自覚的に生産される「思想の生産」のメカニズムを反省し、一定の社会的共同行為を促進、抑止、正当化、非難するという意識の相互行為的機能に着目し、当事者たちには自覚されない倒立構造を反省するのである。

認識論についても主題的展開はないが、認識論との接点はいくつか確認できる。その最大の特徴は、認識を自立系と見ず、実践の契機として見る点にある（『フォイエルバッハ・テーゼ』第二）。しかし、意識の端初規定の自覚的確認の立場から言えば、実践の契機としての認識という視点は、認識を意識の契機として見ることによってはじめて概念的に把握可能となる。人間たちは意識的生活活動を営む。つまり、生活活動を「対象とし〈つつ〉」生活活動を営む。「対象とし〈つつ〉」の中には、情況の認識も、それへの価値判定も、反応行動の構想（目標）も、反応過程の意志的制御も含まれる。このような過程の中に認識は位置を占めている。現実は、それ自体としてではなく、「情況」や「環境」や「前提」や「条件」や「手段」や「独立」として、実践過程に即して認識されるのである。

実践の契機としての認識は、実践の領域により類別される。日常実践には日常認識が、工場制生産には普遍労働としての自然科学的認識が、システム再生産的実践には「俗流経済学」が、そして社会変革実践には「学的社会主義」が、契機として組み込まれている。ここでは「普遍的労働」についてみておこう（MEGA² II-4-2-159）。一七世紀、一八世紀の自然科学はいわば職人段階であるが、一九世紀後半には大工業モデルで再編されてくる。直接的生産過程自身、労働主体→労働手段→労働対象→生産物のサイクルを循環しつつ、旧モデル→欠陥→工夫→新モデルという認識サイクルを構造的に随伴しているが、「普遍的労働」では新たな認識の獲得自体が直接目指され、認識主体（能力、編成）→認識手段（物的知的諸装置体系や実験）→認識対象→生産物（科学モデルや命題）というサイクルを循環しつつ、モデル更新をおこなっているのである（＊4）。ここでも人類的規模で見られた生活活動の基盤的条件を「対象とする」のであるが、それ自身が生活活動の分業的一過程として編成される。ところが、「普遍的労働」当事者である自然科学者たちはきわめて細分化された分業の中で細分化された対象を認識しているので、生活活動の全体は誰一人として「対象とする」ことはない。ここにマルクスは「抽象的自然科学的唯物論の欠陥」（MEW 23-393）を見ようとするのである。

［6］唯物論

一九九二年に「「唯物論者」「唯物論」「唯物論的」のマルクスによる用例一覧」（季報『唯物論研究』第四三／四四号）を作成してみた。マルクスは、「弁証法的唯物論」も「史的唯物論」も「唯物論的歴史観」も一度も使っていない。エンゲルスは一八五〇年代の末に「唯物論的歴史観」を使いはじめ（MEW 13-470）、晩年にはこれとほぼ同じ意味で「史的唯物論」も用いた（MEW 38-464）。「弁証法的唯物論」の方はプレハーノフにはじまると思われる（『ヘーゲル論』一八九二年）。つまり、これらの用語法はすべて「加上」形態なのであって、唯物論についてもマルクス「自体へ」迫り直す必要がある。「マルクスにおいて「唯物論」は何を意味したか」（季報『唯物論研究』第六号、一九八二年）にはじまるマルクス唯物論の再読作業をとおして、次のことが確認できた。

唯物論へのマルクスの移行が確認できるのは、いわゆる『経済学哲学草稿』第三草稿（一八四四年八月執筆）の「完成された唯物論」とか「真の唯物論」という表現においてである。唯物論に対するこの態度変更の背景としては、彼が移住した当時のパリにおける実在する唯物論運動があった。フランスの社会主義者や共産主義者の一部は唯物論者を自称していたのだ。マルクスはこれに対して批判的留保をおこないつつも、フォイエルバッハが基礎を与えていると思われた「真の唯物論」を対置するかたちで、みずから唯物論への移行をおこなっている。唯物論と共産主義への移行はほぼ一体的過程であったと考えられ、フランスの唯物論的共産主義の影響が見えてくる。晩年のエンゲルスが『フォイエルバッハ論』で描いたように、フォイエルバッハが『キリスト教の本質』（一八四一年）でまず唯物論を宣言し、これに影響されてマルクスが唯物論に移ったという事態はまったくありそうにない。実態はむしろ、パリにいる〈マルクスの方が〉フォイエルバッハを「真の唯物論」と〈読み込んだ〉と言うべきである。

マルクスの唯物論を、唯物論「哲学」と誤認してはいけない。彼の唯物論は、後年の表現を用いると「批判的唯物論的社会主義」（MEW 19-229）という形態規定を離れては存在しないのである。

いささか図式的に言えば、「社会主義」は近代市民社会を揚棄する歴史的運動の基本目標を表し、「批判的」はこの運動のあるべきスタイル（「教義的」スタイルに対置される）を表し、「唯物論的」はこの歴史的運動の物質的制約諸条件を不断に自覚化するよう要請するものである。

マルクスは、「市民社会の唯物論」（MEW 1-277）を、「国家の観念論」との「反省的対立」をはらみつつ、近代社会における人々の意識と行動のドミナントなあり方を表すものと見ており、この「唯物論」理解は『資本論』体系における「フェティシズム」論や「物象化」論と直接連続している。「批判的唯物論的社会主義」は〈本質的に〉唯物論批判でもあり、カントの「誤謬推理」やヘーゲルの「無限判断」など伝統的唯物論批判の論理がマルクス物象化論にも確認できる。物象化過程がますます深化しているこの二一世紀において、マルクスの唯物論批判がもつ戦略的意味はきわめて大きい。哲学史を唯物論と観念論の「二大陣営」に分けた晩年のエンゲルスの「加上」によって、この面が隠れてしまったのは致命的であった。

マルクスの物質概念は、アリストテレスの「第一質料」でもなく、ニュートンの「質量」の担い手として要請される粒子でもなく、ロックの「感覚を触発する」物自体でもなく、エンゲルスの「世界の統一性」（MEW 20-327）を支える主体―実体としての物質でもない。まさに人間たちの「物質的生活」の概念である。ちなみに、『ドイチェ・イデオロギー』第一編「フォイエルバッハ」では九カ所、『経済学批判』「序言」では二カ所にこの概念が出てくる。「物質的生活」の概念は当時の社会主義文献ではきわめて頻繁に用いられた。危機に直面した労働者たちは物質的生活の協同の組織化を目指したのであり、この課題は今日のアソシエーション運動にも連続している。「食の安全」といい「地球環境危機」といい、問われているのは「人間たちの物質的生活」の問題性であり危機であり再建なのである。

人間たちは意識的な物質的生活活動を営み続けているが、「物質的生活」のすべてが意識の「対象となる」ことはない。「物質的生活」の体系的叙述において、最初におかれるのは自然一般ではなく、身体的自然と環境的自然の間の「不断のプロセス」(MEW 23-535) である。そこから意識的な「物質的生活の生産」へと進み、さらには分業と「社会的質料転換」へと進み……などと、「物質的生活の生産様式」の全体叙述を進めていかねばならない。もちろん、これらの過程をとおして「自然的質料転換の破壊力」(MEW 23-198) も不断に体験される。自然の本源性や独立性はこのように、意識的な物質的生活活動の限界としてはじめて「対象となる」のである。

「批判的唯物論的社会主義」は、近代市民社会の揚棄を目指す歴史的運動への実践的コミットを呼びかけるのであるが、マルクスの唯物論テーゼは、参加者たちに向かって自分たちの運動の生成、目標と過程、勝利と敗北などを条件づけている物質的生活諸関係の自覚化を促すのである。だからそれは「物質的生活」のあり方に一切を還元する還元論的唯物論でもないし、意識的な変革的実践抜きに物質的必然で歴史が一義的に動くと見る決定論的唯物論でもないし、「物質的生活」が自己目的とされる目的(価値)の唯物論でもない。あくまで「物質的諸制約(Bedingungen 条件づけているもの)」の唯物論なのである。〈何が〉〈どう〉条件づけているかは、調査や研究をとおして経験的に確認されねばならない。その労苦を省いて理念や教義だけで運動をすべきでない。手紙交換などで唯物論がアッピールされるのは、ほぼそういう文脈においてである。

［7］国家論の端初規定

国家論についても、レーニン『国家と革命』（一九一七年）が「加上」形態として重くのしかかった。帝国主義戦争とロシア革命の渦中でカウツキーの「背教」を糾弾しつつ、「階級支配の機関」としての国家をきわめて超越的に打ち出したこの国家論が、各時期の硬直した戦術的対応を正当化し、のみならず苛烈な国家テロルさえ正当化した面も否定しがたい。この問題についても多くが論じられねばならないが、その根本にマルクス国家論の端初規定への無関心ないし無視があった――、これがこの問題での私の再読の焦点である（＊5）。

私は四つのテクストからこれを抽出した。すなわち、「ある時代の全市民社会が自分を総括する形態」（『ドイチェ・イデオロギー』一八四五／四六年、H-148）、「国家……つまり社会の公的総括」（アンネンコフへの手紙、一八四六年末、MEGA² III-2-71）、「政治権力とは市民社会における敵対性の公的総括である」（『哲学の貧困』一八四七年、MEGA¹ I-6-227）、「国家の形態での市民社会の総括」（『経済学批判要綱』一八五七／五八年、MEGA² II-1-43）である。

政治とはまずは「市民社会の公的総括」の活動、「市民社会の公的総括」の過程なのであり、国家とはまずは「市民社会の公的総括」の制度である。「総括（Zusammenfassung）」とはひとつに束ねることである。マルクスでは、国家や政治領域は無前提な何かではなく、固有の前提として「市民社会」を持っている。国家や政治過程はつねに「市民社会」との関係において見られねばならない。そして、「市民社会」から国家や政治過程が分節化してくる〈まさにそのそこ〉（結節）が「市民社会の公的総括」なのだ。つまり、市民社会は自生的部分的にさまざまな自己総括をおこなうが、公的にも自己を全体総括しなければならない。そこに国家や政治の固有の領域が分節化してくるのである。その場合、「市民社会」のあり方が「公的総括」のあり方を「条件づける」。もし「市民社会」が敵対的分裂をはらんでいれば、「公的総括」も敵対的形態をとるだろう。逆にもし「市民社会」の敵対性が揚棄されれば、その度合いに応じて、政治権力の揚棄、「社会への再吸収」も進むだろう。

このようにしてマルクス国家論は、①総括国家規定、表現国家規定、上部構造国家規定、②分業国家規定、幻想国家規定、自由主義国家規定、③階級国家規定、道具国家規定、④国家間関係規定、⑤近代国家の生成史、の五つの概念的契機からなると考えられる。これが私の整理であった。有名な上部構造国家規定は、市民社会のあり方による制約のもとでおこなわれる公的総括過程のダイナミックな展開を、建築学的静態イメージで表しており、誤解のもととなった。また、階級国家規定に先立つ諸規定は、階級国家という「本質」を隠蔽する単なる仮象なのではない。まさに現代国家そのものの概念の諸契機なのである。もちろん、階級国家規定自体が無効になったとは思えない。しかし概念的媒介を欠いたままこれを振りかざすだけでは、ヘゲモニー、官僚制、福祉国家、国家の経済機能、ナショナリズム、ポピュリズムなど現代国家の諸問題は解けないし、新しい社会運動が陣地戦を闘っている運動の現実にアクセス可能な理論にもならない。

マルクスにおいては、歴史的に成立している一定の「社会」が直接的所与としてつねに理論の前に立てられている。これを「経済構造」へと反省する方向で経済学批判がおこなわれ、「公的総括」へと反省する方向で国家論や政治過程論が展開されるのである。しかしまた、「社会的編成」「社会的生活過程」へと反省する方向で社会理論も展開され、共働的に生産され流通する世界像や社会的意識諸形態へと反省する方向で精神的生活過程論も展開されるのである。これら諸領域はもちろん相互制約的であるが、理論面ではとりわけ物質的生活の構造的あり方による制約をマルクスは重視し、これに力を傾注した。しかし、この中心領域でさえ未完の作業で終わったのであって、他の領域ではフランス同時代史を例外として、論争的文脈でのあれこれの主張や断片が残るのみである。

[8] アソシエーション

私は意識論再読でマルクスの解放論的構想力にも着目した。「世界の哲学化」を目指す「意志としての哲学」、「幻想的幸福」としての宗教、「完成された人間主義」の構想、「ユートピア」社会主義、そして革命家たちを強く拘束する「再演的」構想力などだ。解放論的構想力なしには変革的実践もないが、倒錯と無縁な解放論的構想力など、少なくとも直接にはどこにもない。生活世界から自生的に湧き上がる多様な解放論的構想を、歴史的実践過程の中で対話的共働的に一歩一歩連合させ深化させねばならないのだ。

ところで、再読する当の私の解放論的構想力がもっとも強く反応したのがマルクスのアソシエーション概念であった。これについての最初の論文は「マルクスと「アソシエーション」」(『進歩と改革』一九九一年五月号)であった。

「ソ連型社会主義」のもとでは「アソシエーション(結社)の自由」は事実上封殺されていたので、アソシエーション論の後景への移動はある程度予感された。大月版マルクス・エンゲルス全集ではアソシエーションの語にじつに二〇以上の訳語が与えられており、基本概念としての統一性がまったく隠れてしまっていた。また同版『資本論』には、「コンバインドな労働」と「アソシエイトした労働」をともに「結合された労働」と訳出するという致命的な無理解と誤訳も見られた。それだけでなく、エンゲルスがマルクスの死後、マルクスの遺稿を加筆修正した際、いくつか重大な変更を加えていることもわかった。

〈アソシエーション〉が隠れたもうひとつの理由は、マルクス自身、一八四〇年代末から五〇年代はじめまでの時期に、革命的過渡期をきわめて国家集権的に構想していたことにある。これは、ドイツの三月革命が上からの国民国家的統一を課題とする民主主義革命(したがって暴力革命)であったことに条件づけられている。後年、レーニンが社会民主主義から決別するとき、マルクスのこの面と結合しようとしたことによって、マルクスの国家集権主義的過渡期論がさらにクローズ・アップされてしまった。けれどもマルクスはこの時期においてすら、運動の組織化過程と未来社会の連続性をアソシエーション概念で理解していることを、冷静に見ておく必要がある。

これらの事情もあり、マルクスのアソシエーション論については、単にオーエンやフーリエやプルードンの影響史としてしかとらえない見方が従来非常に強かった。だが再読してみると、そういう見方こそ克服されねばならないことが自覚されたのである。早くも「ルソー『社会契約論』抜粋ノート」(一八四三年夏)で「政治体」を「ひとつのアソシアシオン」として構成しようとするルソーが注目され、『ドイチェ・イデオロギー』(一八四五/四六年)では「諸個人の連合化」論を展開している。『共産党宣言』(一八四八年)では、草案段階で労働者たちのキー・ワードであった「財貨共同体」を、すべてマルクスが「アソシエーション」に置き換えている。彼が理論面でリードした

「国際労働者アソシエーション」の基本文書でも、「自由で平等な労働者たちのアソシエーション」が基本目標として立てられていたし、同じ時期に執筆された『資本論』にも、「アソシエイトした生産様式」など、未来の経済システムの特徴づけが頻出するのである。「アソシエーション(Assoziation)」や「アソシエイトした(assoziiert)」は、一面で未来社会を特徴づける基本概念として、他面で現状を未来社会へと媒介する実践的運動の基本形態を表す概念として、一貫して用い続けられているのであって、マルクスのアソシエーション論は誰かの借り物でなく、マルクス独自の綜合として理解されねばならない。資本家に「寄せ集め」られた労働者たちが、賃金維持のために「相互にアソシエイトしよう」として提携する。「部分的提携」から「持続的提携」へ、地域ユニオンから「トレードユニオンの全国的アソシエーション」に至ると、提携は「政治的性格を帯び」、「対自的階級」として登場するに至る(『哲学の貧困』一八四七年、MEGA^{1} I-6-226)。このようにアソシエーションは未来社会と現在の運動の連続性そのものにほかならない。

「アソシエイトした知性(assoziierter Verstand)」(MEGA^{2} II-4-2-331)という表現も注目される。資本制のもとで生産の連関が「盲目的法則として」生産当事者に暴力的に作用するのに対して、未来社会では「生産当事者たち」が「彼らのアソシエイトした知性として」生産の連関を共同のコントロールの下に置くのである(ただしこの箇所にもエンゲルスの修正が入っていた)。端的に言えば、経済プランの合理性を担うのは国家の経済官僚や知識人ではなく、生産当事者たち自身の「アソシエイトした知性」なのだ。この概念はハーバーマスの「コミュニケーション的理性」に通底するものを感じさせさえする。

共産主義を「自由な個人性」の実現と見るマルクスの議論の運びも、ヘーゲルに親しんだ者ならそれほど無理なく了解できる。マルクスは『経済学批判要綱』(一八五七/五八年)などで、交換論、所有論、労働論、人格論に即して三段階図式を提示している。これはエンゲルスが理解するような「否定の否定の法則」なのではまったくない。まさにマルクスの実践的綜合の歴史的構想なのである。その最終の第三段階には「自由な交換」「個人的所有」「労働の活動への転化」「自由な個人性」が置かれている。アソシエーション論の自覚化により、これらの意味も解明できることになった。もし、われわれがこの最終段階に驚きを感じるのであれば、その驚きをわれわれ自身の内なるバリアの厚さにも向けなければならない。

[9] おわりに

私は「〈マルクス学〉者」ではない。マルクスを再読しつつ、自分たちの生きる二一世紀の現実で思想家として生きたいと願っている。しかし、マルクスを知的格闘のプロセスに置きいれて再読していくと、かえって自分の中途半端さや凡庸さが自覚されて、気おくれしてしまう。エンゲルスがわれわれに準備してくれた大衆政治文化としての「マルクス主義」の必要性を感じてしまうときさえある。だが、マルクスの中のかなり大きな構造的空白も自覚できた。それは人称的に分節化した日常生活世界の分析と批判である。私は二一世紀の陣地戦として「アソシエーション革命」を提唱しているが、これを構成する新しい社会諸運動は、日常生活世界の批判と歴史世界批判を重ね合わすことが求められている。この点については機会を改めることにしたい。

註

（1）「シュタルケとエンゲルスのフォイエルバッハ論——エンゲルスによる「哲学の根本問題」導入の経緯」（杉原四郎ほか編『エンゲルスと現代』御茶の水書房、一九九五年）、のちに『マルクスと哲学——方法としてのマルクス再読』（新泉社、二〇〇四年）に補論1として収める。

（2）「哲学に対するマルクスの関係（上）——東ドイツ哲学の歴史的検証」（季報『唯物論研究』第五五号、一九九五年）、のちに『マルクスと哲学』に補論2として収める。

（3）最初の試みは「廣松渉——マルクスと哲学の間」（『情況』一九九四年一一月号）、のちに『マルクスと哲学』第1章で展開。

（4）花崎皋平『マルクスにおける科学と哲学』社会思想社、一九七二年、一五五頁。

（5）「マルクス国家論の端初規定」（『現代と展望』第三五号、一九九三年）、のちに『マルクスと哲学』に第9章として収める。

増補第4章

「アソシエーション」「アソシエイトした」のマルクスによる用例一覧

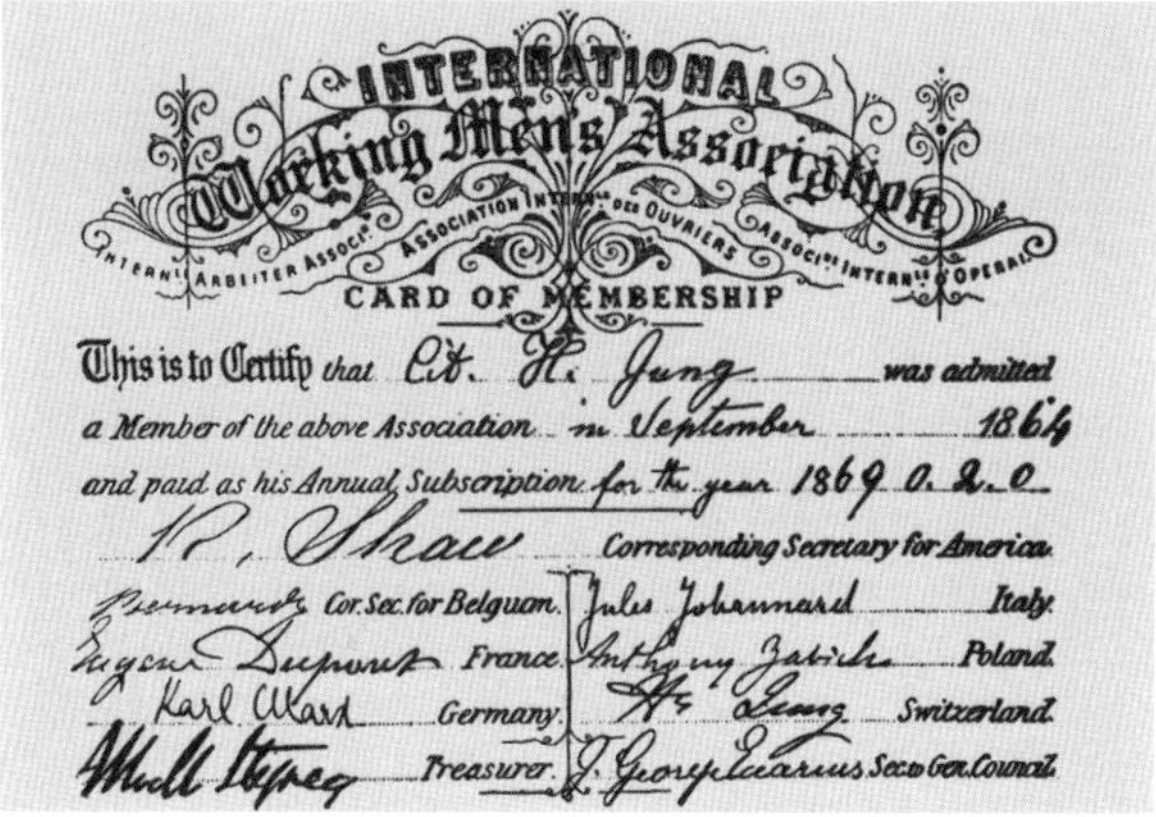

「その形態はどんなであれ，社会（société）とは何でしょうか．人間たちの相互的行為の所産です.」　（アンネンコフへの手紙）

章扉写真：国際労働者アソシエーション会員カード
（出典）Hulton-Deutsch Collection.

一、独 Assoziation, assoziiert（マルクスは通常は Association, associiert と表記）, 英 association, association, associated, 仏 association, associé を、それぞれ「アソシエーション」「アソシエイトした」と訳した。もちろん英語の発音に忠実には「アソウシエーション」「アソウシエイトした」となるが、カタカナ表記の長い慣行があるので、それに従う。またフランスの思想と運動を表す場合、適宜「アソシアシオン」や「アソシエ」（アソシエーション成員を表現する場合が多い）と訳している。

一、同義あるいはかなり重なり合う意味で用いられていると思われる場合、Vergesellschaftung, vergesellschaftet（社会化、社会化した）, Verein, Vereinigung, vereinigt（連合、連合化、連合化した）などの用例の一部も含めた。

一、マルクスの活動圏でのアソシエーションという言葉の使用例を知るために役立つと思われる場合、エンゲルスの用例の若干を含めている。

一、「国際労働者アソシエーション」（英 International Working Men's Association, 独 Internationale Arbeiter-assoziation, 仏 Association Internationale des Travailleurs）など団体名での用例は省略した。

一、作成に際しては、新旧メガおよび MEW の各巻末に付された索引も利用した。アソシエーション概念への注目が非常に不十分だったことを反映して、新メガの新しい巻の一部を除いて、索引は十分とは言えない。著作としては、大谷禎之介『マルクスのアソシエーション論』（桜井書店、二〇一一年）がとくに『資本論』草稿関連で参考になった。

一、すべて田畑による新訳である。原文イタリックスの箇所は、必要と思われる場合のみ傍線を付した。初出がドイツ語以外の場合は、可能なかぎり初出原文から訳し、「〈英語〉〈仏語〉」などと指示した。

一、公刊されたものは公刊時点を、草稿や抜粋ノートは執筆推定時期を明示し、時系列で並べた。

一、引用箇所指示の詳細については巻頭の凡例を参照いただきたい。

一、中略箇所は「……」、原文改行は「／」で示した。

◉──「ルソー『社会契約論』(1762) からの抜粋」〈仏語〉(1843夏)

「すべての共同の力でもって、各アソシエ［アソシアシオン成員］の人身と財を守り保護するような、またそれによって各人は万人に結びつき、にもかかわらず自分自身にしか服従せず、従来同様自由であるような、アソシアシオンの一形態を発見すること。これこそ社会契約が解を与えるべき根本問題である」(MEGA² IV-2-91)。

「アソシアシオンの行為は、ただちに、各契約者の特殊な人格に代わって、モラル的集合的団体を生産する。それ［団体］は、集会 (assemblée) の有する投票数と同数のメンバーから構成され、同じ［アソシアシオンの］行為からその統一、その共同の自我、その生命と意志を受け取る。この公的人格は、……シテ［都市国家］……共和国……または政治体。それは、受動的な［法に従う］場合は Etat［国家］、能動的な［法を制定する］場合は souverain［主権］、その同類のものとの比較において puissance［権力］と、メンバーたちによって呼ばれる。アソシエについていえば、彼らは集合的には peuple［人民］という名称を持ち、個別には、至上の権威に参加するものとしては citoyens［市民］、国家の法に従うものとしては sujets［臣民］と呼ばれる」(MEGA² IV-2-92)。

「部分的アソシアシオン［党派］が大アソシアシオン［政治体］を犠牲にしてつくられると、これら［部分的］アソシアシオン各々の意志が、そのメンバーに対して一般的［意志］となり、国家に対しては特殊的［意志］となる。その場合には人間と同数の投票者は存在せず、アソシアシオンと同数の投票者となってしまう」(MEGA² IV-2-94)。

「法は本来、市民的アソシアシオン（association civile）の条件でしかない。法に従う人民がそれをつくるのでなければならない」（MEGA² IV-2-96）。

◉——［エンゲルス執筆］『大陸における社会改革の進展』〈英語〉（1843.11.4）

「フーリエのもうひとつの功績は、アソシエーションの優越性、否、その必要性を示したことにある。イギリス人はその［アソシエーションの］重要性を熟知していることを私は知っているので、この点については指摘しておくだけで十分だろう。

しかしながら、フーリエ主義にはひとつの不整合、しかもきわめて重大な不整合がある。それは私的所有を廃絶しないという彼の考え方である。彼のファランステール、つまりアソシエーティヴな諸施設の中には、富者と貧者、資本家たちと労働する人々が存在する。全メンバーの所有物は共同ストックに移され、この施設が商業や農業的工業的産業を進めて、収益はメンバーの間で分配される。一部分は労働の賃金として、第二の部分はスキルと才能の報酬として、第三の部分は資本の利益としてである。こうしてアソシエーションと自由な労働についてのすべての美しい理論の後で、また商業や自分本位や競争に反対する怒りの熱弁の後で、われわれが持つのは実際には、改良されたプランの上に立つ古い競争システムであり、いっそうリベラルな原理の上に立つ貧窮法監獄なのである」（MEGA² I-3-500, MEW 1-483/484）。

◉——『パリ草稿』（いわゆる『経済学哲学草稿』1844）

「土地に適用されたアソシエーションは、国民経済の見地からみての大土地所有の長所を分かち持つとともに、［土地］分割がもつ本源的傾向、すなわち平等を、はじめて実現する。同様にまた、このアソシエーションは、もはや農奴制や領主制や馬鹿げた所有神秘説などによらない理性的なやり方で、土地に対する人間の情緒的関係を再建する。というのも、土地は掛け値取引の対象であることをやめ、自由な労働と自由な享受によってふたたび人間の真の人格的な所有となるからである」(MEGA² I-2-232, MEW Eg.1-508)。

「共産主義的職人たちが連合するとき、彼らには最初は教義や宣伝などが目的となる。だが、彼らはそれをとおして同時に新しい欲求、つまり社会［結社、社交］の欲求（das Bedürfniß der Gesellschaft）を獲得し、手段として現象するものが目的となっている。フランスの社会主義的労働者たちが連合しているのを見るならば、この実践的運動をもっとも輝かしい諸成果の下で目撃することができる。喫煙、飲酒、食事その他は結合の手段、結びつける手段としてあるのではない。社会［結社（Gesellschaft）］、連合、そして談話――これはまたこれで社会［結社］を目的とするのだが――で彼らは満ち足りており、人間たちの兄弟愛は彼らの下では単なる言葉でなく真実であり、人間性の高貴さが労働で鍛えられた姿からわれわれに向かって光を放つのである」(MEGA² I-2-289, MEW Eg.1-553/554)。

◉――『**聖家族**』(1844.9~11 執筆、1845.2 刊)

「批判的批判に従えば、すべての不幸は単に労働者たちの「思考」によるものだ。たしかに、イギリスやフランスの労働者たちは諸アソシエーションを形成している。そしてそれら［アソシエーション］の中では労働者としての彼らの直接的諸欲求のみならず、人間としての彼らの諸欲求が、彼らの相互的教育（wechselseitige Belehrung）の対象となっており、その上、また彼らはそれらアソシエーションの中で、彼らの協働（Zusammenwirken）から生じる「莫大な」「はかりしれない」力について、きわめて根本的で包括的な意識を表現している。だが、たとえばマンチェスターやリヨンの仕事場で働いている大衆的、共産主義的な労働者たちは、「純粋思考」によって、彼らの工場主や、彼ら自身の実践的な屈従を除去できようなどとは信じていない」(MEW 2-55)。

◉――[エンゲルス執筆]『イギリスの状態』(*Vorwärts*, No.83, 1844.10.16)

「さらにアソシエーション[結社]の権利(das Assoziationsrecht)の問題がある。合法的目的を合法的手段で追求するすべてのアソシエーションは許可される。だが、それらはどのような場合もひとつの大結社(eine große Gesellschaft)を形成できるだけであって、支部アソシエーション(Zweigassoziation)は含まれない。別個の組織を持つ地方支部に分かれる諸結社の形成は、慈善目的や、一般に金銭上の目的にしか許されず、しかもこの場合、指定された官吏の証明書をもらってようやく開始されるのである。社会主義者たちはその種の目的を提示することによって、彼らのアソシエーションのための証明書を手に入れた。ところがチャーティストたちには、その規約に社会主義者の結社の規約を文字どおり引き写したにもかかわらず、証明書交付は拒否された。彼らは、今では法律を迂回することを余儀なくされており、その結果、チャーティストのアソシエーションのただ一人のメンバーによるただひとつの誤記でも、結社全体が法律の罠に落ち込みかねない状態にある。だがこのことを別としても、全範囲におけるアソシエーションの権利とは、富者の特権なのだ。アソシエーションにはとりわけお金が必要である。そして貧しいチャーティストの結社とか、アソシエーションのための単なる経費を賄うだけのイギリス鉱夫のユニオンよりも、富裕な反穀物法同盟が数十万ポンドの金を調達する方が、容易なのである。使用可能な基金を持たないアソシエーションでは、ほとんど意味がないし、どんな煽動もできないのだ」(MEW 1-584/585)。

◉——〔エンゲルス執筆〕『イギリスにおける労働階級の状態』(1845)

「しかし労働者たち相互のこの競争は、労働者たちにとっては今日の諸関係の最悪の側面であり、ブルジョワジーの手中にあるプロレタリアートへのもっとも鋭い武器である。だからこそ、この競争を、諸アソシエーションをとおして揚棄しようとする労働者たちの努力があり、これらのアソシエーションに対するブルジョワジーの憤激、これらのアソシエーションが被るあらゆる敗北に対する彼らの凱歌があるのだ」(MEW 2-306/307)。

「イギリスの労働者たちが諸アソシエーションや政治的諸原理の中で言明している公共的(öffenlich)な性格については、のちにくわしく述べなければならない……。労働者は日常生活においてブルジョワよりはるかに人間的である。前述のとおり、乞食は労働者に物乞いするのが常であり、一般的に言えばブルジョワジーの側からよりも労働者の側からの方が貧者たちの扶助のために多くをなしている」(MEW 2-351/352)。

「この法律は一八二四年に通過し、これまで労働者の諸目的のための労働者間の結合を禁じてきたすべての法令が廃止された。労働者たちは、これまで貴族とブルジョワジーにしか属さなかった自由なアソシエーション〔結社〕の権利を獲得した。……すでに一八一二年に、グラスゴーの職工の間でゼネストが生じたが、それは秘密のアソシエーションにより起こされたものである。ゼネストは一八一八年にもおこなわれたが、このとき、アソシエーションに加入しようとせず、アソシエたちによって(von den Assoziierten)自分たちの階級への裏切り者とみなされた二人の労働者が目に硫酸を浴びせられ、両目の視力を失った。……労働者たちが一八二四年に自由なアソシエーション〔結社〕の権利を獲得したとき、これらの〔秘密の〕組織は急激にイギリス全土に広がり、強力となった。すべての労働分野で、かかる連合(Vereine)(トレード・ユニオン)が、ブルジョワジーの暴政と軽視から個々の労働者を守るために結成された」(MEW 2-432/433)。

◉——「A・ドゥ・ラボールド『共同体etc.の全利益におけるアソシアシオンの精神』(1818) からの抜粋」〈仏語〉(1845.4~7)

＊ この抜粋は、いわゆる「ブリュッセル・ノート」に含まれている。新メガの一〇頁にわたるかなり長い抜粋(MEGA² IV-3-219~228) の中で、アソシアシオンの語も頻出する。残念ながらこの用例一覧では省略せざるをえない。後出のとおり、マルクスはこの抜粋ノートを利用し、『経済学批判草稿 一八六一~六三年』では「こいつは、このアソシエーションがどんな種類のものなのかを問うことがないのだ」(MEGA² II-3-2086) とコメントしているし、また『資本論』第一部 (一八六七年初版) の注では「資本制的生産過程のすべての発達した諸形態は、協業の形態であるから、これら諸形態から特殊な敵対的性格を捨象し、それらを自由なアソシエーション形態の夢物語に作りかえるほど容易なことはない。ちょうどA・ドゥ・ラボールド伯の『共同体etc.の全利益におけるアソシアシオンの精神について』(パリ、一八一八年) のように」(MEGA² II-5-431/432, MEW 23-555) と書いている。

◉——［エンゲルスと共同執筆］『ドイチェ・イデオロギー』(1845/46)

「第二の形態は古代の共同体所有および国家所有であり、これは契約または征服による多くの部族の一都市への連合化 (Vereinigung) から生じ、この所有形態のもとで奴隷制も存続し続けた。共同体的所有と並んですでに動産の私的所有が発達し、のちには不動産の私的所有も発達したが、それは例外的で、共同体所有に従属する形態としてであった。公民たちは彼らの共同社会の中でのみ労働する奴隷たちに対する《支配》権力を保持したから、この理由からしてすでに公民たちは共同体的所有の形態に縛られていた。それ［古代の共同体所有］は、奴隷たちに対抗して、アソシエーションのこの自生的様式にとどまることを余儀なくされた、能動的公民たちの共同の私的所有なのである」(H-80/82,《》内は削除分)。

「この《有機的》封建的編成は古代の共同体的所有とまったく同じで、支配されている生産諸階級に対抗するひとつのアソシエーションであった。ただし《という違いがあった》アソシエーションの形態や直接的生産者たちへの関係が異なっていた。なぜなら異なる《生産諸条件》《生産および交通の諸条件》生産諸条件があったからだ」(H-84,《》内は削除分)。

「土地所有のこの封建的編成に、諸都市における同業組合的所有、つまり《産業の》手工業の封建的組織が対応していた。所有はここでは、主に各個人の労働の中に存立した。アソシエイトした略奪貴族に対抗するアソシエーションの必要性、工業者が同時に商人であった時代における共同の市場ホールの必要、繁栄する都市に《日々》流入してくる逃散農民たちのあいだの競争の高まり、農村全体の封建的編成、これらが諸ツンフトをもたらした(H-84/86,《》内は削除分)。

「不断に都市に流入する逃散農民たちの競争、諸都市に対する農村の不断の戦争《の必要》、それにともなう組織化された都市戦力の必要性、特定の労働にかかわる共同所有の紐帯、手工業者たちが同時に商人であった当時、彼らの商品販売のための共同の建物の必要性、それにともなう当の建物からの部外者の排除、個々の手工業相互間の利害対立、努力して修得した労働を保護する必要、および農村全体の封建的組織、これらが手工業ごとの労働者たちのツンフトにおける連合化の諸原因であった」(H-92,《》内は削除分)。

「これらの［中世］都市は、所有を守り、個々の成員たちの生産手段と防御手段を何倍にも増やすという直接の必要と心配によって形成された真の「連合(Vereine)」であった」(H-92/94)。

「競争は諸個人を寄せ集める(zusammenbringen)にもかかわらず、諸個人を、ブルジョワのみでなくそれ以上にプロレタリアをも、相互に孤立させる。したがって、これら諸個人が《ふたたび連合化される》相互に連合化（sich vereinigen）しうるまでには長い時間がかかる。この連合化――それが単にローカルでない場合――のために必要な諸手段が、つまり大工業諸都市、および大工業による安価で迅速な諸コミュニケーション〔通信、交通〕が創出されていなければならない、という点については言わないにしても。孤立を日々再生産している諸関係の中で生活しているこれら諸個人に対抗するあらゆる組織化された権力は、長期の諸闘争ののちにはじめて克服されうるのだ」（H-114,《》内は削除分)。

「各都市の市民たちは、中世において彼らの身を守るために土地貴族に対抗して相互に連合化することを強いられていた。商業の拡大、諸コミュニケーション〔通信、交通〕の整備は、《いくつかの都市の〈アソシエーション〉連合化へと導いたが、それは封建領主に対抗する利害の同等性にその根拠をもっていた》個々の都市を、同じ対立をともなう闘いで同じ利害を貫いてきた他の諸都市との交流へと導いた。個々の都市の多くの地方的市民圏（Bürgerschaft）から、きわめてゆっくりと市民階級（die Bürgerklasse）が生成した」（H-116,〈〉内は一次削除、《》内は二次削除)。

「分業による人格的諸威力（諸関係）の物件的な諸威力（諸関係）への転化がふたたび揚棄されるのは、それらについての一般的表象を頭からたたき出すことによってではなく、諸個人がこの物件的諸威力をふたたび自分たちのもとに服属させ、分業を揚棄することによってなのである。このことは共同社会（Gemeinschaft）なしには《生じえない》、また共同社会をつうじて与えられる諸個人の完全かつ自由な展開なしには《不可能である》。《共同社会においてはじめて》各個人にとって自分の素質を全面的に陶冶する手段が実存するようになる。したがって共同社会においてはじめて人格的自由は可能となる。これまでの《仮象の》共同社会の代用品では、つまり国家などでは、人格的自由は支配する階級の諸関係の中で発達した諸個人にしか、またこの階級の諸個人であるかぎりでしか実存しなかった。これまで諸個人がそこへと連合化したところの仮象のゲマインシャフト（die scheinbare Gemeinschaft）は、つねに彼らに対抗して自立化したし、それ［ゲマインシャフト］が同時にある階級の他の一階級に対抗する連合化であったために、支配される階級にとってはひとつのまったき幻想的共同社会（eine ganz illusorische Gemeinschaft）であっただけでなく、ひとつの新たな桎梏でもあった。現実の共同社会においては、諸個人は彼らのアソシエーションにおいて、また彼らのアソシエーションをとおして、同時に彼らの自由を獲得するのである」（H-118/120,《》内は削除分）。

「……ひとつの階級の諸個人がその中へ入り込む共同社会的諸関係は、つまり第三の階級に対抗する共同社会的利害によって制約された共同社会的諸関係は、つねにこれら諸個人が平均個人としてしか所属せず、彼らの階級の生存諸条件の中で生活する《彼らが［個人として所属する］共同社会としてでなく、所属する》かぎりでの諸個人としてしか所属しない共同社会であった。つまり、彼らが諸個人としてではなく階級成員として参画する関係であった。これに対して自分たちの、そしてすべての社会成員の生存条件を自分たちのコントロールの下に置いている革命的プロレタリアの共同社会は、正反対である。そこへは、諸個人は諸個人として参画する。〈諸個人の自由な展開と運動〉の諸条件を（もちろん現に展開された生産諸力という前提の内部で）彼らのコントロールの下に置くのは、まさに諸個人の連合化（Vereinigung der Individuen）なのだ」（H-126,《》内は削除分）。

「共産主義はこれまでのすべての生産―交通関係を覆し、すべての自生的諸前提を、はじめて意識を持ってこれまでの人間たちの創出物として扱い、それらから自生性を剝ぎ取り、連合化した諸個人（die vereinigten Individuen）の権力のもとに服属させる。……共産主義が創出する存立体（das Bestehende）は、諸個人から独立なすべての存立体――この存立体がそれ［独立］にもかかわらず、諸個人自身の従来の交通の所産にほかならないかぎりで――を不可能にするための現実的土台である」（H-126）。

「したがってすでに貨幣の中に、これまでのすべての交通（Verkehr）が特定の諸条件下にある諸個人の交通であって個人としての個人の交通ではなかったという事実が横たわっている。これらの諸条件は、蓄積された労働または私的所有と現実の労働の二つに還元される。後者が止むと、あるいは二つのうちの一方が止むと、交通も止むのだ。近代の経済学者たち自身が、たとえばシスモンディやシェールビュリエなどが、諸個人のアソシアシオン（association des individus）を諸資本のアソシアシオンに対置している。他面で、諸個人自身は完全に分業のもとに包摂され、それをとおしてもっとも完全な相互依存の状態になっているのだ」（H-136）。

「……わが善良な市民［シュティルナー］はここでふたたび、文明世界全体に散らばっている「労働者たち」をひとつの閉じられた社会に転化させるのであるが、彼らがすべての困難から自分たちを解放するためには、この社会がひとつの決議をしなければならないだけなのだ。もちろん聖マックス［シュティルナー］は知らないことだが、イギリスだけでも全労働者を単一のアソシエーション（eine einzige Assoziation）へまとめるために、一八三〇年以来だけで少なくとも五〇回の試みがなされたし、現にこの瞬間にもなされているのであって、きわめて経験的な諸理由がこれらすべての企ての達成を挫折させたのだ」（MEW 3-185）。

「ビュシエ［1796–1865, フランスのカトリック社会主義者］は言う。「自分の義務（devoir）を適正に果たすため、献身（dévoûment）が必要だ」と。devoir と dévoûment にどんな違いがあるか、理解できる人は理解したまえ。「われわれは、大きな国民的統一のためにも、労働者アソシアシオンのためにも、万人の献身を要求する。……われわれは連合しており、いつも一人が他者のために献身し（dévoués）ていることが必要である」。必要だ、必要だと言うことは簡単だし、ずいぶん前からそう言われてきたし、これからも言われ続けるだろうが、ほかの手段に訴えないかぎりは、成功は覚束ないのだ」（E・カベ『アトリエ教義の反駁』一八四二年からの引用、MEW 3-208）。

「「献身」、「義務」、「社会的義務」、「結社（Gesellschaft）の権利」、「人間の天職、使命」、「人間の天職である労働者」、「道徳的仕事」、「労働者アソシアシオン」、「生活に不可欠なものの創出」――聖サンチョ［シュティルナー］が共産主義者たちをそのゆえに非難しているもの、ビュシェ氏が共産主義者たちにそれが欠けていると非難しているものは、同一のものではないか。そしてビュシェ氏のもったいぶった非難をカベは嘲っているのだ」（MEW 3-209）。

「彼［シュティルナー］のナンセンスについてはまったく言わないにしても、彼ら［農民たち］には自分たちを共産主義的に組織することは不可能だった。というのも、彼らには、共産主義的アソシエーション（kommunistischen Assoziation）の第一の条件である共同的経営を遂行するためのすべての手段が欠けていたからであり、また［土地の］細分化はむしろ、そのようなアソシエーションの必要を後になって呼び起こした諸条件のひとつにすぎなかったからである。一般に共産主義運動は決して田舎からではなくて、いつもただ諸都市からのみ出発できるのである」（MEW 3-337/338）。

「連合（Verein）、連合化（Vereinigung）、これらはすべての構成員の流動的連合化である。……たしかに連合をとおしてひとつの社会も生成する。だが、それはひとつの思想から固定観念が生成するのと同じである。……連合が社会へと結晶化すると、それは連合化であることをやめる。というのも連合化は不断に自己を連合化することだからだ。連合は連合化された存在（Vereinigtsein）となり、連合や連合化の死体、つまり社会となる。……自然的絆とか精神的絆とかが連合を結びつけているのではない。……要するに、社会は聖なるものであり、連合は君自身のものなのだ。社会は君を使い尽くし、連合は君が使い尽くすのだ」（シュティルナー『唯一者とその所有』一八四四年からの引用、MEW 3-399/400）。

「こうしてここ［シュティルナーの「エゴイストたちの連合」論］では、連合（Verein）は、一方では諸々のブルジョワ・アソシエーション（die Bourgeoisassoziationen）と株式会社に、他方では諸々の市民的社交団

宗　教

科　学　　　　　　産　業

普遍的アソシアシオン

図9　サン－シモン主義者たちの体系

体（Bürgerressoucen）、遊び会（Picnicks）などに還元されてしまう」（MEW 3-400/401）。

「サン－シモン主義者たちは彼らの体系の次のような図式を立てた（図9）。その定式化はとりわけバザール［1791–1832］の仕事であった」（K・グリュン『フランスとベルギーにおける社会運動』一八四五年からの引用、MEW 3-494）。

「グリュン氏はフーリエのフランス革命観について彼を非難しつつ、自分自身の革命時代への洞察を予示している。「もし四〇年早く、［フーリエの］アソシアシオンが知られていたなら、革命は避けられたろうに」（と彼はフーリエに語らせつつ）、「それではなぜ大臣のテュルゴーは労働への権利を知りながらルイ一六世の首が落ちたのか」（とグリュン氏は問うている）」（MEW 3-502）。

◉――**『哲学の貧困』〈仏語〉**（1847.7）

「このようなアソシエーションでは、各個人は、現在と同様、好きなだけ蓄積し、適切と考える時期と場所でその蓄財を使用する自由を享受し続けるであろう……。われわれの社会は、いわば、すべての人がもっとも完全な平等に立脚して、働き、生産し、その生産物を交換する無数のより小さな株式会社から構成される一大株式会社となるであろう……。われわれの新株式会社制度は、共産主義に到達するために現存社会に対してなされた譲歩、生産物の個人的所有と生産諸力の共同所有とを共存させるために確立された譲歩にすぎないのであって、それは、各個人の運命を各個人の活動に依存させ、また、自然と技術の進歩によってもたらされるあらゆる恩恵に平等にあずかることを各個人に許すものである。これにより、社会を現存のままの状態にしておきながら、その後の来るべき諸変革に備えることができるのである」(ブレイ『労働の不当処遇と労働の救済策』一八三九年からの引用、MEGA¹ IV-154, MEW 4-102/103)。

「プルードン氏は続ける。「労働の超過のこの原理が、諸個人に対して真となるのは、この原理が、それ自身の諸法則の恩恵を諸個人に帰属させている社会から出発しているからにほかならない」。/こう書くことで、プルードン氏は、社会的個人の生産が孤立した個人の生産を超過するということだけを言おうとしているのだろうか。あのアソシエイトしない諸個人の生産を超過するアソシエイトした個人の生産の超過について、プルードン氏は語るつもりなのだろうか。そうだとすると、われわれはプルードン氏が身を包んでいる神秘主義を一切まとわずにこの単純な真理を述べた経済学者を、いくらでも彼に引用して見せることができよう」(MEGA¹ IV-166, MEW 4-116)。

「ただし、われわれはプルードン氏に対して忠告したい。それは、彼の「進歩的アソシアシオン(l'association progressive)の綱領」の中で一〇〇で割ることを忘れるな、ということだ。だが、悲しいかな、われわれの忠告が聞き入れられることは期待できそうにない。なぜなら、プルードン氏は「進歩的アソシアシオン」に対応する彼の「累進的(progressive)」計算にとても有頂天になって、大いに誇張して叫んでいるからだ。「すでに第二章で、価値の二律背反の解決によって示したように、すべての有用な発見の利益は、発見者その人にとっては、彼が何をなしたにせよ、社会にとっての利益よりも比較にならないほど少ないものである。私はこの点についての証明を数学的厳密さにまで到達させた!」と」(MEGA¹ IV-169, MEW 4-119)。

「「競争とアソシアシオンは相互に依存しあう。相互排除どころか、方向を異にするものでさえない。競争を語る者は、すでに共通の目標を前提にしている。それゆえに競争は利己主義ではない。また社会主義のもっとも嘆かわしい誤謬は、競争が社会を転覆させるとみなしたことである」（『貧困の哲学』第一巻二二三頁）。／［プルードン氏にとっては］競争を語る者は共通の目標を語るのである。そしてこのことは一面で競争がアソシアシオンであることを証明し、他面で競争が利己主義でないことを証明するというのだ。［そんな歴史的限定を欠いた言い方をするのなら］エゴイズムを語る者も共通の目標を語るのではないか。あらゆるエゴイズムは社会の中で社会を介して発揮されるのだ。だからエゴイズムも社会を、つまり共通の諸目標や共通の諸欲求や生産手段などなどを前提しているのだ。……／プルードン氏はもっと先の箇所で、競争は独占に対立するものであり、したがってまた、アソシアシオンに対立するものではありえないと言う。……／実際、ソシエテやアソシアシオンは、すべての社会に、封建社会にも、競争に立脚するアソシアシオンであるブルジョワ社会にも、与えうる呼称である。だから、アソシアシオンという単なる言葉で競争が論駁されると考える社会主義者など、どうして存在しえようか。また、プルードン氏自身、アソシアシオンというたったひとつの言葉で競争を特徴づけることによって、社会主義に反対して競争を擁護するのだという気にどうしてなれるのか」（MEGA[1] IV-208, MEW 4-161）。

「イギリスでは、当面のストライキのみを目的とし、そしてそのストライキとともにふたたび消滅する部分的提携（coalitions partielles）だけにとどまらなかった。労働者たちと企業家たちとの闘争において労働者たちの城塞として役立つ永続的提携である労働組合（trade unions）が結成された。そして現在、これらすべての地域的労働組合は、中央委員会がロンドンにあり、すでに八万人のメンバーを数える労働組合全国アソシエーション（National Association of United Trades）にひとつの結合点を見いだしている。これらのストライキ、提携、そして労働組合は、チャーティストたち（Chartistes）という名称のもとに今や大きな政治党派を形成している労働者たちの政治諸闘争とときを同じくして進行した。……／相互にアソシエイトしあおう（s'associer entre eux）とする労働者たちの最初の試みは、提携という形態をとる。／大産業が、互いに一面識もない多数の人間の群れを一カ所に寄せ集める（agglomerer）。競争は利害において彼らを分裂させる。しかし給料の維持、彼らの雇用主たちに対抗して彼らが持つこの共通な利害関係が、抵抗という同じ思想において、彼らを団結させる。それが提携（coalition）である。だから提携はつねに二重の目的をもつ。……抵抗という第一の目的は給料の維持にほかならないが、最初は孤立していた提携は、資本家たちの側が抑圧のために諸集団へと連合する度合いに応じて隊列を整え、またつねに連合している資本に対抗するなかで、彼らにとってはアソシエーションの維持のほうが賃金の維持よりいっそう重要となる。イギリスの経済学者たちが、彼らの目から見れば給料のために設立されているにすぎない諸アソシエーションのために、労働者たちがその給料のかなりの部分を犠牲にするのを見て、唖然とするほどに、このことは真実なのである。この闘争――正真正銘の内乱――において、来るべき戦闘のためのすべての要素が連合化し発展する。ひとたびこの点に到達するや否や、アソシエーションは政治的性格を持つようになる」（MEGA^1 IV-225/226, MEW 4-180）。

「労働する階級はその展開の経過の中で、旧来の市民社会（société civile）に代えて、諸階級とそれらの間の対立を排除するようなひとつのアソシエーション（une association qui exclura les classes et leur antagonisme）を置くだろう。そうなれば、本来の意味での政治権力は、もはや存在しないだろう。と言うのも、政治権力とはまさに、市民社会におけるそうした敵対の公的な総括（résumé officiel）だからである」（MEGA^1 IV-227, MEW 4-189）。

◉――［エンゲルス執筆］『共産主義の諸原則』（1847.10執筆）

「それ［新しい社会秩序］は、何よりもまず、工業および一般にあらゆる生産部門の経営を互いに競争する個々の個人の手から取り上げ、その代わりに、すべてこれらの生産部門は、全社会によって、すなわち共同の計算で、共同の計画に従って、また社会の全メンバーの参加のもとで、経営されなければならない。こうしてそれは、競争を揚棄し、その代わりにアソシエーションを置くであろう」（MEW 4-370）。

「ここから都市と農村の対立もまた消滅するだろう。二つの別の階級でなく、同じ人間たちが農業と工業を経営することは、まったく物質的な諸理由から見てすでに、共産主義的アソシエーション（die kommunistische Assoziation）の必要条件である」（MEW 4-376）。

「生産諸力を共同で計画的に利用するためのすべての社会成員の普遍的アソシエーション、万人の諸欲求が充足されるほどの生産の拡張、一人の諸欲求が他の人の犠牲の上に充足される状態を止めること、階級と階級的対立の完全な廃絶、すべての社会成員の能力の全面的発展――これまでの分業の排除による、産業教育および活動の交替（Wechsel der Tätigkeit）による、万人により産出された享受に万人が参画することによる、都市と農村との融合による――以上が私的所有廃絶の主な諸成果である」（MEW 4-377）。

◉――［エンゲルスと共同執筆］『共産党宣言』（1848.2）

「したがって近代のブルジョワジー自身が、生産と交通の様式における長期の発展行程や一連の変革の産物であることがわかる。ブルジョワジーのこのような発展諸段階の各々は、それに照応する政治的進歩をともなっていた。［1］封建領主の支配下での抑圧された身分、［2］コミューンにおいて、武装し自己自身を管理する諸アソシエーション――あるところでは独立都市共和国、あるところでは君主制下の納税義務をもつ第三身分――、［3］次にマニュファクチャー時代には身分制的君主制ないし絶対君主制の下での貴族に対する対抗力、つまり巨大君主制一般の主要な基礎、［4］最後にブルジョワジーは大工業と世界市場の形成以来、近代代議制国家の下で排他的な政治支配を勝ち取ったのである。近代の国家権力は、ブルジョワ階級全体の共同の業務を管理する委員会にすぎない」（MEW 4-464,［］内は田畑）。

「個別労働者と個別ブルジョワの間の抗争がますます二つの階級間の抗争という性格を持つようになる。労働者たちはそれにともない、ブルジョワに対抗して諸提携（Koalitionen）を形成しはじめる。彼らは彼らの労賃を主張するために会合する（zusammentreten）。のみならず、時々の決起に備えて持続的な諸アソシエーションを設立しさえする。……時折は労働者たちは勝利するが、しかしそれは一時のものにすぎない。彼らの諸闘争の本来の成果は、直接の成功ではなく、ますます広く蔓延する労働者たちの連合化（Vereinigung）にある」（MEW 4-470/471）。

「産業の進歩――その意志なき抗いがたき担い手がブルジョワジーなのであるが――は、競争による労働者たちの孤立に代わって、アソシエーションによる労働者の革命的連合化を置く」（MEW 4-473/474）。

「発展の経過の中で階級諸区別が消滅し、すべての生産がアソシエイトした諸個人の手に（in den Händen der assoziierten Individuen）集中すると、公的権力はその政治的性格を失う。……プロレタリアートがブルジョワジーとの闘争において必然的に階級へと連合し（vereinen）、革命をとおして自己を支配する階級たらしめ、支配する階級として権力的に古い生産諸関係を揚棄するとき、プロレタリアートはこれらの生産諸関係とともに階級対立や階級一般の生存諸条件を、したがって階級としてのプロレタリアート自身の支配を揚棄する。／諸階級と階級諸対立をともなう古い市民社会に代わって、各人の自由な展開が万人の自由な展開の条件であるような、ひとつのアソシエーションが出現する」（MEW 4-482）。

◉──「賃金」(1847.11執筆の草稿)

「Ⅶ　労働者諸アソシエーション／人口理論のひとつの契機は、労働者間の競争を減少させようとすることであった。これとは反対に、諸アソシエーションは、競争を揚棄し、労働者間の連合化をこれに代位させることを目的とする。／経済学者たちが諸アソシエーションに反対して次のように注釈するのは正しい。／1．諸アソシエーションが労働者たちに負担させる諸コストは、たいてい、それらが獲得しようとする所得増より大きい。それら［諸アソシエーション］は持続的に競争の諸法則に抵抗することはできない。これらの諸提携は新たな機械の導入、新たな分業、ある生産場所から他の生産場所への移動などを呼び起こす。これらすべての結果、労賃の減少となる。……／3．市民的経済学者たちのこれら非難のすべては、前述のとおり正しい。ただし、彼らの視点から見て正しいにすぎない。もし諸アソシエーションにおいて、それのみが問題であるように見えるものだけが、つまり労賃の決定のみが問題であるのなら、また、もし労働と資本の関係が永遠の関係である場合には、これらの提携は事柄の必然において不成功のまま挫折するだろう。しかし、これらの提携は労働者階級の連合化の手段であり、階級諸対立をともなう古い社会全体の転覆を準備する手段なのだ。……そして労働者たちが了見の狭さを持たないことを、次のファクターだけでも経済学者たちに証明するだろう。つまり、もっとも賃金の高い工場労働者たちが最大の諸提携をなしているということ、また労働者たちは、政治的諸アソシエーションや産業的諸アソシエーションの形成(Bildung politischer und industrieller Assoziationen)とこれらの運動の［諸コストの］支弁に、自分の賃金からひねり出せる金をすべてあてているという事実である」(MEW 6-554/555)。

◉——「モンテスキュー五六世」(『新ライン新聞』1849.1.22)

「ブルジョワジーに対するこの［プロイセン］政府の敵意を特徴づけるには、この政府が立案した営業法に注意を促すだけで十分である。政府はアソシエーションに向かって前進するという口実のもとに、同職組合（Zunft）に逆戻りしようとしている。……政府は封建的同職組合諸制度により、手工業には工場制経営からそれを保護し、身につけた熟達には分業からそれを保護し、小資本には大資本からそれを保護する、と約束している」(MEW 6-194)。

◉——『フランスにおける階級闘争』(『新ライン新聞』1850.1~10)

「［フランス二月革命期の］六月事件以前に起草された最初の憲法草案には、「労働の権利」がまだ盛られていた。「労働の権利」はプロレタリアートの革命的諸要求が総括された最初のぎこちない定式であったのだ。これが援助を受ける権利、つまり公的扶助を受ける権利に変えられた。だが近代国家で、何らかのかたちで自国の窮民を扶養しない国家があるだろうか。労働の権利は、ブルジョワ的な意味ではひとつの非常識であり、思いつめたみすぼらしい願望である。だが、この労働の権利の背後には、資本に対する強力支配（Gewalt）があり、資本に対する強力支配の背後には生産手段の領有、アソシエイトした労働者階級（die assoziierte Arbeiterklasse）の下にそれを服属させること、したがって賃労働、資本、およびこの両者の相互関係の揚棄がある」(MEW 7-41/42)。

「三月二一日にはフォッシェの反アソシアシオン権（結社権）法案、つまりクラブ禁止法案が国民議会の議事日程に上った。憲法第八条は、すべてのフランス人に互いにアソシエイトする権利（das Recht, sich zu assoziieren）を保障している。だからクラブ禁止は紛れもない憲法違反であり、憲法制定議会自身が聖なるものの侮辱を聖典に加えなければならなくなったのだ。しかし、クラブは革命的なプロレタリアートの集合地点であり、彼らの謀議の場所であった。……だから憲法は、明らかに、アソシアシオン権のもとにブルジョワジーの支配と、すなわちブルジョワ秩序と合致する諸アソシアシオンのみを理解することができるだけなのだ」(MEW 7-54/55)。

「新新聞法、新アソシアシオン法、新戒厳法が出され、パリの各監獄は超満員となり、［外国からの］政治的亡命者たちは追い払われ、『ナショナル』紙の限界を超えるすべての新聞は発行を停止させられた」(MEW 7-70)。

「公然の諸クラブが不可能となるにつれて、秘密結社（die geheimen Gesellschaften）は広がりと強度を増した。産業的労働者諸アソシアシオン（die industrielle Arbeiterassoziationen）は、純粋な商業会社として大目に見られていたが、経済的にはとるに足らないものであったものの、政治的にはプロレタリアートの［秘密結社と］同じほど多く存在する結合手段となった」(MEW 7-73)。

「資本は主として債権者としてこの［プチブルジョワ］階級を追い立てる。そこで彼ら［プチブルジョワ階級］は信用制度を要求する。資本は競争によってこのプチブルジョワ階級を押し潰す。そこで彼らは国家援助による諸アソシアシオンを要求する。資本は集積によってこの階級を圧倒する。そこで彼らは累進課税、相続制限、大経営の国営化、その他資本の成長を強力で止める方策を要求する」(MEW 7-89)。

◉——［エンゲルスと共同執筆］「共産主義者同盟中央委員会の呼びかけ」(1850.3)

「これらの要求はプロレタリアートの党にとっては決して満足できるものではない。民主主義的小市民たちが革命をできるだけ急速に、せいぜい前記の諸要求の実現でもって終結させたいと思っているのに対して、われわれの関心とわれわれの課題は、所有の大小を問わずすべての所有階級がその支配から追いのけられ、国家権力がプロレタリアートにより掌握され、プロレタリアートのアソシエーションが、一国だけでなく世界の主要なすべての国で前進し、その結果、これらの国々のプロレタリアたちの競争がやみ、少なくとも決定的な生産諸力がアソシエイトした［MEW版では「アソシエイトした」が欠けている］プロレタリアたちの手に集中されるまで、革命を永続的とすることである」（MEGA² I-10-258, MEW 7-247/248）。

「労働者たちは、没収された封建的所有をそのまま国有地にとどめ、労働者諸コロニーに用立てるよう要求しなければならない。アソシエイトした農村プロレタリアートが大規模農業のあらゆる利点を用いてこの労働者諸コロニーを耕作するのであり、それによって動揺するブルジョワ的所有諸関係の真ん中で、共同所有の原理がただちに強固な基礎を獲得することになる」（MEW 7-252）。

◉——［E・ジョーンズ執筆］「協同組合原理の支持者および協同組合諸団体メンバーへの手紙」〈英語〉（1851.5.10）

＊ マルクスの「指導のもと」に書かれたとされ、新メガに付録として収められている。

「2．機械設備とマニュファクチャー。協同組合がそこへと向かう第二の対象はマニュファクチャーを目的とした機械設備の入手である。次のような主張がなされている。「われわれは諸工場を閉鎖し、雇用主と競争しつつ、彼から彼の労働者を奪い取るだろう。彼らは彼ら自身の勤勉の果実を分かち合うものとなるために、われわれのもとに集まるだろう」と。［だが］君たちが諸工場を閉鎖するのは不可能である。なぜなら大きなマニュファクチャーは国内取引に依存していないからだ。それは外国市場で生きることができる。そして国内と外国のすべての市場で、それ［大きなマニュファクチャー］は君たちより安く売ることができる。その資本と資源、機械設備の統率がそうすることを可能にする。労働者たちの諸アソシエーション、つまり協同組合に結集した仕立て屋や印刷工などは、彼らの独占化するライバルたちより割高だということは否定しがたい事実ではないか。そしてもし、彼らの労働が公正な報酬を得るべきだとすると、これらのアソシエーションはそのような状態にとどまってはならないといえるのか。雇用主を破産させるほどの規模で雇用主から労働者を奪うことは不可能である。労働の余剰はあまりにも大きいからだ。たとえそれが比較的に小さい場合でも、機械の恒常的に発展する力は、君が引き起こした損失を相殺して余りあるだろう」(MEGA² I-10-644)。

「Ⅲ　ところで協同組合的産業にとっての唯一の健全な土台は何か。全国的なそれである。成功裏に進めようとするのであれば、すべての協同組合は孤立した諸努力の上にではなく、広範な富を自分たち自身の側に吸収しつつ、全国的な富を分配するべき全国的結合の上に設立されるべきである。これらのアソシエーションを堅実で有益なものとするためには、君たちはお互いに競争しあう代わりに、お互いに助け合うことを自分たちの利害としなければならない。君たちはそれらに行動の統一と利害の同一性を付与しなければならない。／これを達成するために、あらゆる地域的アソシエーションは全国的アソシエーションの支部であるべきだ。そして一定量を超えるすべての利益は、全国基金に収められるべきである。それは、新規の支部を開設したり、もっとも貧しい支部が土地を手に入れることを可能にしたり、諸店舗を開店したり、彼らの労働力を自分たち自身のメリットのために適用するだけでなく、組織全体のメリットに適用するためである」(MEGA² I-10-646)。

「このように設立された全国基金は、大きな規模のものである見込みは高いから、アソシエーションの手中に大きな力を置くだろう。迫害ははるかに困難となるだろう。現在は各団体（society）が孤立して存立しているから、独占の結合した諸力によって細部にわたり攻撃されるが、そうなる［全国化する］と、あるものにタッチすることはすべてにタッチすることとなろう。人民の権力と人民の富の全国的集中は（そのローカルな集中でなく）その成功の秘密である」(MEGA² I-10-647)。

◉――[E・ジョーンズ執筆]「チャーティスト綱領についての手紙Ⅲ」〈英語〉(1851.5.31)

＊ マルクスの「指導のもと」に書かれたとされ、新メガに付録として収められている。

「では、労働を解放する諸手段は何か。それらはまさに労働そのものの本性の中に見いだされるべきだろう。協同(Co-operation)は労働の魂なのだ。……誰も自分が欲しいものを自分だけで生産したり製造したりはできない。ここに労働の美がある。それは友愛的なものであり、人を人へと引き寄せ、相互の信頼を教え、抗いがたく協同の方へと牽引する。しかしその協同は何であるべきか。われわれが見るほとんどのものは協同の結果生じたものだから、協同は単に手の協同にとどまらず、ハートの協同であるべきだし、力の協同にとどまらず利害関心の協同であるべきだ。／だからこそ、[英国チャーティスト]代表者会議が協同組合原理を推進したのであり、彼らが労働者諸アソシエーション――それらの無料登録――の邪魔になるすべての制限的法律の廃止を推奨したのであり、そして現在の協同組合運動の誤りを確認しつつ、満場一致で次の決議をおこなったのである。「協同組合原理は人民の福祉にとって不可欠であるので、また富の集中は分配上の傾向による反作用を被るので、さらにまた分離した諸クラブの手に富を蓄積することは諸個人による富の独占に次ぐ災いなので、将来のすべての協同組合的企ては、労働問題の完全な再調整までは、全国的基盤で設計され、全国的ユニオンで結ばれるべきであって、さまざまな取引や団体(societies)はこの全国ユニオンの現場であり支部であるべきだ。そして各地域団体の一定量を超える利益は、労働者たちの追加的諸アソシエーションを形成するため、またそれによるアソシエイトしたインディペンデントな労働の発展の加速化のために、一般基金へ納入されるべきだ」。／しかしながら、もし協同組合システムが個人的努力に放置されるならば、これら諸個人が相互に調和的に行為したとしても、その前進ははるかに緩慢であり、克服が不可能でないにしても困難な反作用する影響に直面するだろう。協同は国家の格率であるべきであり、国家の力により実現されるべきだろう。

そして諸協同体の基金が、たとえ合体したものであったとしても、多数の要求を満たすにははるかに少ないものに減少しうるし、おそらくそうなるだろう。人民の一定部分は他の部分が享受している有利さを欠いているから、いやそれどころか、避けがたい環境のせいで深刻な不利のもとに置かれているから、国家が、万人の親として、自分のより弱い子供たちの不足分を供給すべきである。その上で、彼らを残りの人たちとの平等の上に置くべきだ。したがって［チャーティスト］綱領の言葉で言えば次のことが必要なのである。「産業的目的で相互にアソシエイトしようと切望している働く人々の諸団体に対し一定の諸条件でお金を融通することを目的に、国家による信用基金が開設されること」。……／これが代表者会議で採択された見解であり、労働の解放のための土台なのである。解放というものは政治的権力の保持者たちによってのみ十全に実現される。だが、労働者諸君！　君たちが権力へ到達するのがいつであれ、どんな道であれ、「労働は資本の主人だ。労働はインディペンデントで自立的でなければならない」という真理によってしっかりと自分を支えたまえ」（MEGA² I-10-648~650）。

◉――**エンゲルスへの手紙〈仏・独語混在〉**（1851.8.8）

＊　プルードン『一九世紀における革命の一般的理念』（一八五一年）からの抜粋。

「第三研究。アソシアシオンの原理について。

アソシアシオンはひとつのドグマであるが、経済的な力ではない。アソシアシオンは分業や商業や交換その他のような、有機的なものでも生産的なものでもない。アソシアシオンを集合的な力（force cllective）と混同してはならない。集合的な力は非人格的な行為であり、アソシアシオンは意志にもとづく契約（engagement volontaire）である。アソシアシオンはその本性からして不生産的であり、有害でさえある。というのは、それは労働者の自由にとってひとつの桎梏だからだ。人々は、ただ分業や交換や集合的力にのみ属する力を、社会契約に帰属させてきた。もし、大きな諸仕事を遂行するために諸アソシアシオンを設立する場合、それはアソシアシオンの原理に負うのではなくて、その資金に負うのである。人々がアソシアシオンに服属するのは、ただ、そこに十分な償いを見いだす場合だけである。ただ軟弱または怠惰なアソシエにとってのみ、生産的アソシアシオンは有用なのである。アソシアシオンは第三者に対しては連帯であり共同責任である。一般に、アソシアシオンが適用されうるのは、その資金に依存する特殊な条件のもとにおいてだけである。家族の絆や献身の掟にもとづき、あらゆる外的経済的な考慮とは無関係に設立されたアソシアシオン――アソシアシオンのためのアソシアシオン――は純粋な宗教の行為であり、超自然的な絆であり、積極的な価値を欠き、ひとつの神話である。アソシアシオンを生産者と消費者の互酬関係を発展させようとする新たな諸関係と混同してはならない。アソシアシオンは契約者たちを平等にし、彼らの自由を社会的義務に服属させ、彼らの脱人格化をもたらす」(MEW 27-297/298)。

「[第四研究　経済諸力の組織] 3．分業、集合的諸力、機械。労働者たちの諸団体

すでにその本性によって、さまざまに専門化した多数の労働者の結合された使用を必要とする、すべての産業、経営、企業は、労働者たちの組合 (société) または団体 (compagnie) の発祥地となることを宿命づけられている。もし生産物が特殊な諸機能の協業なしで、個人ないし家族の行為により獲得可能なところでは、アソシアシオンが存在する余地はない。したがって小さな作業場にも、手工業、靴屋や仕立て屋など、商売人などでもアソシアシオンは存在しない。大工業におけるアソシアシオン。ここにはしたがって労働者たちの諸団体。アソシアシオンで仕事する各個人は団体の所有に対する不可分割の (indivise 共同の) 権利を持つ。各人はアソシアシオンのすべての諸機能を次々と果たす権利を持っている。各人の教育、その陶冶、そしてその実習は、各人に快適でない骨折りの労働諸義務を割り当てるが、

しかし同時に一連の労働を遂行し、知識を広げることを可能にし、習熟したころには百科全書的な技能と十分な収入を保障するように、方向づけられねばならない。諸職務は選択をとおして配分され、業務規定はアソシエの採択に委ねられる。給与は機能の本性、能力の重要性、責任の重さに比例する。すべてのアソシエはその仕事（services）に応じて団体の利益や負担に与る。各人は、意志にもとづくアソシアシオンからの離脱、自分の差し引き勘定を要求すること、そして清算を要求することの自由を持つ。代わりに団体もいつでも新メンバーを受け入れる権利を持つ」（MEW 27-302/303）。

「4．価値の構成。公正な市場の組織。商品の高価と価格決定の恣意を除去すること。公正な価格（juste prix）は詳細には次のことを表す。(a)自由な生産者たちの公定平均による生産費の額、(b)商人の給与、または売り手がものを手放すことにより失った利益の補償とである。……補償にはいろいろな仕方がありうる。たとえば、パリのいろいろな労働者諸アソシアシオンの間でおこなわれているように、公正な価格を享受することを欲していると同時に生産者でもある消費者たちは、彼らの方でも商人に対して彼ら自身の生産物を平等な諸条件で商人に提供するという義務を負うとか……」（MEW 27-303）。

◉――エンゲルスへの手紙（1851.8.14）

「プルードン氏は家や土地に対する自治体の持ち分がどうなるのか、正確に説明していない。これこそ、彼が共産主義者たちに向かってしなければならないことなのに。また、どのようにして労働者たちが工場の占有に至るのかについても同様だ。いずれにせよ彼は「強力な労働者団体」を欲するが、この産業的「諸ツンフト」に対して不安を持っているので、これらを解散させる権利を、国家にではないにせよ、社会に留保しておく。純粋のフランス人として、彼はアソシエーションを工場に限定している。なぜなら、彼はモーゼス・アンド・サン［ロンドンにあった紳士服の大会社］もミトロシアン［南スコットランド］

の借地農業者も知らないからだ。フランスの農民やフランスの靴職人、仕立て職人、商人が、彼にとって引き受けるべき永遠の所与として現象するのだ」(MEW 27-314)。

◉――『ルイ・ボナパルトのブリュメール一八日』(1851.12~1852.3)

「プロレタリアートの一部は、教義的な諸実験に、交換諸銀行や労働者諸アソシアシオンに熱中する。つまり古い世界を古い世界自身の持つ巨大な手段のすべてを用いて変革することを断念し、むしろ社会の背後で、私的な仕方で、プロレタリアートの制限された生存諸条件の内部で、その救済を成就しようとする運動、したがって必然的に挫折する運動に熱中する」(MEW 8-122)。

「人身の自由、出版・言論・結社(Assoziation)・集会・教育・宗教の自由など、一八四八年の諸自由の不可欠の幹部クラスは、それを不可侵とする憲法上の制服を身につけた。つまり、これらの自由の各々はフランス市民の無条件の権利と宣言されるが、ただしつねに次のような但し書きがついていた。その自由が「他者の同じ権利や公共の安全」の制約範囲の外でのみ、また個人的諸自由の相互の調和や公共の安全との調和を媒介する「諸法規」の制約範囲の外でのみ、無制約である、と。たとえば「市民たちは、互いにアソシエイトし(sich zu assoziieren)、平和的に武器を持たず集会し、請願し、出版その他の方法で自分の意見を表明する権利を有する。これらの権利の享受は、他者の同じ権利、および公共の安全以外のいかなる制約も持たない」(フランス憲法第二章第八条)とある」(MEW 8-126)。

「秩序党は絶えず「反動」に励んでいるように見える。その「反動」は、プロイセンの場合とまったく同様、出版、結社(Assoziation)などに向けられており、またプロイセンの場合と同様、官僚機構や地方警察や法廷の残忍な警察的干渉で執行されているのである」(MEW 8-138)。

「そうこうするうちに、秩序党は権力の奪還を祝ったのだ。共和制や憲法を誹謗することにより、自身の指導者たちのやった革命を含めて未来、現在、過去のあらゆる革命を呪うことにより、また新聞に猿轡をはめ、アソシエーションを殲滅し、戒厳状態を有機的制度として調整する諸法律を制定することによって、まるで一八四九年にその諸制約から解き放たれた姿で権力を再発見するために、この権力が一八四八年に失われたように見えた」(MEW 8-148)。

「[ルイ・ボナパルトの政策の特徴列挙のひとつ] 現実の労働者諸アソシアシオンを解散する、しかし未来のアソシアシオンの奇跡を約束する」(MEW 8-205)。

◉——[エンゲルスと共同執筆]『亡命者偉人伝』(1852.5/6 執筆)

＊ 未公刊。草稿筆跡はエルンスト・ドロンケとエンゲルスだが、以下の箇所はエンゲルス筆跡。

「彼 [G・F・キンケル (1815–1882)] は、手工業者たち、たとえばある都市の製本工たちが互いにアソシエイトし、共同でひとつの機械を持つことによって、機械と手工業を統一しようと欲する。/「彼らはただ自分たちのためだけに、そして注文があるときだけ、機械を用いるので、工場を所有する商人より少ない費用で働くことができる」([キンケル『手工業よ、みずからを救済せよ』] p.85)。「人はアソシエーションでもって資本を打破する」(p.84)(そして人は資本でもってアソシエーションを打破する)」(MEW 8-257)。

◉——『イギリスのインド支配』〈英語〉(『ニューヨーク・デーリー・トリビューン』1853.6.10)

「一般的に、アジアでは、太古の時代より三つの政府部門しか存在しない。つまり財務ないし国内略奪の部門、戦争ないし外国略奪の部門、そして最後に公共的事業の部門である。気象上地形上の諸条件、とりわけサハラからアラビア、ペルシャ、インド、タタールを経て最高地であるアジア高原に至る広大な砂漠地帯で、運河や水道による人工的な灌漑が東方的農業の土台を構成したのである。……水の節約的共同利用が無条件に必要であるということは、西方ではたとえばフランドルやイタリアのように私的経営体をヴォランタリー・アソシエーションへと促したのであるが、ヴォランタリー・アソシエーションを生むにはあまりに文明が低く、領域が広すぎた東方では、政府という集中させる権力の介入を必要とした。かくして、東方のすべての政府のもとでひとつの経済的機能が、公共事業の提供という機能を発達させたのである」(MEGA² I-12-170, MEW 9-129)。

◉——『ロシアのトルコに対する政策』〈英語〉(『ニューヨーク・デーリー・トリビューン』1853.7.14)

「……私は正反対に、次のように確信している。つまり賃金を上げるか下げるかの択一、そこから来る雇い主と［雇われている］人々との持続的抗争、これらは今日の産業組織の下では労働する諸階級の精神を維持し、支配する階級の諸侵害に対抗するひとつの大きなアソシエーションへとそれら［労働する諸階級］を結合し、それらが感情に左右され無思想で大なり小なり餌に恵まれた生産道具になるのを防ぐための不可欠の諸手段である。諸階級の敵対の上に成立する社会の状態のもとでは、事実上の奴隷制であれ公認の奴隷制であれ、奴隷制を妨げるためには戦闘に応じなければならない。ストライキと団結の正しい評価のためには、その経済的成果が明らかにわずかであることに目がくらんでしまうようなことは許されないのであって、とりわけモラル的政治的諸帰結を視野に入れておかねばならない。……われわれは農奴たちのストライキや団結が中世コミューンの温床であったこと、そしてまたこれらコミューンがその転変の中で、今日支配しているブルジョワジーの生命の源であったことを忘れてはならない」(MEGA² I-12-205/206, MEW 9-170/171)。

◉——『戦争問題——イギリスの人口と貿易統計——議会情報』

〈英語〉(『ニューヨーク・デーリー・トリビューン』1853.8.24)

「貴族院は先週金曜日の会議で、下院を通過していた労働者団結法案（the Combination of Workmen bill）を否決した。この法案は一八二五年の旧団結法の新解釈にすぎず、その意図は難解で曖昧な用語を取り除くことで、団結の合法性という点に関するかぎり、労働者たちを雇用主たちといっそう対等な立場に置くことにあった。労働者たちを自分たちの庇護のもとにあるものと扱って喜ぶ感傷的な貴族たちは、獣たちが同情を求めないで権利を求めるときはいつも腹立たしく感じるのだ。いわゆる急進派の諸新聞は、もちろん、この機会を熱心にとらえ、プロレタリアに向かって貴族をプロレタリアの「代々の敵」なのだと告発した。私はそのことを否定する気はさらさらない。しかし、今度は労働者たちの「自然の友」であるこれら急進派に目を向けよう。私は以前の通信で読者にマンチェスターの紡績業主と工場主たちが彼らの「手」［労働者たち］に抵抗するためにひとつのアソシエーションを結成しようとしていることを伝えた。このアソシエーションは、「マンチェスター地方における工員たちの興奮を規制する上で業界を援助するためのアソシエーション」とみずからを呼んでいる。……「彼らは工員たちのアソシエイトした団体（associated bodies）により作られた一切の要求に抵抗するだろう。なぜならそれらに対するどんな譲歩も、雇い主たち、工員たち、業界全般にとって有害だからだ」。……彼らは団結の独占によって資本の独占を強化しようとしている。彼らはひとつのアソシエイトした団体として［労働者たちに］条件を指示しようとする。しかし労働者たちは個人的な資格でのみ彼らと争うべきなのだ。彼らは密集陣形での戦闘を望むが、相手には一騎打ち以外の抵抗を認めたくないのだ。これがマンチェスター急進派と模範的自由貿易論者たちの「公正な競争」なのである」(MEGA² I-12-279/280, MEW 9-257/258)。

◉——『経済学草稿（経済学批判要綱）』（1857/58）

「賃金は報酬の固定形態であり（p.376）、だからまたアソシアシオンの非常に改善された形態である。というのは、アソシアシオンのもともとの形態では「アソシエ全員がその企業の不慮の出来事に」左右されている以上、「不安定なもの」が優勢であるのだから。……それ［賃金］は「不安定と安定を分かつ中間段階」である。最後の段階は、「労働をしている時期に老後や病気のときの必要を満たすだけのものを節約する」（p.388）ことにより到達される。この最後の段階は「共済組合」（p.388）や最終的には「労働者年金基金」によって発展する（p.393）」（バスティア『経済的調和』の抜粋紹介、MEGA² II-1-11）。

「すべてのアソシエが不慮の出来事という機会を分かち合うというアソシエーションのもともとの形態に対して、そのあとに続いているのが、より高度な、また双方の自由意志で入り込むアソシアシオンの段階として、労働者の報酬が固定されているようなアソシアシオンの形態が続く。まずは一方に資本家たちを、他方に労働者たちを前提とし、そのあとで両者の取り決め（Verabredung）によって資本と賃労働の間の関係を生成させる独創性［マルクスの皮肉］についてここで注意を喚起する気はない。／労働者たちが収益にかかわるすべての不慮の諸機会にさらされている——そこではすべての生産者たちが同等に不慮の事態にさらされている——ようなアソシアシオンの形態、テーゼがアンチテーゼに先行するように、労働の報酬が固定性を獲得する賃金に先行する形態、それはバスティアが言うところでは、漁獲、狩猟、牧畜が支配的な生産形態、社会形態であるような状態なのだ」（バスティア『経済的調和』の抜粋紹介、MEGA² II-1-12）。

「また、どうして彼［バスティア］は、このような限定性にある賃金制度を、報酬のより高度の形態として、つまり他の社会形態ないしは他のアソシアシオン形態における労働の報酬より高度の形態として歴史的に叙述しようと思うに至ったのか。／……こうしたことが生じたのは、彼がアソシアシオンの最初の形態として、当時、至るところで夢想されていた社会主義に対する反省に絶えず取り憑かれていたからである」(MEGA² II-1-13/14)。

「諸個人の生産物ないし活動を交換価値の形態へと、貨幣へと転化する必然性自身が、また諸個人がこの物件的形態においてはじめて彼らの社会的力(Macht)を受け取り、確証するということが、次の二つのことを証明する。1．諸個人は依然として社会のために社会の中で生産しているということ、2．諸個人の生産は、直接に社会的でなく、相互間で労働を配分するアソシエーションの所産(the offspring of association)ではないということだ。諸個人は、ひとつの運命として彼らの外部に実存する社会的生産の下に包摂されている。だが社会的生産が、それを自分たちの共同の力能として運用する諸個人の下に包摂されているのではない。だから、前記の時間票券論の場合がそうであるように、交換価値、貨幣の基礎の上で、連合化した諸個人(vereinigte Individuen)による自分たちの全生産のコントロールを前提とすることほど間違った、愚かなことはない。すべての労働生産物、力能、諸活動の私的交換が諸個人相互の上下秩序(自生的ないし政治的な)に基礎を持つ分配に対立するのと同様、……生産手段の共同の領有とコントロールの基礎の上でアソシエイトしている諸個人による自由な交換にも対立する(このアソシエーションは何ら恣意的なものでない。それは物質的精神的諸条件の発展を前提している。ただ、この点についてここでは詳論しない)」(MEGA² II-1-91/92)。

「それゆえ資本を正当化し、弁護するために、経済学者たちはこの単純な過程に逃がれようとし、まさに資本の定在を不可能にする過程によって資本を説明する。……君は僕に僕の労働への支払いをし、労働と労働自身の生産物とを交換し、君が僕に提供した原料と素材の価値を僕の取り分から差し引くのだと。つまりわれわれは、異なる要素を生産過程の中に持ち込んで、それら要素の価値にしたがって交換しあうアソシエ同士なのだ。……／(賃金制度は非本質的な、単に形式的な形態であり、アソシエーションの一形態であって、それ自体としては労働と資本の経済的関係とは何らかかわりはないというのが、バスティア氏の驚くべき知恵なのだ）」（MEGA² II-1-238/239）。

「……資本のこの先行期あるいは初期には、資本は労働のもうひとつの条件、労働の手段としてのある種の技能、用具などなどを、一部は都市のツンフト制度の成果として、一部は家内工業の、あるいは農耕に添え物として付着した工業の成果として、目前に見いだした。このような歴史的過程は資本の結果ではなくて前提なのである。この過程を経たのちに資本家もまた、土地所有あるいは所有一般と労働との間の仲介人として、（歴史的に）押し入ってくるのである。資本家と労働者とがアソシエーションを形成するなどといった心地よい想像について、歴史は何も知らないし、また資本の概念展開のうちにもその痕跡は見当たらない」（MEGA² II-1-408）。

◉——『経済学批判』（1859）

「諸商品は、直接的には個別化され独立した私的諸労働の生産物であって、これら私的諸労働は、私的交換の過程でのその外化によって、一般的社会的労働として確証されなければならない。別言すれば、商品生産という基礎の上でおこなわれる労働は、個人的諸労働の全面的な外化によってはじめて社会的労働となるのである。だが、グレー［John Gray, 1798–1850］は、諸商品に含まれている労働時間を直接に社会的なものと想定するので、彼はそれを共同体的な労働時間、別言すれば直接にアソシエイトした諸個人の労働時間と想定することになる。そうだとすると、実際上、金や銀のような特殊な一商品が、一般的労働の化身として他の諸商品に対立することなどできないし、交換価値は価格とはならないだろうし、使用価値もまた交換価値とはならず、生産物は商品とならず、ブルジョワ的生産自身の基礎が揚棄されていることになろう」（MEW 13-67）。

◉——『経済学批判草稿』(1861~63)

「同様に、次のような[賃金理解の]形態も馬鹿げている。すなわち、労働者は自分の賃金を受け取ることによって、生産物に対する、あるいは生産物の価値に対する自分の分け前をすでにもらっており、したがってそれ以上の要求をすることはできない、というものである。資本家と労働者とはアソシエであり、生産物ないしその価値の共同所有者であるが、パートナーの一方は彼の分け前を他方から支払ってもらうので、生産物の販売の結果生じる価値と、この中に実現されている利潤に対する自分の請求権を失うのだというわけだ」(MEGA² II-3-97)。

「これに対して協業は、たとえばオーケストラの場合のように、指揮者が不可欠なかぎりは、それが資本の諸条件の下で受け取る形態と、その他の、たとえばアソシエーションの下で受け取る形態とはまったく異なる。ここ[アソシエーション]では、指揮機能は他の諸機能と並立する労働の特殊な一機能としてあるのであって、労働者たち自身の統一を彼らには疎遠な統一として実現し、彼らの労働の搾取を疎遠な権力によって彼らに対してなされるものとして実現するような、権力としてあるのではない」(MEGA² II-3-236)。

「同様にまた、染色作業や洗浄作業のための自動装置も、「これらの同じ専制的な同盟」(すなわち労働者アソシエーション)「の圧迫的影響のもとで」発明された」(タフネル[Edward Carleton Tufnell, 1806–1886]『労働組合の性格、目的、影響』からの引用、MEGA² II-3-312)。

「紡績機を大きくする必要は労働者たちの諸アソシアシオンの命令によって作り出されたが、それは最近、機械学に異常な刺激を与えた」(ユア[Andew Ure, 1778–1857]『工場哲学』からの引用、〈仏語〉、MEGA² II-3-314)。

「他方、この集積はまた資本制的生産様式を、それとともにまた社会的生産力を、発展させるための技術的条件でもある。……この集積によって共同の労働が、つまりアソシエーション、分業、機械装置や科学や自然諸力の応用が発展する」(MEGA² II-3-327)。

「もし労働の諸条件がアソシエイトした労働者たちに属し、彼らがこの諸条件に対して、それらが自然にそうであるところのものとして、つまり彼ら自身の諸生産物や彼ら自身の活動の対象的諸要素として関係行為するならば、同様に分業もまた、やはり可能ではないであろう(たとえ分業は歴史的には最初はそのように現象することができず、むしろ資本主義的生産の帰結としてはじめてそのように現れることができるのだとしても)」(MEGA² II-3-1405, MEW 26-269)。

「「労働者たちの産業的企業家とのユニオンこそ、ひとつの真のアソシアシオンである」(A・ドゥ・ラボールド伯『共同体 etc. の全利益におけるアソシアシオンの精神について』パリ、一八一八年、一三一頁)。このラボールドこそ、経済的調和の本来の発見者だ。こいつは、このアソシエーションがどんな種類のものなのかを問うことがないのだ」(MEGA² II-3-2086)。

「生産するために必要とされる労働時間が減少すること、この成果が労働の社会的形態によって達成されるということ、そして生産諸条件に対する個々人の占有(Besitz des Einzelnen)は、不必要なものとして現象するだけでなく、この大規模での生産とは両立しないものとして現象することである。たしかにこの事態は、資本制的生産様式では、資本家、つまり非労働者が、この社会的な塊としての生産諸手段の所有者であるというかたちで現れる。資本家は実際、決して、労働者たちに対して彼らの連合化や彼らの社会的統一を代表しているわけではない。この対立的な形態が脱落するや否や、労働者たちがこの生産手段を、私的諸個人としてではなく、社会的に占有しているということが明らかになる。資本制的な所有は、生産諸条件に対する(したがって生産物に対する、というのは、生産物は絶えず生産諸条件に転化するからだ）労働者たちのこのような社会的所有の、つまり否定された個別的所有の、対立的表現にすぎない。同時に、このような転化は物質的生産諸力の一定の発展段階を必要とするということがわかる。たとえば小農民の場合、彼の耕すわずかの土地は彼のものである。それを自分の生産用具として所有することは、彼の労働の必要な拍車であり条件である。手工業の場合も同様である。大工業の場合と同様、大農業ではじめて、この労働と生産諸条件の所有とが分離されるべきだというのではなく、それらは事実として分離されている。所有と労働とのこの分離は、シスモンディが嘆いているものだが、生産諸条件の所有が社会的所有に転化するための必然的な通路なのである。個々人として（als Einzelner）個々の労働者が生産諸条件の所有において復活されうるとすれば、それはただ生産力と大規模労働の発展の解体によってでしかないだろう。この労働に対する資本家たちの疎遠な（fremd 他人の）所有が揚棄されうるのは、ただ自立的個別性の中にある非―個別者の所有に、したがってアソシエイトした社会的な個人の所有に、姿態を変ずることによってである。それにともない、生産物は生産者の所有物なのだとするフェティシズムはなくなり、資本制的生産の内部で発展する労働の社会的形態のすべてが、これらを歪曲し対立的に表す対立から救済される」（MEGA^2 II-3-2145）。

◉――『資本論』第一部第六章草稿（「直接的生産過程の諸結果」1863～65 執筆）

「[不変資本の価値維持のためには、生産過程が攪乱されたり中断されたりすることがないことが条件になるが、そのためには労働の連続性を確保するだけでなく「外的で制御不能の偶然事」にも対処しなければならない。] 資本はこれに対してはアソシエイトすること（Associierung）により自分を守るのである。自分自身の生産手段で労働している直接的生産者も同じ危険にさらされている。この危険は資本制的生産過程に固有のものではない」（MEGA^2 II-4-1-61）。

されている。

◉――『資本論』第三部草稿（1864/65執筆）

＊　エンゲルス編『資本論』第三部の該当箇所もMEWで示したが、これらにはエンゲルスによる加筆変更がなされている。

「原料騰貴の間は、産業資本家たちは生産を調整するために、力を合わせ、諸アソシエーションを形成する。たとえば一八四六年などの綿花価格の上昇のあと、マンチェスターでのこの種のアソシエーション。アイルランドなどにおける亜麻の生産についても同様。しかし、直接の衝撃が過ぎ去り、「もっとも安い市場で買う」という競争の普遍原理がふたたび至上の支配をするに至るや、供給を調整することはふたたび「価格」に任される（かの諸アソシエーションが目指したように、生産諸能力を発展させるため、生産物を提供できる直接の現在の価格を無視して、適切な諸市場における生産を助成するかわりに）」（MEGA² II-4-2-190, MEW 25-129/130）。

「歴史の教訓は、ブルジョワ的システムが合理的な農業の妨げになるということ、あるいは農業がブルジョワ的システムとは非両立関係にあるということ（後者は前者の発達を技術学的に促進しはするが）、そして農業は小さな自作農の手か、それともアソシエイトした生産者たちのコントロールを必要とするということだ。この教訓は農業についての他の考察からも獲得できる」（MEGA² II-4-2-191, MEW 25-131）。

「もし、全般的過剰生産ではなく異なる生産諸部門の内部における不均衡が生起したのだと言われているのであれば、それは次のことを語っているにすぎない。つまり資本制的生産諸部門の内部では、均衡は不均衡から脱する不断のプロセスとしてしかみずからを現さない。というのは、そこでは生産の連関は盲目的法則として生産当事者たちに作用し、彼ら［生産当事者たち］が、アソシエイトした知性（als associierter Verstand）として、その連関を彼らの共同のコントロールの下に服属させていないからである」

(MEGA² II-4-2-331, MEW 25-267)。

「労働者たちの協同組合諸工場（Kooperativfabrik）でもブルジョワ的株式企業でも、管理［労働の］賃金は（商業マネジャーの場合でも産業マネジャーの場合でも）利潤からまったく分離されて現象する。管理賃金の利潤からの分離は、以前は偶然的なものとして現象するが、ここでは恒常的である。協同組合工場では、マネジャーが労働者たちから賃金を支払われ、労働者に対抗して資本を代表するのではないので、管理労働の対立的性格が剝がれ落ちている。……協同組合工場は生産の機能者としての資本家が余計なものとなったことを証明したが、それはちょうど、資本家自身が最高の専門教育で地主を余計なものと見たのと同様である」(MEGA² II-4-2-458, MEW 25-401)。

「Ⅲ　株式会社の形成。これによって、第一に、生産の規模の巨大な拡張がおこなわれ、私的諸資本には不可能な諸企業が現れた。同時に、従来は政府企業だったこの種の企業が、会社企業となる。第二に、資本はそれ自体、社会的生産様式の上に立ち、生産諸手段や労働諸力の社会的集積を前提にしているのであるが、ここでは直接、私的資本に対立する社会資本（直接にアソシエイトした諸個人の資本）の形態をとっており、諸企業は私的諸企業に対立する社会諸企業として現れる。それは、資本制的生産様式そのものの限界の内部における私的所有としての資本の揚棄である」(MEGA² II-4-2-502, MEW 25-452)。

「株式諸会社においては機能と資本所有とが、したがってまた労働と生産諸手段および剰余労働に対する所有とが、完全に分離している。資本制的生産の最高の発展におけるこの帰結こそは、資本が生産者たちの所有に、とはいえ、もはや個別化した生産者たちの私的所有としての所有でなく、アソシエイトした生産者としての生産者たちによる所有としての所有に、直接的な社会的所有としての所有に、再転化するための必然的な通過点である。それは他面で、資本所有と結合した再生産過程におけるすべての機能の、アソシエイトした生産者たちの単なる諸機能への転化、社会的諸機能への転化なのである」

(MEGA² II-4-2-502, MEW 25-453)。

「この収奪は資本制的生産様式の出発点であり、この収奪の遂行はその目標であって、最終的にはまさに、すべての個々人からの生産諸手段の収奪である。生産諸手段は、社会的生産の発展とともに、私的生産手段であることをも、私的産業の生産物であることをもやめ、もはやアソシエイトした生産者たち(die Associirten Produzenten)の手の中にある生産手段でしかなく、したがって、それが彼らの社会的生産物であるのと同様に、彼らの社会的所有物でしかない。だがこの収奪は、資本制システムそのものの内部では、対立的に、少数者による社会的所有の横奪として現れるのであり、また信用は、これらの少数者にますます純粋な冒険家の性格を与えるのである」(MEGA² II-4-2-504, MEW 25-456)。

「労働者たち自身の協同組合諸工場は、古い形式の内部での古い形式の最初の突破である。たとえそれらが、現実の組織化において、当然、至るところで現存システムのすべての欠陥を再生産し、また再生産せざるをえないにせよ。だが、資本と労働の対立はそれら協同組合諸工場の内部では揚棄されている。たとえ最初はアソシエーションとしての労働者たちが彼ら自身の資本家であり、つまり彼ら自身の労働の価値増殖のために生産諸手段を利用する、という形態でしかなくとも。それらは、物質的生産諸力の一定の発展段階とそれに照応する社会的生産諸形態の上に立つひとつの生産様式から、新しい生産様式がどのようにして自然に形成されるかを示している。資本制的生産様式から発生した工場システムなしには協同組合工場は発展できなかったろうし、資本制的生産様式から成育しつつある信用システムなしにもできなかったろう。この信用システムは、資本制的私的諸企業の資本制的株式会社への漸次的転化のための主要な土台をなすのと同様に、協同組合企業の大なり小なり全国的規模での漸次的拡大のための手段を提供している。資本制的株式諸企業は、協同組合工場と同様、資本制的生産様式からアソシエイトした生産様式への移行形態とみなしうるが、ただ前者では対立が否定的に揚棄されているのに対し、後者では積極的に揚棄されているのである」(MEGA² II-4-2-504, MEW 25-456)。

「一二世紀と一四世紀にヴェネチアやジェノヴァで設立された信用アソシエーション(Kreditassoziation信用組合)は、時代遅れの高利貸し支配や金融業の独占からみずからを解放するという、海上交易の諸必要から、また海上交易に基礎を置く卸売業の諸必要から生じた。これら都市諸共和国で設立された本来の諸銀行が同時に(予定税収を担保とした前貸しを国家におこなうために)公的信用のための施設として現れる場合、忘れてならないことは、それら商人アソシエーション(Kaufmannsassoziationen)自身が諸国家の主役であったということ、それら[商人アソシエーション]もまた、自分たち自身としての自分たちの諸政府を高利貸しから解放することに(そして同時に、それによって国家制度を自分たちに服属させることに)関心を持っていたということである」(MEGA² II-4-2-654, MEW 25-615)。

「最後に、資本制的生産様式からアソシエイトした労働の生産様式への移行の期間中、信用制度が強力なテコとして役立つことは疑う余地はない。けれどもそれはただ、この生産様式自身の、それ以外の大きな有機的諸変化との関連においてひとつの契機として役立つだけである。これに反して、信用や銀行の制度の社会主義的な意味で奇跡的に働く力についての諸幻想は、資本制的生産様式とその諸形態のひとつとしての信用制度とについての完全な無知から生まれる」(MEGA² II-4-2-662, MEW 25-621)。

「もし、社会の資本制的形態が揚棄されていると想定し、アソシエーションとしての社会を想定すれば、一〇クォーター[の穀物]は一二ポンド[の貨幣]に含まれている社会的労働時間の量を表すだろう。したがって、社会がこの土地生産物をそこに含まれる現実の労働時間の二倍半で買うようなことはないだろう。土地所有者たちの一階級の土台がなくなるのだ。……だから、今日の生産様式が維持され、差額地代が国家の手に入ることを前提として、他の諸事情は同じであるならば土地生産物の価格が同じであろうと言うことは正しいが、資本制生産がアソシエーションにより揚棄されても諸生産物の価値が同じであり続けるというのは間違いだ。同種の商品の市場価格の同一性は、資本制生産の基礎の上で、一般に個人的商品交換の基礎の上で、価値の社会的性格が貫徹する様式なのである」(MEGA² II-4-2-772, MEW 25-673/674)。

「自由の国は実際、欠如と外的合目的性によって規定されるような労働行為が止むところで、はじめてはじまる。その国はしたがって、事柄の本性上、本来の物質的生産の領域の彼方に存在する。未開人が彼の諸欲求を充足し、彼の生活を維持し、再生産するために、自然と格闘しなければならないように、文明人もそうしなければならない。しかもどんな社会形態のもとでも、可能などのような生産様式のもとでも、そうしなければならない。彼の発展とともにこの自然必然の国は増大する。なぜなら彼の諸欲求が増大するからである。しかし同時に、それらを充足させる生産的な諸力も増大する。自由はこの領域ではただ、社会化された人間、アソシエイトした生産者たちが、自然との彼らのこの質料代謝を合理的に規制し、盲目的威力としての質料代謝によりコントロールされる代わりにそれを彼らの共同のコントロールの下に置き、最小の力の支出で、彼らの人間的自然にもっともふさわしく、もっとも適切な諸条件のもとで遂行する、という点にのみ存在しうる。だがこれも依然、必然の国にとどまる。この国の彼方に、自己目的として認められた人間の力の展開が、真の自由の国が、はじまるのだが、それはただ、その土台としてのあの必然の国の上にのみ開花しうるのだ。労働日の削減がその土台である」(MEGA² II-4-2-838, MEW 25-828)。

◉――『国際労働者アソシエーション創立宣言』〈英語〉(1864.10)

「しかし、所有の経済学に対する労働の経済学のいっそう大きな勝利が待ち構えていた。われわれが言うのは、協同組合運動、とりわけ少数の大胆な「働き手」が助けを借りずに自分の努力で創立した協同組合諸工場のことである。これらの偉大な社会的諸実験の価値は、いくら評価してもしすぎることはない。それらは、議論ではなく実行によって、次のことを示した。すなわち、大規模に、また現代科学の諸要請に応じておこなわれる生産は、働き手の階級を雇用する主人の階級の存在なしでもやっていけるということ、労働諸手段は、それらが果実を生み出すために労働する人自身に対する支配の手段、搾取の手段として独占される必要はないということ、そしてまた、奴隷労働や農奴労働と同様、雇用労働もまた、単に過渡的で下位の形態にすぎず、自発的な手、覚悟のできた心、喜びに満ちたハートをもって道具を使う、アソシエイトした労働の前に消滅するよう定められているということ、である。イギリスでは協同組合システムの種は、ロバート・オーエンによって蒔かれた。大陸で試みられた労働者たちの諸実験は事実上、一八四八年に発明されたのではなくて、声高く宣言された諸理論の、実践的な帰結であった」(MEGA² I-20-10, MEW 16-11/12)。

◉——『資本論』初版第一部（1867）

＊ MEW の『資本論』第一部はエンゲルス校訂の第四版（一八九〇年）に拠っているが、これの該当箇所も示した。

「ではロビンソンの代わりに、共同の生産手段で労働し、自分たちの多くの個人的労働諸力を自覚的にひとつの社会的労働力として支出する、自由な人間たちの一連合（ein Verein freier Menschen）を想定してみよう。……この連合の総生産物はひとつの社会的生産物である。この生産物の一部はふたたび生産手段として役立つ。それは依然として社会的である。しかし、他の部分は連合メンバーたちによって生活手段として費消される。それは彼らの間で分配されなければならない。この分配の仕方は、社会的生産有機体自身の特殊な種類と、これに対応する生産者たちの歴史的発展の高さとともに、移り変わるだろう。ただ商品生産と対比するために、ここでは生産者たち各々の生活手段の分け前は各人の労働時間によって規定されていると前提しよう。そうすれば労働時間は二重の役割を演じることになろう。労働時間の社会的に計画的な配分は、さまざまな欲求に対するさまざまな労働機能の正しい割合を規制する。他面で、労働時間は同時に共同労働への生産者の個人的分担分（Anteil）の尺度として、したがってまた共同生産物中の個人的に費消される部分における生産者の個人的な持ち分（Anteil）の尺度として役立つ。人間たちの労働や労働生産物に対する彼らの社会的諸関係は、生産においても分配においても、ここでは依然、透明で単純である」（MEGA² II-5-45, MEW 23-92/93）。

「それら［古い社会的生産有機体］は、労働の生産諸力の低い発展段階により制約され、またそれに対応した、人間たちの物質的な生活産出過程、社会的生活過程の内部での人間相互間および対自然の諸関係の局限性により制約されている。これら現実の局限性が古い自然宗教や民族宗教に観念的に反映しているのだ。現実的世界の宗教的反映は、実践的な仕事や日常生活の諸関係が、人間たちに対して人間相互間の、また対自然の理性的諸関係を透明に示すや否や、はじめて消滅する。諸関係はそれらが何であるかのその何としてしか現れえないのである。社会的生活過程の形姿は、つまり物質的生活過程の形姿は、それが自由に社会化した人間たちの所産（Produkt frei vergesellschafteter Menschen）として人間の意識的計画的なコントロールの下に置かれたとき、はじめてその神秘のヴェールを脱ぎ捨てる」（MEGA² II-5-48, MEW 23-94）。

「私は、商品生産の基礎の上での「労働貨幣」という浅薄なユートピア主義について、別のところでくわしく論じた（『経済学批判』p.61 以下）。ここでさらに言い添えておきたいことは、たとえばオーエンの「労働貨幣」が、劇場の切符などと同様、「貨幣」ではないということである。オーエンは直接に社会化した（vergesellschaftet）労働を、つまり商品生産とは正反対の生産形態を前提としている。労働証明書はただ、共同労働における生産者の個人的分担分と共同生産物の消費にあてられる部分に対する彼の個人的請求権を確認するだけだ」(MEGA² II-5-59, MEW 23-109/110)。

「イギリスの通俗新聞『スペクテーター』一八六六年五月二六日号が報ずるところでは、「マンチェスター針金工芸会社」で資本家と労働者たちの一種の共同出資事業(Kompagniegeschäft)が導入されたのち、「第一の結果は、突然浪費が減少したことだった。労働者たちは、彼ら自身の所有を誰か他の雇い主たちの所有よりもいっそう浪費するべき理由を持たなかった。浪費はおそらく、貸し倒れに次いで工場のロスの最大の原因なのだ」。この新聞はロッチデール協同組合の諸実験の根本的欠陥として次のことを発見する。「それらは労働者たちの諸アソシエーションが売店や工場や産業のほとんどすべての形態を成功裏に経営できることを示したし、また労働者の生活条件を大いに改善もしたが、しかしそのとき、雇い主たちのための空席を残さなかった」と」(MEGA² II-5-268, MEW 23-251)。

「[剰余価値率を必要労働〈分の〉剰余労働でなく、総生産物〈分の〉剰余生産物であると定式化することは]資本関係の特殊な性格、つまり可変資本が生きた労働力と交換されること、労働者を生産物から排除するのはこの交換に応じていることを覆い隠す。その代わりに、労働者と資本家が生産物のさまざまな形成ファクターの割合に応じて分かち合うような、ひとつのアソシエーション関係(eine Assoziationsverhältniß)という誤った仮象が入り込む」(MEGA² II-5-431, MEW 23-555)。

「資本制的生産過程のすべての発達した諸形態は、協業の形態であるから、これら諸形態から特殊な敵対的性格を捨象し、それらを自由なアソシエーション形態の夢物語に作りかえるほど容易なことはない。ちょうどA・ドゥ・ラボールド伯の『共同体etc.の全利益におけるアソシアシオンの精神について』(パリ、一八一八年)のように」(前記箇所への注、MEGA² II-5-431/432, MEW 23-555)。

「革命の嵐がはじまるやただちに、フランスのブルジョワジーは、[労働者たちが]やっと勝ち取ったばかりのアソシエーションの権利（Assoziationsrecht）を労働者たちからあえて取り上げた。一七九一年七月一四日の布告により、彼らはすべての労働者提携（Arbeiterkoalition）を「自由および人権宣言への暗殺行為」であると宣言し、五〇〇リーブルの罰金と一年間の能動的市民権剥奪で処罰されるとした」(MEGA² II-5-594, MEW 23-769)。

「産業の進歩は、その無意志で無抵抗な担い手がブルジョワジーなのだが、競争による労働者の相互孤立に代わって、アソシエーションによる労働者の革命的連合化を置く」（注での『共産党宣言』からの引用、MEGA² II-5-610, MEW 23-791)。

◉――『暫定総評議会代議員への個々の問題に関する通達』〈英語〉(1867.2/3)

「第五項　協同組合労働

労働者階級の自発的諸運動を結合し普遍化することは国際労働者アソシエーションの務めである。しかし何であれ、教義的な体系を押しつけたり課したりすることではない。したがって、この会議は協同組合の特殊な体系を布告するべきではなく、いくつかの一般原理の表明にとどめるべきである。

(a)　われわれは協同組合運動が、階級敵対に基礎を置く現在の社会を転形する諸力のひとつであることを承認する。その［協同組合運動の］偉大な功績は、資本の下への労働の従属という、現在の窮民化させる専制的システムが、自由で平等な生産者たちのアソシエーションという、共和制的で共済的なシステムによって取って代えられうるということを、実践的に示した点にある。

(b)　しかしながら個々の賃金奴隷の個人的な努力によって作り上げることができる零細な形態に制限されるかぎりは、協同組合システムは資本制社会を転形することは決してできないであろう。社会的生産を自由で協同組合的な労働のひとつの巨大で調和あるシステムに転換するためには、全般的な社会的諸変更、社会の全般的な諸条件の諸変更が必要である。これらの変更は、社会の組織された諸力、すなわち国家権力を、資本家と土地貴族から生産者たち自身に移すことによらないでは、決して実現できない」(MEGA² I-20-231/232, MEW 16-195/196)。

「本会議は、ワンマン経営者の形態を避けるために、またアソシエにより署名されるべき同意事項に該当するすべての点に関して、経営の無条件の権利をアソシエに残しておくために、協同組合的アソシエーションを推薦する」(通達第五項へ補足、MEGA² I-20-696)。

◉——[P・ラファルグ執筆、マルクス校訂]「国際労働者アソシエーション総評議会の呼びかけ」〈仏語〉(1867.7)

「資本の力に直面して、個々の人間の力は姿を消し、工場の中では労働者は機械の歯車にすぎない。労働者が自分の個人性を取り戻すためには、労働者は団結し、彼の賃金や彼の生活を防衛するために諸アソシアシオンを形成しなければならない。現在までこれらアソシアシオンはローカルなものにとどまっているが、資本は産業上の新発明によってその力を日ごとに増大させている。同様に、一国的な諸アソシアシオンは多くの場合、無力となった。イギリス労働者階級の闘争を研究すれば、雇い主が自分の労働者に対抗するために、あるときは外国人労働者を連れてきたり、あるときは労働力がもっと安い諸国で仕事をやらせたりしていることが認められる。こういう事態に直面して、もし労働者階級が、いくぶんでも成功の見込みを持ってその闘争を続けようと望むならば、その一国的な諸アソシアシオンは国際的なアソシアシオンにならねばならない」(MEGA² I-20-258, MEW 16-526)。

◉――『資本論』第二部草稿（1868～81）

＊　エンゲルス編の『資本論』第二部の該当箇所もMEW版で示す。

「これに対して、発展した資本主義圏――そこでは一面で大量の諸資本が個別資本の手に集中しており、他面では個別資本家たちと並んでアソシエイトした資本家（株式会社）が登場し、同時に信用制度が発展している――では、資本家的な建築親方は例外的にしか個々の私的個人のために建築しない」（MEGA² II-11-184, MEW 24-236）。

「資本制的生産の基礎の上では、比較的長く続く大がかりな作業は、貨幣資本の比較的長期の大きな前貸しを前提とする。だからこの領域での生産は、個別の資本家が貨幣資本を自由処分できる限度に依存する。この制約は信用制度やそれと関連するアソシエーションにより打破される（株式会社）。それゆえ、貨幣市場における攪乱は、このような諸事業を停止状態に置くのであるが、他方ではまたこのような事業そのものが、貨幣市場における攪乱を引き起こすのである」（MEGA² II-11-346, MEW 24-357/358）。

「スミスは、生産物のこの固定価値部分を、最初は借地農から地主に払わせ、そのあとで地主から生産基金へ払い戻させることによって、したがって地主を地主としてではなく借地農たちのアソシエイトした資本家としてとらえることによって、この醜い事実を覆い隠す。もし、借地農がアソシエ（einen Associé）を持ち、このアソシエに建物の修復のためその他で価値生産物の一定部分を支払い、消尽された固定資本を補充するためにそうするとすれば、この価値部分はそれによって、誰かのための収入部分を構成するのだろうか、それとも剰余価値を構成するのだろうか」（MEGA² II-11-364）。

◉――「資本家の所有する機械の影響について」〈英語〉（国際労働者アソシエーション総評議会での発言、1868.7.28）

「結論としては、現在のところ、機械装置は一方でアソシエイトした組織的労働へと導き、他方でこれまで実存してきたすべての社会的家族的な諸関係の解体へと導いている、と言うことができよう」(MEGA² I-21-581, MEW 16-554)。

◉——**ポール・ラファルグ、ラウラ・ラファルグへの手紙**(1870.4.19)

「[バクーニンの見解の骨子] 3. 労働者階級は政治に携わってはならない。労働者階級はただ労働組合の中で組織することが許されるだけだ。ある素晴らしい日に、労働者階級はインターナショナル[国際労働者アソシエーション]を介してすべての現存諸国家の位置に突進するだろう。君たちは、彼[バクーニン]が私の教説からどんな戯画を作り上げたかがわかるだろう。現存国家を諸アソシエーションへと転化することがわれわれの終局目的であるのだから、諸政府、つまり支配諸階級の大きなトレード・ユニオンはそのままにしておかねばならない。というのは、政府にかかわり合うことは、それを承認することであるからというのだ。……この愚か者は、あらゆる階級運動としての階級運動は必然的につねに政治的運動であるし、政治的運動であったということを一度も理解しないのだ」(MEW 32-675)。

◉——**『フランスの内乱』第一草稿〈英語〉**(1871)

「労働者階級は、彼らが階級闘争の異なる諸局面を経過しなければならないことを知っている。彼らは以下のことを知っている。つまり、労働の奴隷制の経済的諸条件を、自由でアソシエイトした労働の諸条件によって取り替えることは、時間を要する漸進的な仕事でしかありえないこと(その経済的転形)、それら[自由でアソシエイトした労働の諸条件]は、分配の変更だけでなく、生産の新しい組織を、あるいはむしろ現在の組織された労働にもとづく生産の社会的諸形態(現在の工業によって生み出された)をそれがもつ現在の階級性格という奴隷制の束縛から救い出すこと(自由にすること)を、そして調和ある一国的および国際的な調整を、必要としていることである。彼らはまた、この再生の仕事が既得権益と階級エゴイズムの抵抗により、再三再四、力をそがれ、妨害されるであろうことを、知っている。現在の「資本と土地所有の自然諸法則の自発的な活動」が、「自由でアソシエイトした労働の社会的経済の諸法則の自生的な活動」に置き換えられうるのは、「奴隷制の経済諸法則の自発的な行動」や「農奴制の経済諸法則の自発的活動」がそうであったのと同様、新しい諸条件が発展してくる長い過程をつうじてはじめてであることを彼らは知っている」(MEGA² I-22-59, MEW 17-546~549)。

「プロレタリアートのなすべきことは、この組織された労働および集中された労働諸手段の現在の資本制的な性格を転形すること、つまり、それらを階級支配と階級搾取の諸手段から、自由でアソシエイトした労働の形態と生産の社会的手段の形態に転形することなのである」(MEGA² I-22-62, MEW 17-551)。

「帝政時代には、国家資金の簒奪［によって］、富んだ資本家が肥え太ったが、この中間階級は、証券業者、鉄道王、クレディ・モビリエなどの詐欺アソシエーションの略奪に委ねられ、また資本家アソシエーション（株式会社）によって収奪された」(MEGA² I-22-64, MEW 17-553)。

「帝政や君主制や議会制政府によって今日までわれわれに押しつけられてきた統合（unity）は専制的で、非知性的で、専横的で、負担の重い集権化であった。パリが願う統合は、すべての地方的イニシアティヴのヴォランタリー・アソシエーション……連邦諸コミューンから派遣された中央派遣者会議（a central delegation）」(「四月一九日のコミューン宣言」からの引用、MEGA² I-22-75, MEW 17-564)。

◉――『**フランスの内乱**』〈**英語**〉(1871)

「そうなのだ、紳士諸君！　コミューンは多数の人間の労働を少数の人間の富と化する、あの階級的所有を廃止しようとした。それは収奪者の収奪を目標とした。それは現在、主に労働を奴隷化し、搾取する手段となっている生産手段、すなわち土地と資本を、自由でアソシエイトした労働の純然たる道具に変えることによって、個人的所有を真実にしようと望んだ。……もし連合した協同組合諸団体（united co-operative societies）が、共同のプランにもとづいて全国的な生産を調整し、かくてそれを諸団体自身のコントロールの下に置き、資本制生産の宿命である不断の無政府と周期的変動を終えさせるとすれば、諸君、それは共産主義、〝可能な〞共産主義以外の何であろう」（MEGA² I-22-142/143, MEW 17-342/343）。

◉——『土地の国民化について』(1872)

＊　オリジナルは英文であるが、MEGA 未刊のため MEW 収載の独訳から訳出。

「一八六八年のブリュッセルにおける国際会議で、私の友人の一人は次のように述べた。／「小さな私的所有に対しては学問の判決が滅亡を宣告し、大きな私的所有は正義が滅亡を宣告している。だから残るは次の選択肢しかない。すなわち、土地は農業アソシエーションの所有とならなければならないか、それとも全国民の所有とならなければならないか、そのどちらかである。未来がこの問題を決定するであろう」。／私はこれに対し次のように言う。「土地は国民的所有でしかありえないと未来は決定するだろう」と。土地がアソシエイトした農業労働者の手に移行するということは、社会全体を生産者たちの一特殊階級に引き渡してしまうことになってしまうだろう。土地の国民化は、労働と資本との諸関係に完全な変化を引き起こし、そして最終的には、工業においても農業においても、資本主義的生産総体を取り除くだろう。そのときはじめて、階級的諸区別と諸特権とは、それらを生み出した経済的土台と一緒に消滅し、社会は自由な〝生産者たち〞のひとつのアソシエーションに転化されるであろう。他の人々の労働で生活することは過去の事柄となるだろう！　そのときには、社会自身と対立している政府も国家も存在しないであろう！／農業、鉱業、工業、要するに生産のすべての部門は、徐々にもっとも有益な仕方で組織されていくであろう。生産手段の国民的集中は、共同の合理的プランにもとづいて自覚的に活動する、自由で平等な生産者たちの諸アソシエーションから構成される一社会の自然的土台となるであろう。これが一九世紀の大きな経済的運動が目指している目標である」(MEW 18-61/62)。

◉――［エンゲルス執筆］『住宅問題』(1872)

「プルードン主義者たちはそこ［パリ・コミューン］で強い影響力を持ったのに、プルードンの諸提案に従って旧社会を清算しようとか、経済諸力を組織しようとする試みはまったくなされなかった。反対に、コミューンがとったすべての経済的諸方策で、「推進する魂」となったのは、何らかの諸原理ではなく、単純な実践的必要であったということは、コミューンの最高の名誉になる。したがって、これらの諸方策――パン焼き工の夜業の廃止、工場における罰金の禁止、閉鎖された工場や作業場の労働者アソシエーションへの引き渡し――は、プルードンの精神においてなされたものではまったくなく、ドイツの学的社会主義の精神においてなされたものであった」(MEW 18-265/266)。

「プルードンの理論によれば、これら［大土地所有］はすべて、小農場に分割されなければならないことになるが、これは農業科学の今日の状態の下では、またフランスや西部ドイツで分割地所有について得られた経験から見れば、まったく反動的なものであろう。依然存続している大土地所有はむしろ、機械などのすべての近代的な補助手段を利用することのできる大規模農業をアソシエイトした労働者たちに営ませ、それによって小農民たちにアソシエーションによる大経営の長所を一目瞭然にするための、恰好の手がかりをわれわれに示すだろう。デンマークの社会主義者たちは、この関連では他のどこより進んでいて、ずっと前からこのことを理解している」(MEW 18-284)。

◉──「バクーニン『国家と無政府』からの抜粋」(1874/75)

「労働者諸アソシエーション、諸グループ、諸自治体、諸管轄区、最後に諸領土と諸民族の、下から上への連邦的組織、この擬制的でない真の自由の唯一の前提が、それら［近代の資本制生産と銀行投機］の本質と対立しているのは、どんな経済的自治制もそれらと相いれないのと同様である(p.17)」(MEW 18-601)。

「(ラッサールによれば)人民的〈国家〉の最初の行為は、労働者たちの生産アソシエーションおよび消費アソシエーションに無制限の信用をひらくことであろう。そしてこれらのアソシエーションはそのときはじめてブルジョワ資本と闘い、遠くない将来、それに勝利し、それを飲み込むようになるであろう。飲み込む過程が完了したとき、社会のラディカルな転化の時代がはじまる。これがラッサールの綱領であり、それはまた社会民主党の綱領でもある。本来はこの綱領はラッサールのものではなくマルクスのものである。マルクスは、彼とエンゲルスにより一八四八年に出版された周知の『共産党宣言』の中でそれを完全に〈言明した〉。……(pp.275/276)」(MEW 18-629)。

◉──『ゴータ綱領批判』(1875)

「労働者たちが協同組合的生産の諸条件を社会的規模で、最初は自国で、したがって国民的規模で生み出そうとするということは、彼らが今日の生産諸条件の変革に努力しているということにほかならず、国家援助による協同組合諸団体の設立と何の共通性もない。現行の協同組合諸団体について言えば、それらが政府からもブルジョワからも後援されない労働者の独立の創設物であるかぎりで価値を有しているのだ」(MEW 19-26)。

◉——〔エンゲルス執筆〕『ロシアの社会状態』(1875.4)

「トゥカチョフ氏がついでにしか言及していないアルテリについて、われわれはここで取り上げておくことにしよう。というのも、それはすでにゲルツェンの時代から、多くのロシア人の下で謎に満ちた役割を演じているからだ。アルテリは、ロシアに広く普及している種類のアソシエーションで、狩猟諸民族のもとで狩猟の際に現れるような、自由な協業のもっとも単純な形態のことである。名称と事柄の両面から見て、これはスラブ起源でなくタタール起源のものである」(MEW 18-560)。

「諸アルテリはすべての成員により署名された契約により設立される。もし、これら成員たちが必要な資本を拠出できない場合——そういうことは、たとえばチーズ製造者たちや漁民たち(漁網や漁船のため)のもとでじつに頻繁に生じるのだが——は、アルテリは高利貸しの手に落ちるのであって、高利貸しは不足分を高利で前貸しし、それ以降は労働収益の最大部分をポケットに入れるのだ。アルテリが全体として一人の企業家に賃金労働使用人として雇われる場合は、さらにひどく搾取される。……だからこの場合、アルテリは本質的に賃金労働者の搾取を資本家に容易にしてやるために役立っている。しかし他面、アソシエーションの成員ではない賃金労働者をみずから雇用するような、諸アルテリもまた存在する。/アルテリは自生的に成立した、それゆえいまだきわめて未発達な協同組合団体(Kooperativ Gesellschaft)であって、それ自体は決してロシアだけのものでもなく、スラブだけのものですらないことがわかる。……ロシアにおけるこの形態の優勢は、たしかにロシア人民における強いアソシエーション本能(eine starke Assoziationstribe)の現存を証明するが、ロシア人がこの本能の助けであっさりとアルテリから社会主義的な社会秩序に飛躍する能力を持っていることを証明するには程遠いのだ」(MEW 18-561/562)。

◉──〔エンゲルス執筆〕『ユートピアから学への社会主義の発展』(1882)

「社会的に作用する諸力は、自然諸力とまったく同様に作用する。つまりわれわれがそれらを認識せず、考慮に入れない間は、盲目的に、暴力的に、破壊的に作用するのだ。……それら〔生産諸力〕の本性や性格を理解することをわれわれがかたくなに拒んでいるかぎりは――そして資本制的生産様式やその擁護者たちはその理解に逆らっているのだ――、これら諸力はわれわれの意向に逆らい、われわれに対立して作用し、くわしく叙述したようにわれわれを支配し続けるのだ。だが、いったんその〔生産諸力の〕本性を把握すれば、アソシエイトした生産者たちの手で、これらの生産力を悪魔的な支配者たちから従順な召使たちに変えることができるのだ」(MEW 19-223)。

◉──〔エンゲルス執筆〕『家族、私的所有、および国家の起源』(1884)

「イロクォイ族はまだ自然を支配する状態からかけ離れていた。生産はごく狭い限界の中で営まれていたが、彼らに関わる自然諸限界の内部では、彼らは自分たちの生産を支配していた。……生産は狭い諸制約の内部で動いた。しかし、生産者たちは彼ら自身の生産物を支配した。これは未開人の生産の巨大な長所であって、これが文明の登場とともに消失したのだ。そしてこれを再獲得すること、しかも人間が今日達成された人間による強力な自然支配と、今や可能となった自由なアソシエーションとの基礎の上に再獲得すること、これが次の諸世代の課題であろう」(MEW 21-110)。

「したがって、国家は永遠の昔から存在するものではない。国家なしにやっていけた諸社会、国家や国家権力について予感さえもたなかった考えなかった諸社会が、かつては存在した。諸階級への社会の分裂と必然的に結びついた経済的発展の一定の段階で、この分裂をとおして国家がひとつの必要物となったのだ。……諸階級はそれらが以前に生成したのと同様、不可避的に消滅するだろう。そしてこれら諸階級とともに、国家は不可避的に消滅する。生産者たちの自由で平等なアソシエーションの基礎の上に、生産を新たに組織する社会は、国家機構全体を、それがそのとき所属するであろう場所へ移すのだ――つまり、糸車や青銅の斧と並べて古代博物館へ」(MEW 21-168)。

◉――[エンゲルス執筆]手稿断片(1884)

「これまでの自生的な諸アソシエーションは、あるいは人為的につくられた諸アソシエーションも、事柄としては経済的目的のものであったが、これらの目的をイデオロギー的な副次的事柄の下に隠し、埋め込んでいた。古代のポリス、中世の都市またはツンフト、土地貴族の封建的同盟はすべて、それらを聖化したイデオロギー的な副次目的を持ったが、それら目的は都市貴族の門閥団体やツンフトにおいても、古代のポリスと同様、氏族社会の追想や伝統や模範から生じた。資本制的商業諸会社がはじめて、まったく冷静で実務的であるが、しかしありきたりである。未来のアソシエーションは、後者の冷静さと古代のアソシエーションがもつ共同の社会福祉に対する配慮とを結びつけ、これによってその目的を充足するであろう」(MEW 21-391 大月訳)。

◉――[エンゲルス執筆]「『フランスの内乱』(1891版)への序文」(1891)

「コミューンのメンバーたちは、国民警備隊中央委員会でも優勢だった多数派のブランキ主義者たちと、主にプルードンの社会主義学派の追随者からなる国際労働者アソシエーションのメンバーたちだった少数派とに分かれていた。……/小農民と手工業親方との社会主義者であったプルードンは、アソシエーションを断固として憎んでいた。彼はアソシエーションについて次のように言った。それは良いことよりも悪いことを多く含んでいる。それは労働者の自由に装着されたひとつの枷であるから、本性上不毛で、有害でさえある。それは純粋なドグマであり、不生産的で重荷になるばかりで、労働者の自由とも労働の節約とも相反する。その欠点が利点よりも急速に成長する。アソシエーションに比べて、競争、分業、私的所有は経済的な諸力であろう。たとえば、鉄道のような大工業や大経営体――プルードンの表現では――といった例外的な場合にのみ、労働者のアソシエーションは当を得ている（『革命の一般的理念』第三研究を参照）。／一八七一年には工芸手工業の中心地であるパリでさえ、大工業はすでに例外的な場合であることをやめていて、コミューンのずば抜けて重要な一政令は、大工業やさらにはマニュファクチャーまでもの組織化を指令したほどだった。それは単に各工場における労働者のアソシエーションを基礎としていたばかりでなく、これらすべての諸協同組合をひとつの大きな連盟（Verband）に連合化することになっていた」（MEW 22-195/196）。

◉――〔追加〕ロバート・オーエンからの抜粋〈独・英語混在〉（1845.4～7）

＊　本書増補新版の校正時に新刊の新メガ第四部第五巻が送付されてきた。これにはいわゆる「マンチェスター・ノート」（一八四五年）の第六ノートから第九ノートが含まれている。第六ノートにはオーエンの『新社会観または人間性格形成の諸原理とそれらの実践への適用について』（一八一三年）からの抜粋が一八頁分、『古い非モラル世界における聖職者の結婚についての講話』（一八四〇年の第四版）からの抜粋が二二頁分、『マンチェスターで行われた六つの講話』からの抜粋が二三頁分含まれており、第七ノートには『新しいモラル世界』（一八四〇年）の第一部、第二部、第三部、第四部からの抜粋が六二頁分含まれている。ほとんどは独訳しつつの抜粋である。これらは本書のテーマから見て貴重な素材であり、アソシエーションの語も多く出てくるが、とりあえず以上の事実だけ追記しておく。

❖著　作

生い立ち

ヘーゲル左派

1841　『デモクリトスとエピクロスの自然哲学の差異』執筆（博士論文）
1842.7　『『ケルン新聞』第179号社説』
1842.10/11　いわゆる『木材窃盗法論文』
1843. 夏　『ヘーゲル国法論批判』

思想の形成

1844.2　『ユダヤ人問題』『ヘーゲル法哲学批判序説』（『独仏年誌』創刊号）
1844.4–8　いわゆる『経済学哲学草稿』執筆
1845.2　『聖家族』（エンゲルス一部分担）
1845.3　『フォイエルバッハに関するテーゼ』執筆
1845.9–46. 夏『ドイチェ・イデオロギー』執筆（エンゲルスと共同作業）
1847.7　『哲学の貧困』（プルードン批判）

48年革命

1848.2　『共産党宣言』
1848.3　『ドイツにおける共産党の要求』
1850　『フランスにおける階級闘争』
1850.3　「共産主義者同盟中央委員会の呼びかけ」（永続革命論提唱）
1852.5　『ルイ・ボナパルトのブリュメール18日』

経済学研究期

1857.8–58.6　『経済学批判要綱』（第1次『資本論草稿』）執筆
1859.6　『経済学批判・第1分冊』公刊
1861–63　第2次『資本論草稿』執筆
1863–65　第3次『資本論草稿』執筆

国際労働者アソシエーション

1864.10　国際労働者アソシエーションの『創立宣言』『暫定規約』
1867.9　『資本論』第1巻初版
1871.5　『フランスの内乱』

老マルクス

1875.5　いわゆる『ゴータ綱領批判』執筆
1879–81　土地所有史，民族学研究ノート作成
1881.3　「ザスーリッチへの手紙」執筆

カール・マルクス略年譜

❖生　涯

生い立ち

1818　ユダヤ人弁護士の子としてドイツ西部のトリーアに生まれる
1835　ボン大学で法学を学ぶ

ヘーゲル左派

1836　ベルリン大学に移り，ヘーゲル左派に近づく
1842.10　ケルンで『ライン新聞』編集者に
1843.2　発禁処分がらみで編集者を辞す
1843.6　イェンニー・ヴェストファーレンと結婚

思想の形成

1843.10　『独仏年誌』共同編集のためパリへ移住
1844.8　エンゲルスと再会，生涯の盟友になる
1845.2　プロシヤの圧力でパリを追放され，ブリュッセルへ移住
1846.1　「共産主義通信委員会」結成

48年革命

1847.1　義人同盟（のちの共産主義者同盟）に加盟
1848.2　フランスで2月革命勃発，3月パリへ，ドイツで3月革命勃発，4月ドイツへ
1848.6　ケルンで『新ライン新聞』発行
1849.8　革命敗北でロンドンに亡命，困窮が続く
1850.9　共産主義者同盟分裂
1852.11　共産主義者同盟解散

経済学研究期

1851–62　『ニューヨーク・デーリー・トリビューン』通信員
1851.11–1870.9　エンゲルス，マンチェスターのエルメン&エンゲルス商会に勤務，マルクスを経済的支援

国際労働者アソシエーション

1864.9　国際労働者アソシエーション設立
1871.3–5　パリで革命，パリ・コミューン樹立
1872.9　国際労働者アソシエーション，ハーグ大会で総評議会のニューヨーク移転決議，分裂

老マルクス

1875–80　各国労働者政党結成の動きに批判的にコミット
1881.12　妻イェンニー死去
1883.3　ロンドンで死去（64歳）

あとがき

一九七〇年代の末に、私に危機が訪れてきた。もう三〇代も半ばをすぎていた。「さればいつか私がもろもろの学問において、ある確固不易なるものを確立しようと欲するならば、一生一度は断じてすべてを根底から覆し、そして最初の土台から新たにはじめなくてはならない」(『省察』第一、三木清訳)というデカルトの決意が私の中で毎日のように「こだま」した。私は、「批判前期」にピリオドを打つときが、大いに遅ればせながら、自分にも到来したのを感じた。いろいろ模索を重ねつつ、自分の思考と活動の非自立性を清算する作業に取り組むことになったのである。私の場合、この作業は結局、「世界という書物」を一から読み直すことと、マルクスを一から読み直すことを、平行しておこなうという形態を取ることになった。また季報『唯物論研究』の編集と大阪哲学学校の活動を、友人たちと「手作り」でおこないつつの作業となった。

それからもう十数年が経過してしまった。この間、「世界という書物」の再読作業のほうは、われわれ自身が現にそこで生活している現代日本の日常的生活世界を、生活当事者たちの世界像と価値意識に内在しつつ、把握し、吟味し、批判するというかたちで進めてきた。すでに宗教論、教育論、天皇制論、会社論、保守政治文化論について自分なりの分析をおこない(*1)、あと家族論を残しているが、それが終われば、日常的生活世界の批判分析の作業は一段落すると心積もりしている。

まずは日常的生活世界という「ミクロ・コスモス」に集中して、「世界という書物」を読み直そうとしたのは、「生活の吟味」（ソクラテス）という哲学の持つ本来的な批判機能に一度端的に回帰するほかに、自分の再出発の道はないと強く感じたからである。またその意味での「ミクロ」から「マクロ」へという再読の順序が、理論的にも正しいと考えているからである。

一方「マルクス再読」作業のほうは、中間総括ながら一応の輪郭ができたので、ここに公刊して読者の批判を仰ぐはこびとなった。当初は一冊にまとめる予定であったが、質的量的に大きく拡張したために、次のように三冊に分けることとなった。本書はその第一作にあたる。

・第一作『マルクスとアソシエーション』
・第二作『市民社会とマテリアリズム――マルクス「唯物論」再研究』
・第三作『「弁証法的唯物論」へのオールタナティヴ――マルクスの意識論・認識論・存在論』

第一作『マルクスとアソシエーション』では、七〇年余の実践ののちに挫折したボルシェビキ革命にはじまる運動を総括するための基本視点を、マルクスのアソシエーション概念の点検作業をとおして探ろうとした。

第二作『市民社会とマテリアリズム――マルクス「唯物論」再研究』では、晩年のエンゲルスおよびレーニン『唯物論と経験批判論』をモデルに構成されてきた従来の「マルクス主義的」唯物論に、端的に「マルクスの唯物論」の内在研究を対置する試みである。その中心は、「市民社会の唯物論」に焦点をあてつつ、マルクス唯物論の二重構造を概念的に把握しようとする点にある。

第三作『「弁証法的唯物論」へのオールタナティヴ——マルクスの意識論・認識論・存在論』は、いわゆる「反映論」の枠組みを固執してきた「マルクス主義的」意識論と認識論に、マルクスのそれを対置し、今日的可能性を探ろうとする。この作業はマルクス「意識」論の一般規定を自分なりに抽出し直す作業から出発して、この一般規定にもとづいて意識論と認識論にかんするマルクスの諸断片を統一的に「読む」試みである。

これらはもちろん、マルクスという思想の巨人の全体を、ただちに覆うものではないが、今日的な、あるいは大きくいえば二一世紀的な「マルクス再読」のためのいわば戦略高地を、私なりに押さえようと試みているつもりである。

あるいは読者は、私の「マルクス再読」作業の中に、「文献詮索主義」を読み取ろうとされるかもしれないし、逆に「マルクス再読」といってもマルクスの中に自分に都合のよいものだけを読み込む一面的恣意的解釈ではないか、という批判も予想される。それらの批判を甘受せざるをえない面が多々残っていることを私も認めざるをえない。しかし私はあくまで、「世界という書物」の再読作業と不可分にマルクスを再読しようという姿勢を取ろうとしているし、また、マルクスが〈現在〉の地平に現象してくる姿で主体的に彼を「読む」ということは、彼を恣意的に「読む」こととは厳密に区別されるべきだと信じている。

しかしまた、思想的自立のためにマルクスの胸を借りなければならないという、こういう私の姿勢そのものに、読者は非自立性の痕跡を見抜かれるかもしれない。正直にいえば、私のような思想の軌跡を歩んできた人間には、それが避けがたい不可欠の一歩であったと、今あらためて確認せざるをえない。しかしそれはあくまで一歩である。私は決してマルクスを「祖述」するだけでよいとか、マルクスを「超える」作業が不要だとはまったく考えていない。むしろ〈真に〉マルクスを「超える」ことの必要性と同時に困難性を痛感しているといえばよいかと思う。マルクスより「新しい」時代に生きているわれわれが、極度の知的緊張や実践的闘いなしに、「新しい」時代に生きているという〈事実〉だけで、マルクスを「超えて」いると思い込むのは愚かなことである。問われているのは「新しい」現実の概念把握であり、解放論的構想であり、協同の呼びかけであることを忘れてはならない。

「ポスト・マルクス」を追求し、「マルクスを超えよう」と志向する真剣な試みが、その不可欠の前提である〈マルクスの稜線〉を見きわめる作業という面で、きわめてウイークである場合が多い。単純化をおそれずにいえば、これまで〈マルクスの稜線〉とわれわれに見えていたものが、じつは〈エンゲルスの稜線〉であったり、〈レーニンの稜線〉であったり、〈スターリンの稜線〉であったのではないだろうか。〈マルクスの稜線〉は、ほかならぬわれわれ自身の「マルクス主義」という「雲」で遮られて見えていなかったのではないだろうか。「マルクスを超える」という作業が、宣伝文句としてではなく、真に内実を持ったものであるためには、われわれ自身が真剣な「マルクス再読」作業を平行させて、まずは〈マルクスの稜線〉をくっきりと浮かび上がらせなければならないのである。

*

本書は既発表の次の諸論文を素材に、新たに書き下ろしたものである。

・「マルクスと「アソシエーション」」(『進歩と改革』一九九一年五月号)
・「「アソシエーション」と「権力」」(同、一九九二年一月号)
・「「アソシエーション」と「諸個人」」(同、一九九二年四月号)
・「マルクスの「アソシエーション」の訳語をめぐって」(季報『唯物論研究』第四二号、一九九二年六月)
・「マルクス「アソシエーション」論(上)」(『現代と展望』第三四号、一九九二年一二月)
・「マルクス「アソシエーション」論の展開」(大藪ほか編『社会主義像の展相』世界書院、一九九三年)
・「アソシエーションと「自由な個人性」」(季報『唯物論研究』第四六/四七号、一九九二年一〇月)

また、補論は次の連載記事を再録したものである。

・「マルクスからの再出発」(『稲妻』第二二二~二四四/二四五号、一九九三年一月~一九九四年一月、隔号連載)

最後になったが、季報『唯物論研究』と大阪哲学学校に参加され、いろいろなかたちで運動を支えていただいたすべての友人たちに、この機会にお礼申し上げたい。『進歩と改革』編集者の松本弘也さんと『現代と展望』編集者の村岡到さんには、「アソシエーション」をめぐる討論と執筆のさまざまな機会を提供していただいた。また、石堂清倫、廣松渉、中野徹三、橋本剛、石井伸男、大藪龍介、山口勇、石塚正英、宇仁宏幸、大石高久、小林昌人の各氏からは、議論などをとおして多くの教示を得た。本書の出版に際しては山本晴義先生にたいへんお世話になった。新泉社の小汀良久、渡部耕太郎、竹内将彦の各氏には、原稿の大幅な遅延でたいへんご迷惑をおかけしたにもかかわらず、快く発行を引き受けていただいた。皆さんに心からお礼申し上げる。

一九九四年六月六日　豊中にて

田畑　稔

註

（1）「会社」については「現代企業の価値意識構造」（大阪哲学学校編『企業モラルを哲学する』三一書房、一九八八年）および「「会社主義」の危機の現象学」（季刊『窓』第一二号、一九九二年六月）。政治文化については「実在するデモクラシー――保守的多数者の政治文化考」（大阪哲学学校編『日本の〈保守〉を哲学する』三一書房、一九九三年）。天皇制については「象徴と天皇――イデオロギー分析」（大阪哲学学校編『天皇制を哲学する』三一書房、一九八七年）。宗教については「戦後第三期と「宗教回帰」」（山本晴義編『現代日本の宗教』新泉社、一九八五年）および「宗教批判の方法のための三つのテーゼ」（『宗教と超心理』一九八七年一二月号）。教育については「教育とイデオロギー」（鷲田・田畑・笹田編『現代日本の教育イデオロギー』青弓社、一九八三年）および「保守主義とモラル」（季報『唯物論研究』第三一／三二号、一九八九年四月）。

増補新版あとがき

今回、増補新版制作のため、初版の全体をチェックした。本書のアクチュアリティーが二〇年以上経過した現在もまったく失われていないことが自分なりに実感できたのは、うれしいことであった。「ソ連型社会主義」の全面崩壊を機に、日本でもマルクス再読作業は根本的に、また着実に進んでいるが、アソシエーション論はマルクス研究の主要な方向のひとつとして定着しつつあると言ってよいだろう(＊1)。この増補新版に増補第4章として収めたマルクスによるアソシエーションの「用例一覧」は、今後のマルクス・アソシエーション論研究に基礎資料として広く利用してもらえるよう、あえて多くの頁を費やすものとした。

初版「あとがき」で予告したマルクス再読三部作の第二作と第三作は、一冊にまとめて『マルクスと哲学——方法としてのマルクス再読』(新泉社、二〇〇四年)として刊行された。『マルクスとアソシエーション』と『マルクスと哲学』の二冊をもって、私の「マルクス再読」作業は〝一応の〟完結をみたことになる。あわせてご検討いただければ幸いである(＊2)。

また、初版の「補論　マルクス再読の試み」で抱負を語った「マルクス・カテゴリーエン」についても、石井伸男・伊藤誠・大藪龍介・田畑稔・正木八郎・渡辺憲正編『マルクス・カテゴリー事典』(青木書店、一九九八年)を、一〇五人のマルクス研究者の共同作業の成果として刊行することができた。

初版「まえがき」の最後で私は、「現在の著者の力にあまる」として、マルクス・アソシエーション論を現代日本の実践論、変革論としてどう生かすのかという問題が本書の射程外にあることを確認している。しかしこの問題についてもその後、基礎研究ながら共同作業を組織し、田畑稔・大藪龍介・白川真澄・松田博編著『アソシエーション革命へ』（社会評論社、二〇〇三年）を出すことができた。そのほか「アソシエーション革命」についての私の講演やシンポ報告もその多くが活字となっている（＊3）。もちろん私のような人間の役割はあくまで問題提起や議論の整理にとどまることを十分自覚しているが、今後も新しい協同組合やユニオン、対抗的価値を掲げるＮＰＯやＮＧＯ、反原発、エコロジーやフェミニズム、反戦や平和構築、人権や障がい者運動など、諸領域の活動家たちとの対話を重ね、彼らから学びつつ、「アソシエーションの理論と実践」の展開と深化に与していきたいと思っている。

増補分の初出は次のとおりである。

〔増補第1章〕
・『哲学・思想翻訳語事典』（論創社、二〇〇三年）の「協同」項目
・『マルクス・カテゴリー事典』（青木書店、一九九八年）の「アソシエーション」項目
〔増補第2章〕
・月刊『情況』一九九八年七月特別号（「『共産党宣言』と革命の遺訓」特集）

〔増補第3章〕

・日本哲学会編『哲学』第六一号（知泉書館、二〇一〇年四月）

〔増補第4章〕

・増補新版のために書き下ろし

最後に、早くから増補新版刊行を勧めていただいた新泉社編集部の安喜健人さんにお礼申し上げる。また、四〇年間人生を共にして先年逝った妻伸枝にも、この機会を借りて謝意を表したい。

二〇一五年四月二〇日　豊中にて

田畑　稔

註

（1）マルクスのアソシエーション論を扱った多くの著書や論文が書かれているが、ここではとりあえず柄谷行人編著『可能なるコミュニズム』（太田出版、二〇〇〇年）と大谷禎之介『マルクスのアソシエーション論』（桜井書店、二〇一一年）をあげておこう。

（2）日本哲学会二〇一〇年度大会「共同討議Ⅱ　哲学史を読み直す――マルクス」での私の報告「再読されるマルクス」（増補第3章として本書に収録）は、私の「マルクス再読」作業の全体を概観したものである。

（3）たとえば次のようなものがある。

・「アソシエーションと『共産党宣言』」（未来社会のための協働研究会編『共産党宣言一五〇周年記念関西集会講演録』一九九八年一一月）

・「石堂清倫と二一世紀の変革論（追悼講演）」（『社会運動』市民セクター政策機構、第二六三号、二〇〇二年二月）
・「日本における市民社会形成とアソシエーション革命」（『参加システム』参加システム研究所、二〇〇二年三月号）
・「協同労働とアソシエーション」（『協同の発見』協同総合研究所、第一三三号、二〇〇三年八月）
・「新しい公共性とアソシエーション」（『公共研会報』立命館大学衣笠総合研究機構プロジェクト、第四号、二〇〇三年九月）
・「生活者的知性とアソシエーション――思想としての「アソシエーション革命」」（『社会運動』市民セクター政策機構、第二八三号、二〇〇三年一〇月）
・「「アソシエーション革命」の視点から――特集リードにかえて」（季報『唯物論研究』第一一四号、二〇一〇年一二月）
・「歴史の中のアソシエーション」（『歴史評論』歴史科学協議会、二〇一一年二月号）
・「二一世紀とアソシエーション」（『ヒューマンライツ』部落解放・人権研究所、第二八〇号、二〇一一年七月）
・「協同組合運動の再出発とアソシエーション論」（『協同の発見』協同総合研究所、第二二七号、二〇一一年六月）

著者紹介

田畑　稔（たばた・みのる）

1942年大阪市生まれ．大阪大学大学院文学研究科博士課程哲学哲学史専攻単位取得退学．富山大学教養部助教授（哲学担当），広島経済大学経済学部教授（倫理学担当），大阪経済大学人間科学部教授（哲学，人間論担当）などを経て，現在，季報『唯物論研究』編集長，大阪哲学学校世話人．
主な著書に，『マルクスと哲学』(新泉社，2004年)，『人間科学の新展開』(共編著，ミネルヴァ書房，2004年)，『アソシエーション革命へ』(共編著，社会評論社，2003年)，『マルクス・カテゴリー事典』(共編著，青木書店，1998年)，『21世紀入門』(共著，青木書店，1999年)，『証言・唯物論研究会事件と天皇制』(共著，新泉社，1989年)，『企業モラルを哲学する』(共著，三一書房，1988年）など．

増補新版 マルクスとアソシエーション――マルクス再読の試み

1994年7月5日　初版第1刷発行
2015年7月5日　増補新版第1刷発行

著　者＝田畑　稔
発行所＝株式会社 新 泉 社
東京都文京区本郷2－5－12
振替・00170 - 4 - 160936番　TEL 03(3815)1662　FAX 03(3815)1422
印刷・製本　萩原印刷

ISBN978-4-7877-1500-5　C1010

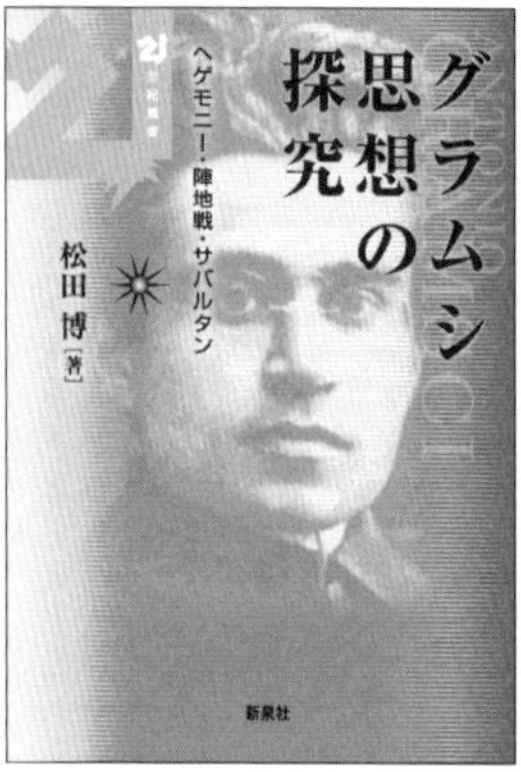

21世紀叢書

グラムシ思想の探究

——ヘゲモニー・陣地戦・サバルタン

松田 博［著］

A 5 判・224 頁・定価 2200 円＋税

グラムシのアクチュアリティ——.
思想的鉱脈としてのグラムシは，まだ掘り尽くされていない．没後 70 年を迎えてもなお，グラムシ『獄中ノート』には十分解明されていない草稿が少なからず存在している．
ヘゲモニー，陣地戦，サバルタンの概念を主たる検討課題とし，「グラムシによってグラムシを超える」ための行路を探究する．

〔目次より〕
第 1 章　ヘゲモニー論の形成と展開…『獄中ノート』前史ほか／第 2 章　「アメリカニズム」と「受動的革命」論…「アメリカニズムとフォード主義」ほか／第 3 章　「陣地戦」論の展開…「国家概念の刷新」と「陣地戦」論ほか／第 4 章　「南部の記憶」から「サバルタンの痕跡」へ… D. ラザレッティと「千年王国運動」／サバルタンと知識人ほか／第 5 章　サバルタンと「ホモ・ファーベル」問題の射程…フォード主義と人間労働の問題ほか／第 6 章　『獄中ノート』研究の諸問題…新自由主義・ヘゲモニー・陣地戦ほか／第 7 章　グラムシとイタリア政治文化…グラムシとジャーナリズムほか／第 8 章　ナショナリズム・愛国心・陣地戦…「知のペシミズム・意志のオプティミズム」ほか

斉藤日出治 著

グローバル化を超える市民社会

——社会的個人とヘゲモニー

A 5 判・272 頁・定価 2300 円＋税

金融資本主義と新自由主義の破綻が語られるなかで，社会の理念を再構築する力をもった新たな思想が求められている．マルクス，グラムシ，ルフェーヴルの 3 人の思想家における方法概念を手がかりに，脱グローバリゼーションの歴史的選択の方向性をアクチュアルに提示する．

木村倫幸 著

鶴見俊輔ノススメ

——プラグマティズムと民主主義

A 5 判・132 頁・定価 1700 円＋税

哲学者鶴見俊輔は，第 2 次世界大戦後より今日に至るまで，プラグマティズムの立場から日本社会に対して積極的に発言を続けてきた思想家である．混沌とした 21 世紀を生きるわれわれにとって，今なお多くの示唆に富む彼の思想を多方面から論じ，そのエッセンスを紹介する．

恒木健太郎 著

「思想」としての大塚史学

——戦後啓蒙と日本現代史

四六判上製・440 頁・定価 3800 円＋税

戦後の代表的思想家として丸山眞男と比肩する経済史家，大塚久雄．「大塚史学」が圧倒的な力をもった 1960 年代までの言説に焦点を当てた検証作業をとおして，グローバル化と右傾化がパラレルに進行する危機の時代に対峙しうる思想の力を想起する．日本社会学史学会奨励賞受賞．

マルクスと哲学

——方法としてのマルクス再読

田畑 稔［著］

Ａ５判上製・552頁・定価4500円＋税

〈もう一度〉マルクスを読む試み．
21世紀の現実への，思想の通路をラディカルに再敷設するために——．19世紀のマルクスに徹底内在し，哲学に対するマルクスの関係を系統立てて読み解くなかで，「マルクス主義哲学」の鎧を取り除き，彼の思想が持つ現代的意味と未来へとつなぐ途を考察する．マルクス像の根本的変革を唱え，各方面から高く評価された前著『マルクスとアソシエーション』に続く，著者渾身の原典再読作業．

〔目次より〕
第１章［哲学］哲学に対するマルクスの関係／第２章［意識］マルクス意識論の端初規定／第３章［構想力］解放論的構想力と実在的可能性／第４章［唯物論］「哲学の〈外への〉転回」の途上で／第５章［移行１］唯物論へのマルクスの移行／第６章［移行２］パリ期マルクスと仏英の唯物論的共産主義／第７章［批判］マルクスと「批判的唯物論的社会主義」／第８章［物件化］唯物論批判の論理と「物件化」／第９章［国家］マルクス国家論の端初規定／補論１［エンゲルス］エンゲルスによる「哲学の根本問題」導入の経緯／補論２［国家哲学］東ドイツ哲学の歴史的検証／カール・マルクス略年譜／人名解説・索引

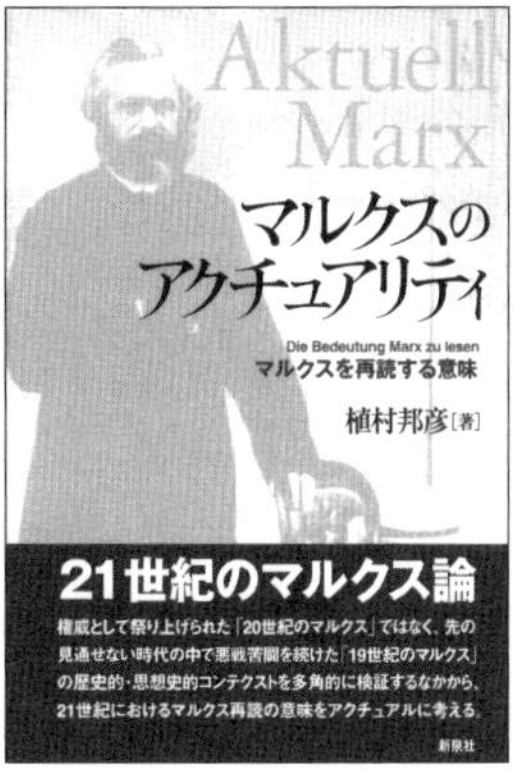

マルクスのアクチュアリティ

——マルクスを再読する意味

植村邦彦［著］

四六判上製・272頁・定価2500円＋税

21世紀のマルクス論——．
「21世紀のマルクス」は，権威として祭り上げられた「20世紀のマルクス」ではなく，「19世紀のマルクス」でなければならない．先の見通せない時代の中で，未完成の作業に従事し，悪戦苦闘を続けていたマルクスの歴史的，思想的コンテクストを多角的に検証するなかから，21世紀におけるマルクス再読の意味を考察．マルクス研究の“現在”の地平についてアクチュアルに考える．

〔目次より〕
第１章　21世紀にマルクスを再読する意味／第２章　「世界を変革すること」と「解釈すること」／第３章　歴史のアクチュアリティについて／第４章　社会の建築術——「土台と上部構造」という隠喩の系譜／第５章　重層的決定と偶然性——あるいはアルチュセールの孤独／第６章　新しい「帝国」概念の有効性——ハートとネグリの『帝国』をめぐって／第７章　ドイツ初期社会主義と経済学／第８章　マルクスとエンゲルスの経済学批判／第９章　自由時間とアソシアシオンの経済思想／第10章　20世紀のマルクス論／第11章　世紀転換期のマルクス研究——1998年から2003年まで／第12章　唯物論と自然主義をめぐって——2004年のマルクス／2006年のマルクス